# lambert schneider taschenbücher

# LUDWIG FEUERBACH
# Das Wesen der Religion

AUSGEWÄHLTE TEXTE ZUR RELIGIONSPHILOSOPHIE

VERLAG LAMBERT SCHNEIDER · HEIDELBERG

HERAUSGEGEBEN UND EINGELEITET VON
ALBERT ESSER
3., DURCHGESEHENE AUFLAGE 1983

ORIGINALAUSGABE

© 1983

Verlag Lambert Schneider GmbH · Heidelberg

Alle Rechte vorbehalten. Vervielfältigung nur mit ausdrücklicher Genehmigung des Verlages. Printed in Germany.
Gesamtherstellung: Kösel, Kempten

# INHALT

## EINLEITUNG

Feuerbachs Leben und Werk . . . . . . . . 9
Die Grundgedanken der Religionskritik. . . 20
Feuerbachs Erbe im Für und Wider . . . . . 34
Erläuterung der Auswahl . . . . . . . . . . 43
Anmerkungen . . . . . . . . . . . . . . . . 46

## VORREDE
zur zweiten Auflage vom »Wesen des Christentums« (1843) . . . . . . . . . . . . . 51

## DAS WESEN DES CHRISTENTUMS

Das Wesen des Menschen im allgemeinen . . 76
Das Wesen der Religion im allgemeinen . . . 94
Gott als Wesen des Verstandes . . . . . . . . 128
Gott als moralisches Wesen oder Gesetz . . . 145
Das Geheimnis der Inkarnation oder
Gott als Herzenswesen . . . . . . . . . . . . 152
Das Geheimnis des leidenden Gottes. . . . . 164
Das Mysterium der Dreieinigkeit und
Mutter Gottes . . . . . . . . . . . . . . . . 173
Die Allmacht des Gemüts oder
das Geheimnis des Gebets . . . . . . . . . . 180
Der christliche Himmel oder
die persönliche Unsterblichkeit . . . . . . . 185

Der Widerspruch von Glaube und Liebe . . . 198
   Schlußanwendung . . . . . . . . . . . . . 212

DAS WESEN DER RELIGION (1845)
   Natur als Urgrund der Religion . . . . . . . 229
   Theologische Welterklärung . . . . . . . . 234
   Naturreligion und Geistreligion . . . . . 238
   Gott als Wunschwesen . . . . . . . . . . . . 249

BIBLIOGRAPHISCHE HINWEISE . . . . . 259

# EINLEITUNG

*Feuerbachs Leben und Werk*

»Ich will nichts anderes geschrieben haben, nichts anderes nach meinem Tode im Andenken der Menschheit zurücklassen als die ›Theogonie‹, oder mit anderen Worten: ›Das Wesen der Religion‹«[1], so schreibt Ludwig Feuerbach in einem Aphorismus, der uns gewissermaßen als sein philosophisches Testament mit seinem Nachlaß überkommen ist. Wer ist dieser Mann, der den Theologen als Atheist, anderen wiederum als zu »fromm« (Stirner) und »theologisch« (Nietzsche) gilt, den der junge Marx das »Purgatorium der Gegenwart« nennt, weil es für ihn keinen anderen Weg gibt »zur Wahrheit und Freiheit, als durch den Feuer-bach«[2]? Wer ist dieser Mann? Was hat er gedacht und gesagt? Trifft es zu, daß er unser aller Schicksal ist, indem sein Denken »schlechthin zum Standpunkt der Zeit geworden, auf dem wir nun alle – bewußt oder unwissend – stehen«[3]?

Am 28. Juli 1804 in Landshut als Sohn des berühmten Kriminalisten Professor Paul Johann Anselm Feuerbach geboren, gewinnt der Knabe während seiner Gymnasialzeit eine tiefe Neigung zur Religion. Im Rückblick schreibt Feuerbach 1846 hierzu: »Diese religiöse Richtung entstand aber in mir nicht durch den Religions- resp. Konfirmationsunterricht, der mich vielmehr, was ich noch recht gut weiß, ganz gleichgültig gelassen hatte, oder durch sonstige religiöse Einflüsse, sondern rein aus mir selbst, aus Bedürfnis nach einem

Etwas, das mir weder meine Umgebung noch der Gymnasialunterricht gab. In Folge dieser Richtung machte ich mir dann die Religion zum Ziel und Beruf meines Lebens und bestimmte mich daher zu einem Theologen[4].« Es ist nicht ganz leicht zu entscheiden, ob diese Äußerung als biographischer Schlüssel zu seiner Philosophie oder als philosophische Auslegung seiner Biographie gelten sollte; jedenfalls zeigt sich hier ein Zusammenhang, auf den das Prinzip Feuerbachs selbst angewandt werden kann, daß der Anfang und das Ende der Philosophie außer der Philosophie liegt, nicht selber Philosophie ist, sondern »Leben, Anschauung«[5].

1823 beginnt Feuerbach sein Theologiestudium in Heidelberg, wo er durch den Hegel nahestehenden spekulativen Theologen Carl Daub auch in die Philosophie Hegels eingeführt wird. 1824 wechselt er an die Universität nach Berlin, weil man nur dort, wie er seinem Vater am 8. Januar 1824 brieflich versichert, wirkliche Theologie hören könne, u. a. bei dem »großen Schleiermacher«. Wenige Wochen dann in Berlin, berichtet er von seinem Entschluß, dieses Semester ganz der Philosophie zu widmen und bei Hegel Logik, Metaphysik und Religionsphilosophie zu hören. Ein Jahr später, am 22. März 1825, gesteht er seinem Vater, daß er geneigt sei, die Theologie ganz und gar aufzugeben, da sie ihm nichts mehr geben könne. »Sie ist für mich eine verwelkte schöne Blume, eine abgestreifte Puppenhülle, eine überstiegene Bildungsstufe, eine verschwundene formgebende Bestimmung meines Daseins, deren Andenken jedoch noch segensreich fortwirken wird in der Nachwelt meiner neu begonnenen Lebensweise... Palästina ist mir zu eng; ich muß, ich muß in die weite Welt, und diese trägt bloß der Philosoph auf seinen Schultern[6].« Er fleht seinen Vater mit ungeheurer Inbrunst und jugendlicher Leidenschaft an, er solle ihn doch nicht nötigen, wieder »Sklave«, d. h. Theologe zu werden, sondern sich mit ihm freuen, daß er, den »Händen der schmutzigen Pfaffen glücklich entronnen«, jetzt Geister wie Aristoteles, Spinoza, Kant, Hegel zu seinen Freunden habe.

Nach zweijährigem intensivem Studium bei Hegel beschließt Feuerbach dieses mit einer Dissertation: ›De ratione una, universali, infinita‹ (Über die Einheit, Allgemeinheit und Unbegrenztheit der Vernunft), die er mit einem Begleitschreiben an Hegel schickt. Er bezeichnet sich ausdrücklich darin als dessen unmittelbaren Schüler, welcher hoffe, sich von seines verehrten Lehrers spekulativem Geist etwas zu eigen gemacht zu haben. In diesem Brief klingen jedoch schon die Motive an, die sein späteres Werk bestimmen: Er betont das Prinzip der Sinnlichkeit, denn die Ideen sollten sich nicht im Reich des Allgemeinen über dem Sinnlichen halten, sondern sich aus dem »Himmel ihrer farblosen Reinheit« und Einheit mit sich selbst hinuntersenken zu einer das Besondere durchdringenden Anschauung. Der reine Logos bedürfe einer »Inkarnation«, die Idee einer »Verwirklichung« und »Verweltlichung«. Am Rande vermerkt er dazu – als ahne er den Vorwurf, den man ihm später machen sollte, voraus –, daß mit dieser »Verwirklichung« und »Verweltlichung« des Denkens keineswegs dessen »Popularisierung« oder gar Verwandlung in ein stieres Anschauen, keine Verwandlung der Gedanken in Bilder und Zeichen gemeint sei. Er rechtfertigt die Verweltlichung des Philosophierens damit, daß dieses nicht mehr die Sache einer Schule sei, sondern Sache der Menschheit. Vor allem aber deutet sich schon klar eine antichristliche Wendung an, wenn er schreibt, daß jetzt alles darauf ankomme, »die bisherigen weltgeschichtlichen Anschauungsweisen von Zeit, Tod, Diesseits, Jenseits, Ich, Individuum, Person und der außer der Endlichkeit im Absoluten und als absolut angeschauten Person, nämlich Gott usw. . . . wahrhaft zu vernichten, in den Grund der Wahrheit zu bohren«. Das Christentum könne nicht mehr als die vollkommene und absolute Religion gefaßt werden, es sei nichts anderes als die »Religion des reinen Selbst«. Welch eine geist- und gedankenlose Stellung habe diese der Natur zugemutet? Der Tod gelte, obwohl ein bloß natürlicher Akt, den Christen immer noch als ein unentbehrlicher »Taglöhner im Weinberg des Herrn«[7].

1829 nimmt Feuerbach seine Lehrtätigkeit als Privatdozent in Erlangen auf. Insbesondere beschäftigt er sich mit der Geschichte der neueren Philosophie, der er später auch verschiedene Veröffentlichungen widmet. 1830 erscheint sein Erstlingswerk ›Gedanken über Tod und Unsterblichkeit‹, anonym zwar und auch – was die Drucklegung angeht – wohl ohne sein direktes Mitwirken, und dennoch wurde diese Schrift seiner akademischen

Laufbahn zum Verhängnis. Seine Autorschaft wurde ermittelt, das Buch beschlagnahmt. Was den Zorn der Öffentlichkeit auf sich lenkte, waren vor allem die theologisch-satirischen Xenien, in denen er gegen die »Heuchler im Talar« und die »Zeloten auf der Kanzel« wetterte, und die den Vater zu der richtigen Voraussage veranlaßten: »Diese Schrift wird dir nie verziehen, nie bekommst du eine Anstellung[8].« Stärker jedoch noch als der Zorn derer, die sich direkt angegriffen fühlten, mag die Betroffenheit über den eigentlichen Inhalt dieser Schrift gewirkt haben, zeichnet sich doch hier schon das Programm Feuerbachs ab, das »positive Christentum« zu verabschieden, den alten Zwiespalt zwischen Diesseits und Jenseits aufzuheben, damit die Menschheit sich ganz und ausschließlich auf die »wirkliche Welt« konzentriere. Der Erbitterung der Älteren allerdings entsprach die Begeisterung der Jüngeren, die sich sogar dahin verstiegen, diese Schrift als »fünftes Evangelium« zu bezeichnen. Das Thema ›Tod und Unsterblichkeit‹ hat Feuerbach nie losgelassen; immer wieder taucht es auf, weil sich an ihm erweist, was es um den Menschen ist. 1846 widmet er ihm nochmals eine Schrift, und zwar von dem Boden aus, den er durch seine Religionsanalyse gewonnen hat: ›Die Unsterblichkeitsfrage vom Standpunkt der Anthropologie‹.

Mehrfache vergebliche Bewerbungen um eine Professur verleiden Feuerbach die akademische Laufbahn vollends, und da er nach seiner eigenen Aussage sich nicht als »Lehrer«, sondern als »Forscher« fühlt, nimmt er 1837 endgültig von der

Universität Abschied und siedelt nach Schloß Bruckberg über, wo er nach seiner Heirat mit Bertha Löw in ländlicher Zurückgezogenheit lebt, um sich ganz der »Entfaltung des eigenen Wesens« zu weihen. Im stillen Einklang mit der Landschaft, im Rhythmus eines naturverbundenen Lebens und im Umgang mit der schlichten Dorfbevölkerung gewinnen nun auch im Philosophieren Feuerbachs zwei Momente immer mehr an Bedeutung: »Anschauung« und »Natur«. »Einst in Berlin und jetzt auf einem Dorfe! Welch ein Unsinn! Nicht doch mein teurer Freund! Siehe, den Sand, den mir die Berliner Staatsphilosophie in die Zirbeldrüse, wohin er gehört, aber leider! auch in die Augen streute, wasche ich mir hier an dem Quell der Natur vollends aus. Logik lernte ich auf einer deutschen Universität, aber Optik – die Kunst zu sehen – lernte ich erst auf einem deutschen Dorfe. – Der Philosoph, wenigstens wie ich ihn erfasse, muß die Natur zu seiner Freundin haben; er muß sie nicht nur aus Büchern, sondern von Angesicht zu Angesicht kennen. Längst sehnte ich mich nach ihrer persönlichen Bekanntschaft; wie glücklich bin ich, daß ich endlich dieses Verlangen stillen kann[9]!«

Hier in Bruckberg, in der naturromantisch erlebten Aussöhnung von Innerem und Äußerem, hat Feuerbach seine literarisch fruchtbarsten Jahre verbracht. 1841 stellt er der Öffentlichkeit die Schrift vor, die ihn mit einem Schlag zu einem der berühmtesten Männer der vormärzlichen Zeit macht. Der Form nach zwar noch weithin abstrakter Begrifflichkeit Hegelscher Provenienz verhaftet, gewinnt dieses Werk eine ebenso erstaunliche Breiten- wie nachhaltige Tiefenwirkung. Die Absicht dieser Schrift ist es, den wahren Sinn der Religion von den Illusionen der Theologie abzuheben; ihr Titel lautet: ›Das Wesen des Christentums‹.

Die Wirkung des Buches wird nur verständlich, wenn man sie in den größeren ideengeschichtlichen Zusammenhang einordnet, d. h. in die Geschichte der neuzeitlichen Auflehnung gegen die Vorherrschaft der Theologie. Im engeren Sinne führt die philosophische Kritik an der christlichen Religion auf Hegel zurück, bei dem in einer eigentümlichen Zweideutigkeit die christliche Religion von seiten der Philosophie zugleich ihre Rechtfertigung und Kritik erfährt. Die Religion ist wahr, aber auf der Stufe der sinnlichen Vorstellung; sie wird überboten von der Philosophie, die sie auf ihren reinen Begriff bringt. Aber wie ist dann Gott zu verstehen, als Person oder als Weltprozeß? Ist die Unsterblichkeit des Menschen ein persönliches Weiterleben nach dem Tode oder ein Aufgehen in den Wirk- und Werkzusammenhang der Geschichte? Im Streit der dreißiger Jahre um diese Fragen trennten sich die sogenannten ›Rechtshegelianer‹ von den ›Linkshegelianern‹, zu denen auch Feuerbach zu zählen ist. Ein entscheidender Anstoß in dieser Auseinandersetzung bildete das ›Leben Jesu‹, das David Friedrich Strauß 1835 veröffentlichte und in dem er nachzuweisen suchte, daß der größte Teil der kirchlichen Lehrüberlieferung und vor allem auch die Evangelienberichte als deren Quellen in den Bereich des ›Mythos‹ gehören. Was aber bleibt dann, wenn die biblische Rede von Gott und Himmel nur einen Mythos darstellt? Was soll das alles noch? Mitten in dieses bewegte Hin und Her solcher Fragen trifft Feuerbachs ›Wesen des Christentums‹. Engels hat die Wirkung seines Erscheinens festgehalten: »Da kam Feuerbachs ›Wesen des Christentums‹. Mit einem Schlag zerstäubte er den Widerspruch, indem er den Materialismus ohne Umschweife wieder auf den Thron erhob. ...außer der Natur und den Menschen existiert nichts, und die höheren Wesen, die unsere religiöse Phantasie erschuf, sind nur die phantastische Rückspiegelung unseres eigenen Wesens... Man muß die befreiende Wirkung dieses Buches selbst erlebt haben, um sich eine Vorstellung davon zu machen. Die Begeisterung war allgemein: Wir waren alle momentan Feuerbachianer[10].«

Dieses Buch, das zu Recht als das Hauptwerk Feuerbachs gilt, erlebte innerhalb weniger Jahre drei Auflagen. Es bedeutet die Höhe von Feuerbachs Ruhm und das Maximum seiner Einflußnahme auf das geistige Leben seiner Zeit. Aber das Religionsproblem ist damit für ihn noch nicht erledigt. 1845 erscheint ›Das Wesen der Religion‹, eine »kleine, aber inhaltsvolle Schrift«[11], in der er seine Religionsphilosophie um eine Variante bereichert. Zwei Momente machen das Neue an der jetzigen religionsphilosophischen Position Feuerbachs aus: das »Abhängigkeitsgefühl« und die »Natur«. Das Abhängigkeitsgefühl betrachtet Feuerbach nun als den Grund der Religion, die Natur als den ersten, ursprünglichen Gegenstand der Religion und darüber hinaus noch als ihren fortwährenden, wenn auch verborgenen Hintergrund. Diese Schrift bildet auch die Grundlage seiner ›Vorlesungen über das Wesen der Religion‹, die er im Winter 1848/49 auf Einladung von Studenten im Heidelberger Rathaus hält und die 1851 auch als Buch erscheinen. Zu Beginn dieser Vorlesungen gibt Feuerbach einen Überblick über seine schriftstellerische Arbeit und erklärt, daß es die Absicht seiner Schrift ›Das Wesen der Religion‹ gewesen sei, eine Lücke zu schließen, die ›Das Wesen des Christentums‹ hinterlassen habe und die zu Mißverständnissen Anlaß sein könne. Das Christentum, das als »Geistreligion« von der Natur gerade abstrahiert, wird in den Zusammenhang der vorchristlich-heidnischen Naturreligionen hineingestellt, und so bilden beide Schriften zusammen erst die Religionsgeschichte der Menschheit. Das, was die Geschichte als ein Nacheinander bzw. Nebeneinander von christlicher und heidnischer Religion aufweist, gehört inhaltlich zusammen wie zwei Seiten einer Sache, bzw. ist das Zusammen der »moralischen« und der »physischen« Eigenschaften Gottes. »Wie ich nun aber im Wesen des Christentums zeigte, daß Gott nach seinen moralischen oder geistigen Eigenschaften betrachtet, Gott also als moralisches Wesen nichts anderes ist als das vergötterte und vergegenständlichte geistige Wesen des Menschen, die Theologie also in Wahrheit in ihrem letzten Grund und Endresultat nur Anthropologie ist, so zeigte ich im Wesen der Religion, daß der physische Gott oder Gott, wie er nur als die Ursache der Natur, der Sterne, Bäume,

Steine, Tiere, Menschen, wiefern auch sie natürliche physische Wesen sind, betrachtet wird, gar nichts anderes ausdrückt als das vergötterte, personifizierte Wesen der Natur... Wenn ich daher meine Lehre zuvor in den Satz zusammenfaßte: die Theologie ist Anthropologie, so muß ich zur Ergänzung jetzt hinzusetzen: und Physiologie[12].«
Als letztes Werk auf dem Gebiete der Religionsphilosophie erscheint 1857 die ›Theogonie‹, die Feuerbach 1860 in einem Brief an Wilhelm Bolin[13] als seine »einfachste, vollendetste, reifste Schrift« bezeichnet. Diese Schrift, in sechs mühevollen Jahren »nach den Quellen des klassischen, hebräischen und christlichen Altertums« erarbeitet, ist ein Kompendium gesammelter Textbelege für seinen Standpunkt bezüglich der Religion. Aber der aufgebrachte philologische Fleiß erbrachte ihm nicht die zweifellos erhoffte Beachtung der gelehrten Welt. Selbst wohlmeinende Kritiker wie Arnold Ruge sahen bei aller Anerkennung der aufgebrachten Arbeit in dieser Schrift nur »Variationen eines im Wesen des Christentums abgedroschenen Themas«. Feuerbach gesteht zu, daß der Wunsch als Vater des Gottesgedankens zwar kein neues Thema ist, aber er betont mit Stolz daß er sich unmittelbar an Homer anschließe und damit nicht mehr als Hegelianer oder Fichtianer, sondern als »direkter Homeride« beurkunde und legitimiere. Wie anders sieht er jetzt Hegel, den einstmals tief verehrten Lehrer, dessen spekulativem Geist er sich so sehr verbunden fühlte. Hegel ist für ihn jetzt das »Muster eines deutschen Professors der Philosophie«, von dem er sich, wie er

nicht ohne Erbitterung feststellt, auch schon durch sein »äußerliches Schicksal« unterschieden weiß. »Der absolute Geist ist nichts anderes als der absolute Professor, der die Philosophie als Amt betreibende, in der Professur seine höchste Seligkeit und Bestimmung findende, den Kathederstandpunkt zum kosmologischen und welthistorischen, alles bestimmenden Standpunkt machende Professor. Wie ganz anders ist mein Schicksal, das mich nicht auf den Schultern der Staatsmacht... erhoben und auf das Katheder der absoluten Philosophie gestellt hat, das mich im Gegenteil in tiefster Niedrigkeit, Verlassenheit und Obskurität, aber eben deswegen auch glücklicher ›Einsamkeit und Selbständigkeit‹ 24 Jahre auf ein Dorf ... verbannte. Zwei Jahre in Berlin als Student, und 24 Jahre auf einem Dorf als Privatdozent[14]!«
Dieser Brief an Bolin ist in Rechenberg geschrieben. Wirtschaftlicher Zusammenbruch infolge Vermögensenteignung zwang zu dieser Veränderung, von der Feuerbach schreibt, daß sie eine große Störung in seinem Leben und Gemüt hervorgebracht habe und daß nur die hilfreiche Teilnahme von Freunden es nicht zu völliger Zerstörung habe kommen lassen. Nun beginnen für Feuerbach schwierige und entbehrungsreiche Jahre, Jahre äußerster finanzieller Not, die auch seine weitere Arbeit beschränken, und schließlich – nach einem Schlaganfall – Jahre des Siechtums. Am 13. September 1872 stirbt Feuerbach.
»Was ich bin? fragst Du mich. Warte bis ich nicht mehr bin«[15], lautet ein Aphorismus aus den Jahren 1843/44. Auf den Autor selbst angewandt, er-

hebt sich damit die Frage nach seinem philosophischen Erbe. Hat der kurze Abriß seines Werdeganges an Hand der wichtigsten äußeren und inneren Stationen schon Feuerbachs philosophische Position angedeutet, so gilt es nun, seine religionsphilosophischen Grundgedanken im sachlichen Zusammenhang zu skizzieren und deren Grundlagen sichtbar zu machen, ehe seine Wirkungsgeschichte angedeutet und sein philosophisches Erbe im Für und Wider erörtert werden kann[16].

## Die Grundgedanken der Religionskritik

Ausgangspunkt und zugleich Hintergrund von Feuerbachs Religionsphilosophie bildet seine Geschichtsauffassung. Wenn er diese auch nirgends zusammenfassend darlegt, so ist doch sein ganzes Werk von einem bestimmten geschichtlichen Bewußtsein getragen[17]. »Wer daher nicht die geschichtlichen Voraussetzungen und Vermittlungsstufen meiner Schrift kennt, dem fehlen die Anknüpfungspunkte meiner Argumente und Gedanken«[18], bemerkt Feuerbach selbst zum ›Wesen des Christentums‹. Die moderne spekulative Philosophie negiert die Religion, insofern diese zu einer Vorstufe des absoluten Wissens erklärt wird; aber dieses spekulative Ereignis allein erklärt nicht hinreichend die geschichtliche Bedeutsamkeit. Die historische Auflösung des Christentums gilt für Feuerbach als ein allgemeiner faktischer Bestand. Es ist negiert im Leben und in der Wissenschaft, in der Kunst und in der Industrie, d. h.

es ist – mit Ausnahme des Sonntags – aus dem praktischen Leben der Menschen verschwunden; es ist nichts weiter mehr als eine »fixe Idee, welche mit unseren Feuer- und Lebensversicherungsanstalten, unseren Eisenbahn- und Dampfwägen, unseren Pinakotheken und Glyptotheken, unseren Kriegs- und Gewerbeschulen, unseren Theatern und Naturalienkabinetten im schreiendsten Widerspruch steht«[19]. Beides aber ist nur äußerlich konstatiert und nicht innerlich begriffen, wenn es nicht als eine notwendige geschichtliche Entwicklung gesehen wird. Die gesamte Weltgeschichte ereignet sich im großen dialektischen Dreischritt von Thesis, Antithesis und Synthesis. Das war Hegels Geschichtskonzeption, der Feuerbach verhaftet bleibt, wenn er sie auch von der Ebene des Göttlichen und Absoluten auf die des Menschlichen verschiebt. Am Anfang steht die unmittelbare Einheit des Menschen mit sich und der Natur. Auf der nächsten Stufe, d. h. im reflektierenden Bewußtsein, wird die ursprüngliche Einheit des Wirklichen zerrissen. Das Wesen des Menschen wird abgesondert vom wirklichen Menschen und als ein vermeintlich Absolutes über ihn gesetzt, das Wesen der Natur wird als göttliches Wesen der wirklichen Natur entgegengestellt. Ein tiefer Riß spaltet die Welt in ein Diesseits und Jenseits, eine Kluft trennt Gott und Mensch voneinander. Diese Stufe der Entwicklung ist die Stufe der Religion. Sie ist eine frühe Stufe, eine Stufe der menschlichen Kindheit. »Die Religion hat ihren Ursprung, ihre wahre Stellung und Bedeutung nur in der Kindheitsperiode der Menschheit, aber die Periode der Kindheit ist auch die Periode der Unwissenheit, Unerfahrenheit, Unbildung oder Unkultur[20].« Zwar bedeuten die in späterer Zeit entstandenen Religionen, vorab das Christentum, eine gewisse Reformierung und Vergeistigung, aber solches verbleibt dennoch auf der Religionsstufe und bildet nichts qualitativ, d. h. wesentlich Neues. Die praktische Neuerung der Modernen, daß alles im menschlichen Leben Gegenstand der menschlichen Selbsttätigkeit wird, muß nun von der theoretischen Einsicht eingeholt werden, damit der Widerspruch zwischen Theorie und Praxis verschwindet. Die moderne Theologie und Philosophie ist auf halbem Weg stehengeblieben; sie hat nicht mehr die Kraft des alten Glaubens, noch den Mut, sich selbst zu durchschauen. Sie ist ein Zwischenstadium zwischen konsequenter Theologie und konsequentem Diesseitsglauben. Es ist die Forderung der geschichtlichen Stunde, die unselige Spannung zwischen Religion und Philosophie, zwischen theoretischem und praktischem Verhalten zum Verschwinden zu bringen. Das »Schaukelsystem der Dialektik« muß ein Ende haben. Die Menschheit steht vor der Alternative: »Es gibt nur Einen wahren, Einen ehrwürdigen Gott – es ist der unmittelbare, selbsttätige, selbstredende, selbstleuchtende, selbstblitzende, selbstdonnernde, selbstregnende Gott der alten Welt. Entweder diesen oder keinen Gott[21]!« Diese Alternative ist allerdings von der Geschichte längst entschieden, und zwar zu Ungunsten des alten Gottes. Der »neue Mensch«, d. h. der Mensch, der von sich selbst weiß und sich selbst als das Geheimnis der Religion begreift, ist der einzig verbleibende offene Weg. Von der Theologie zur Anthropologie, oder genauer: Auflösung der Theologie in Anthropologie, so lautet das Programm Feuerbachs, das ihm seiner Selbsteinschätzung nach sowohl von der Sache der Religion als von dem Gang der Geschichte her abgefordert wird.

Wie aber ist dabei zu verfahren? Im Gegensatz zu den spekulativen Philosophen, die alle Wahrheit aus dem »Gänsekiel« schöpfen, d.h. aus ihrem eigenen Kopfe, versteht sich Feuerbach als ein »geistiger Naturforscher«, der die Sache sebst sprechen lassen will und diese nicht gleich mit dem Gedanken über die Sache identifiziert. Der Gedanke muß erst aus seinem Gegenteil, aus dem Stoff erzeugt werden, soll ihm Objektivität und Zuverlässigkeit zukommen. Feuerbachs Methode der Wahrheitsfindung versteht sich dergestalt als die Auflösung der Spekulation. »Die Spekulation läßt die Religion nur sagen, was sie selbst gedacht und weit besser gesagt als die Religion; sie bestimmt die Religion, ohne sich von ihr bestimmen zu lassen; sie kommt nicht aus sich heraus. Ich aber lasse die Religion sich selbst aussprechen; ich mache nur ihren Zuhörer und Dolmetscher, nicht ihren Souffleur. Nicht zu erfinden –, zu entdecken, ›Dasein zu enthüllen‹, war mein einziger Zweck; richtig zu sehen, mein einziges Bestreben[22].« So wie der Naturforscher sich auf objektives Tatsachenmaterial stützt, so beruft sich Feuerbach auf die Objektivierungen der Religion, wie sie sich im Kult und im Dogma darstellen, sowie auf die

Selbstzeugnisse religiöser Naturen, so z. B. auf Augustinus, Luther und viele andere. Aber die empirische Fundierung der Religionsphilosophie, wie Feuerbach sie in Verarbeitung einer Fülle von religionswissenschaftlichem Material versucht, zeigt zugleich, daß der Religionsphilosoph ein »geistiger« Naturforscher ist, denn alle Objektivationen der Religion sind Ausformungen eines bestimmten Selbstverständnisses des Menschen, sind Äußerungen eines Inneren. Alle Religion hat ihren Ursprung im Inneren des Menschen. Das Tatsachenmaterial ist demzufolge zu »analysieren«, d. h. auf seine Entstehung hin zu befragen. Feuerbachs Methode ist empirisch und analytisch zugleich. Was sie leisten soll, ist die psychologisch-genetische Erklärung des historischen Religionsphänomens.

Das methodische Prinzip einer »genetisch-kritischen« Behandlung der Religion erläutert Feuerbach am Beispiel der Vorstellung von Gott als einer »absoluten Persönlichkeit«. Persönlichkeit ist immer individuell, demzufolge ist auch ihr Selbstbewußtsein individuell. »Der Zusatz ›absolut‹, wodurch ihr Selbstbewußtsein zu einem anderen als das unsrige gemacht werden soll... ist eine bloße Einbildung, eine Vorspiegelung, durch die der Spekulant sich in die Illusion versetzt, daß das Objekt seiner Spekulation nicht sein eigenes Selbst, sondern ein anderes, das göttliche ist... Das spekulierende Subjekt spiegelt sich in sich selbst ab: der Gedanke ist das durchsichtige Element, das Phantasma, die Vorstellung aber die Folie, der dunkle, begrifflose Grund, auf dem der an sich ›reale‹ Begriff, wie der des Bewußtseins, durch das Prädikat ›absolut‹ zur begrifflosen Einbildung, aber eben dadurch zur Vorstellung eines Anderen gesteigert wird. So wird der Gedanke auf dem dunklen Grund des Phantasmas zu einem Spiegel, in dem das Subjekt sich erblickt, aber unendlich vergrößert... Dieses als ein anderes Subjekt vorgestellte Spiegelbild ist die absolute Person[23].«

Das aber, was am Beispiel der Rede von Gott als der absoluten Persönlichkeit erörtert wird, gilt für alles Denken und Reden über Gott. Der Mensch kann über das Maß, das ihm durch sein Wesen gesetzt ist, nicht hinaus. Der Gott, den der Mensch in seinem Denken, in seiner Vorstellung erreicht, ist immer der menschlich gedachte, menschlich vorgestellte Gott. Er trägt die Züge des Menschen. Die Prädikate, d.h. die Bestimmungen, die der Mensch Gott gibt, sind immer menschliche Bestimmungen. Das wird besonders dort deutlich, wo gerade der Unterschied zwischen Mensch und Gott sichtbar gemacht werden soll. »Alle Bestimmungen, die man nur immer vorbringen mag, um einen Unterschied zwischen dem göttlichen und menschlichen Denken auszudrücken, fallen in unser Denken, sind Gedanken von uns, Gedanken, in denen sich unser Denken betätigt[24].«
Weisheit, Güte, Macht, das alles sind menschliche Prädikate, die Gott in höchster Steigerungsform zugesprochen werden, wenn man ihn allweise, allgütig, allmächtig nennt. Das Geheimnis aller Religion liegt darin, daß der Mensch sein eigenes Wesen vergegenständlicht und fälschlicherweise

aus sich hinausprojiziert, um es nunmehr als ein von ihm Unterschiedenes, d. h. als Gott anzuschauen. Gott ist nichts anderes als die Projektion des eigenen Wesens, so stellt sich die Grunderkenntnis der Feuerbachschen Religionskritik dar. »Gott ist der Spiegel des Menschen... Gott ist für den Menschen das Kollektaneenbuch seiner höchsten Empfindungen und Gedanken, das Stammbuch, worin er die Namen der ihm teuersten, heiligsten Wesen einträgt[25].«

Dies näher darzulegen und im einzelnen durchzuführen, hat sich Feuerbach im ›Wesen des Christentums‹ zur Aufgabe gestellt. In der religiösen Tätigkeit des Menschen befreit sich dieser von seinen individuellen Schranken. Aber dieses entschränkte, vollkommene Wesen gilt ihm nicht als das, was es ist, nämlich als Konterfei der »Gattung Mensch«, sondern als ein außer ihm liegendes, transzendentes Wesen. Hierin liegt die Selbstentfremdung des Menschen, eine gefährliche und schädliche Verschwendung des eigenen Wesens an ein fiktives Gegenüber. Es gilt also, die wirklichen Verhältnisse hinter den religiösen Verdrehungen zu erkennen. Der Satz »Gott schuf den Menschen sich zum Bilde« ist umzukehren in den Satz »Der Mensch schuf Gott sich zum Bilde«.

Mit der Vertauschung von Subjekt und Objekt, wie sie in diesem Satz vorliegt, ist das Arbeitsprinzip für eine systematische Durchführung der psychologischen Religionskritik gewonnen: die Umkehrung von Subjekt und Prädikat. »Was nämlich in der Religion Prädikat ist, das dürfen wir nur immer dem früher Entwickelten zufolge zum

Subjekt, was in ihr Subjekt, zum Prädikat machen, also die Orakelsprüche der Religion umkehren, gleichsam als contre-vérités auffassen – so haben wir das Wahre! Gott leidet – Leiden ist Prädikat – aber für die Menschen, für andere, nicht für sich. Was heißt das auf deutsch? Nichts anderes als: Leiden für andere ist göttlich; wer für andere leidet, seine Seele läßt, handelt göttlich, ist den Menschen Gott[26].«

Diese Umkehrung von Subjekt und Prädikat bildet demnach den Schlüssel zur Dechiffrierung der in der Religion verborgenen Wahrheit. Das logische Recht der Handhabung, d.h. der Wahrheitsanspruch dieser Methode, beruht auf Prämissen, die Feuerbach selber mehrfach erläutert:

1. »Der Mensch kann nun einmal nicht über sein wahres Wesen hinaus«, d.h. sein Denken bleibt dem Maß des Menschlichen verhaftet, alle Aussagen sind demzufolge menschliche Prädikate[27].

2. »Was das Subjekt ist, das liegt nur im Prädikat; das Prädikat ist die Wahrheit des Subjekts«[28]; wenn also die Religion in dem, was sie Gott zuspricht, im Aussagebereich des Menschlichen bleibt, dann ist in Wahrheit auch das Wesen, von dem da ausgesagt wird, nur das menschliche Wesen, nicht das Individuum, sondern der ideale Mensch, der Mensch als Gattungswesen; denn die Gattung ist der Inbegriff aller menschlichen Möglichkeiten.

Damit ist der Boden gekennzeichnet, auf dem Feuerbach seine systematische Religionskritik durchführen kann. Hat die Religion ihren Ursprung darin, daß der Mensch sein Wesen aus sich hinausprojiziert und irrtümlich als ein von ihm Unterschiedenes anschaut, so kann das unwahre, d. h. theologische Wesen der Religion nur überwunden werden, wenn diese Projektion durchschaut und rückgängig gemacht, d. h. reduziert wird auf die ihr zugrunde liegende Anthropologie. So versucht Feuerbach im ›Wesen des Christentums‹, die christliche Dogmatik auf die Ebene der Humanität zu transponieren bzw. auf ihren anthropologischen Kern zu reduzieren. Wenn die christliche Religion sagt, daß Gott um des Menschen willen leidet, dann kommt darin nur zum Ausdruck, daß Leiden für andere göttlich ist. ›Gott ist die Liebe‹ ist zu übersetzen in ›Liebe ist göttlich‹. Das Dogma der Trinität bringt nichts weiter zum Ausdruck als die ontologische Bedeutung der menschlichen Gemeinschaft. Das Dogma von der Schöpfung erweist die Spontaneität und den Reichtum des menschlichen Willens und bedeutet die Anbetung der Subjektivität des Menschen. Der Glaube an den Himmel und eine persönliche Unsterblichkeit ist der klarste Ausdruck der Liebe zum eigenen Leben und dessen Wertschätzung. Das religiöse Gemüt dreht sich im Grunde genommen um sich selbst; es möchte sein Leben ins Unendliche verlängert sehen, jenseits aller Schranken von Raum und Zeit.

Diesem ersten Teil (›Das wahre, d. i. anthropologische Wesen der Religion‹) fügt Feuerbach einen zweiten Teil hinzu (›Das unwahre, d. i. theologische Wesen der Religion‹), in dem er auf indirektem Wege zu dem gleichen Ergebnis führen will. Die Theologie, als die späte Reflexion des religiösen Menschen über sich selbst, enthüllt sich als eine Anhäufung heilloser Widersprüche, die alle darin ihren Grund haben, daß Gott in Wahrheit das menschliche Wesen ist und doch ein anderes, ein übermenschliches sein soll. Indem diese Widersprüche sichtbar gemacht werden, widerlegt sich die Theologie selbst und verweist auf die Notwendigkeit, das Übel von der Wurzel her aufzulösen, d.h. die Entzweiung des Menschen mit sich selbst aufzuheben.

Das Resultat dieser Schrift ist so zugleich ein negatives und positives. Negativ ist es, insofern es eine Destruktion, eine Entlarvung darstellt, d.h. Gott als Projektion und Selbstspiegelung des Menschen und damit als Illusion erweist. Positiv aber ist dieses Ergebnis, weil derjenige, der die Religion als eine frühe Stufe des Bewußtseins kritisch durchschaut, in ihr ein wichtiges Zeugnis des menschlichen Wesens findet. Wer tief genug in die Religion eindringt, der erkennt in ihr den Menschen wieder: Gotteserkenntnis ist Menschenerkenntnis. Dem kritischen und zugleich verstehenden Philosophen ruft die Religion zu: Gnothi sauton, erkenne dich selbst, wie denn auch bezeichnenderweise Feuerbach ursprünglich sein Hauptwerk betiteln wollte. In diesem Verneinen der Religion und ihrem Bejahen zugleich erfüllt sich Feuerbachs eigentümliches Verhältnis zur Religion, das den einen zu atheistisch, den anderen zu fromm erscheint. Max Stirner nennt Feuerbach einen »frommen Atheisten«, der nur auf theologische Weise von der Theologie und Religion befreit, da er zwar Gott als Subjekt aufhebe, das Göttliche jedoch, d. h. die Prädikate Gottes unangefochten stehen lasse[29].

Feuerbach verteidigt sich nach beiden Seiten. Was bliebe denn überhaupt noch übrig, wenn man die Prädikate Gottes, die nichts anderes als die Realitäten von Natur und Mensch darstellen (Licht, Leben, Kraft, Schönheit, Verstand, Liebe usf.), auch noch aufheben wollte? Aber auch der Atheismus ist keine willkürliche Setzung, sondern der praktische, aber noch uneingestandene Grundzug der Religion selbst. Der Mensch liebt Gott nur um seiner selbst willen. »So bezweckt der Mensch nur sich selbst in Gott und durch Gott[30].« Gottesliebe ist Menschenliebe, ist Selbstliebe, lediglich auf indirekte Weise. Diesem Selbstbetrug ein Ende zu setzen, dem, was heimlich längst praktiziert wird, jetzt auch seinen unverhohlenen Ausdruck zu geben, verkündet Feuerbach seine neue Religion: »Ist das Wesen des Menschen das höchste Wesen des Menschen, so muß auch praktisch das höchste und erste Gesetz die Liebe des Menschen zum Menschen sein. Homo homini Deus est – dies ist der oberste praktische Grundsatz – dies der Wendepunkt der Weltgeschichte[31].« Diese neue Religion gibt dem Menschen seine wahre Würde zurück. Anstelle des göttlichen Du tritt das menschliche Du, der Mitmensch. Die moralischen Verhältnisse sind die wahrhaft religiösen Verhältnisse; noch mehr: alles menschliche Verhalten gewinnt religiöse Weihe; das Leben überhaupt ist in seinen wesentlichen Verhältnissen durchaus göttlicher Natur. »Heilig ist und sei dir die Freundschaft, heilig das Eigentum, heilig die Ehe, heilig das Wohl jedes Menschen, aber heilig an und für sich selbst[32].« Wollte die alte Religion die irdischen Dinge und Verhältnisse durch einen von außen dazukommenden Segen Gottes heiligen und durch kultische Riten und kirchliche Sakramente aufwerten, so kann die neue Religion auf solches magisch-mystische Zeremoniell verzichten, denn sie spricht die natürlichen Dinge an und für sich heilig. Man braucht nur »den gewöhnlichen gemeinen Lauf der Dinge zu unterbrechen, um dem Gemeinen ungemeine Bedeutung abzugewinnen. Heilig sei uns darum das Brot, heilig der Wein, aber auch heilig das Wasser! Amen[33].«

Mit diesem neuen Glaubensbekenntnis, mit dem das ›Wesen des Christentums‹ abschließt und in dem der Glauben an die Göttlichkeit des Menschlichen und Natürlichen verkündet wird sowie die Forderung einer neuen und ungeteilten Liebe zu Welt und Mitmensch, ist aber die Religionsphilosophie noch nicht zum Abschluß gebracht. Daß der Mensch über dem Menschen nicht die Natur vergessen dürfe, diesen Rat der ›Schlußanwendung‹ scheint Feuerbach vor allem auch für sich selbst geschrieben zu haben. Das Christentum ist eine Religion der Innerlichkeit, eine »Geistreligion«. Aber erschöpft sich darin schon das Wesen der Religion überhaupt? Wie steht es um die Gottesvorstellung der »Naturreligion«, die ganz andere, nämlich nichtmenschliche Züge aufzuweisen scheint? Wie ist ihr Wesen zu erklären, gibt sie den Blick frei auf den Grund, weshalb der Mensch dazu drängt, ein Wesen außerhalb seiner selbst, ja über ihm selbst anzuerkennen, von dem er sich abhängig weiß? Mit dieser Frage entwickelt Feuerbach 1845 in seiner Schrift ›Das Wesen der Religion‹ eine neue religionsphilosophische Gedankenreihe. Der subjektive Faktor, der die Religionsentstehung erklären soll, heißt jetzt das »Abhängigkeitsgefühl«, der objektive Faktor die »Natur«. Der Mensch, der dieser – zwar nicht völlig neuen, jedoch anders gelagerten – Religionserklärung zugrunde liegt, ist der leiblich-sinnliche Mensch, der ganz auf die ihn umgebende äußere Natur ausgerichtet ist. Von dieser fühlt er sich umfangen, getragen und ernährt, von ihr ist er ganz und gar abhängig. Das aber, wovon das Leben, die Existenz des Menschen abhängt, das erscheint ihm als Gott. Die gefühlte Abhängigkeit in Freiheit zu verwandeln, ist der Sinn des Opfers, in dem sich für Feuerbach das ganze (!) Wesen der Religion »versinnlicht« und »konzentriert«. »Der Grund des Opfers ist das Abhängigkeitsgefühl – die Furcht, der Zweifel, die Ungewißheit des Erfolges, der Zukunft, die Gewissenspein über eine begangene Sünde – aber das Resultat, der Zweck des Opfers ist das Selbstgefühl – der Mut, der Genuß, die Gewißheit des Erfolgs, die Freiheit und Seligkeit. Als Knecht der Natur schreite ich zum Opfer; aber als Herr der Natur scheide ich vom Opfer. Das Gefühl der Abhängigkeit von der Natur ist daher wohl der Grund; aber die Aufhebung dieser Abhängigkeit, die Freiheit von der Natur ist der Zweck der Religion. Oder: die Gottheit der Natur ist wohl die Basis, die Grundlage der Religion, und zwar aller Religion,

auch der christlichen, aber die Gottheit des Menschen ist der Endzweck der Religion[34].«
Bei aller Unterschiedlichkeit beider Schriften – Rückführung der Gottesidee auf das Wesen des Menschen einerseits und auf die Natur andererseits – will Feuerbach beides als notwendigen Zusammenhang sehen, wie er es ja deutlich schon in den früher zitierten ›Vorlesungen‹ ausspricht. Beide Erklärungsweisen zusammengenommen offenbaren das ganze Wesen der Religion, deren Basis die Natur, deren Endzweck jedoch der Mensch ist. In diesem Sinne mündet auch die Betrachtung der Naturreligion wieder in die Anthropologie.
Insofern jedoch der Mensch in der Religion sich selbst bezweckt, d. h. insofern ihr Gegenstand menschliche Zwecke und Bedürfnisse sind, legt sich Feuerbach eine Konsequenz nahe, die schon früh anklingt, im ›Wesen der Religion‹ stärker hervortritt und schließlich in seinem letzten religionsphilosophischen Werk, der ›Theogonie‹, zum leitenden Motiv wird: Der Wunsch ist schließlich und endlich der eigentliche Vater des Gottesgedankens. »Der Wunsch ist der Ursprung, ist das Wesen selbst der Religion – das Wesen der Götter nichts anderes als das Wesen des Wunsches... Wer keine Wünsche hat, der hat auch keine Götter[35].« Der theogonische Wunsch entsteht aus dem Gefühl des Mangels, der Beschränkung des menschlichen Vermögens, indem sich der Glückseligkeitstrieb mit der Einbildungskraft verbindet. Gott ist der Lückenbüßer, das fiktive Komplement menschlicher Bedürftigkeit,

die illusionäre Erfüllung der menschlichen Wünsche.
Die Religion ist der Traum des menschlichen Geistes[36], der Wunschtraum. Es ist an der Zeit, daß die Menschheit erwache.

### *Feuerbachs Erbe im Für und Wider*

Wäre Feuerbachs Philosophie nur ein möglicher Gedankenentwurf unter beliebig vielen anderen, so würde sich kaum eine ernsthafte Beschäftigung mit ihm lohnen, es sei denn für den Historiker. Wer sich jedoch mit der Wirkungsgeschichte seiner Gedanken befaßt, sieht bald, daß diese – sei es unmittelbar oder durch verschiedene Vermittlungen hindurch – unser heutiges Bewußtsein so sehr bestimmen, daß eine Besinnung auf Feuerbach wesentlich auch eine kritische Selbstbesinnung darstellt. In diesem Sinne ist es weder notwendig noch auch möglich, das Schicksal der Philosophie Feuerbachs im einzelnen nachzuzeichnen[37], wohl aber ist auf jene Stellen im aktuellen Wissenschaftsgespräch zu verweisen, wo sein religionsphilosophisches Erbe weiterlebt, nämlich vor allem in der Psychoanalyse, in der marxistischen Religionstheorie und in der heutigen theologischen Selbstkritik.
Ohne auf ihn direkt Bezug zu nehmen, berührt sich Sigmund Freud sehr stark mit Feuerbach. Andeutungen für diese Anlehnung finden sich schon in früheren Werken. Die Nähe Freuds zu Feuerbach zeigt sich aber am deutlichsten in sei-

ner religionskritischen Hauptschrift ›Die Zukunft einer Illusion‹[38]. Der Autor stellt sich hier bewußt – ohne allerdings Namen zu nennen – in die Reihe von Vorgängern, unter die der Sache nach in erster Linie Feuerbach zu zählen ist, und will lediglich »etwas psychologische Begründung« hinzufügen. Zwar geht – wie ein Vergleich[39] zeigt – Freud keineswegs restlos in Feuerbach auf, aber Freuds Projektionstheorie, seine Definition der Religion als der »Illusion« des begehrlichen Menschen, das verrät die Handschrift Feuerbachs – ebenso wie die Entschiedenheit der Diesseitsbescheidung: »Der Mensch kann nicht ewig Kind bleiben, er muß endlich hinaus ins ›feindliche Leben‹. Man darf das ›die Erziehung zur Realität‹ heißen... Es macht schon etwas aus, wenn man weiß, daß man auf seine eigene Kraft angewiesen ist... Was soll ihm die Vorspiegelung eines Großgrundbesitzes auf dem Mond, von dessen Ertrag doch noch nie jemand etwas gesehen hat? Als ehrlicher Kleinbauer auf dieser Erde wird er seine Scholle zu bearbeiten wissen, so daß sie ihn nährt. Dadurch, daß er seine Erwartungen vom Jenseits abzieht und alle freigewordenen Kräfte auf das irdische Leben konzentriert, wird er wahrscheinlich erreichen können, daß das Leben für alle erträglich wird und die Kultur keinen mehr erdrückt. Dann wird er ohne Bedauern mit einem unserer Unglaubensgenossen sagen dürfen:

> Den Himmel überlassen wir
> Den Engeln und den Spatzen[40].«

Seine größte Wirkung dürfte Feuerbach jedoch

zweifellos durch Karl Marx gefunden haben, der einerseits ohne jenen nicht denkbar wäre, andererseits aber dessen Religionskritik so in sein Werk integriert, daß Feuerbachs Namen hinter dem seinen verschwindet. Zu Beginn dieser Einleitung wurde schon darauf verwiesen, wie emphatisch Marx und Engels Feuerbachs Philosophie begrüßten. Die Anerkennung, die Marx Feuerbach zollte, zeigt sich am deutlichsten in seinen Bemühungen, diesen für eine Mitarbeit an den von ihm zusammen mit Ruge in Paris herausgegebenen ›Deutsch-Französischen Jahrbüchern‹ zu gewinnen[41]. In dem dieserhalb geführten Briefwechsel versichert Marx Feuerbach seine Hochachtung und Liebe. Feuerbach habe dem Sozialismus eine philosophische Grundlage gegeben, und die Kommunisten hätten seine Schriften auch so verstanden. Eine englische und französische Übersetzung von ›Das Wesen des Christentums‹ sei in Vorbereitung. Der kommunistische Teil der in Paris lebenden deutschen Handwerker, mehrere Hunderte, hätten im Laufe eines Sommers zweimal die Woche Vorlesungen über ›Das Wesen des Christentums‹ gehört und sich merkwürdig empfänglich gezeigt[42]. Wenn Marx jedoch wenige Jahre später von Feuerbach deutlich abrückt, dann ist das weniger die Enttäuschung darüber, daß Feuerbach die erbetene Mitarbeit versagt, sondern der Wille, diesen kritisch zu überbieten. Der Ansatz dazu zeigt sich schon früh. So übernimmt Marx die Religionskritik Feuerbachs einerseits als etwas Endgültiges und Abgeschlossenes, und doch drängt er weiter. »Für

Deutschland ist die Kritik der Religion im wesentlichen beendigt, und die Kritik der Religion ist die Voraussetzung aller Kritik[43].« Als diese Voraussetzung ist sie ebensosehr unerläßlich wie andererseits überbietbar. Feuerbach hat den Menschen zu sehr als Individuum betrachtet, zu abstrakt, d. h. ungeschichtlich. »Aber der Mensch, das ist kein abstraktes, außer der Welt hockendes Wesen. Der Mensch, das ist die Welt des Menschen, Staat, Sozietät. Dieser Staat, diese Sozietät produzieren die Religion, ein verkehrtes Weltbewußtsein, weil sie eine verkehrte Welt sind[44].« Die psychologisch-genetische Religionserklärung reicht nicht aus, weil sie nicht hinreichend genug die Anlässe klärt, die zu den religiösen Projektionen treiben; sie muß ergänzt und vertieft werden durch die soziologisch-genetische Betrachtungsweise, die die verkehrten Welt- und Gesellschaftszustände als Grund der Religion freilegt. Die Aufhebung der Religion als Illusion ist dann aber erst wirklich gewährleistet, wenn diese Zustände aufgehoben werden, die die Religion immer wieder als illusionären Trost erzeugen. »Die Forderung, die Illusionen über seinen Zustand aufzugeben, ist die Forderung, einen Zustand aufzugeben, der der Illusionen bedarf«, d. h. die Religionskritik fordert die politische Praxis heraus und wird zugleich durch diese erübrigt: »Es ist also die Aufgabe der Geschichte, nachdem das Jenseits der Wahrheit verschwunden ist, die Wahrheit des Diesseits zu etablieren... Die Kritik des Himmels verwandelt sich damit in die Kritik der Erde, die Kritik der Religion in die

Kritik des Rechts, die Kritik der Theologie in die Kritik der Politik[45].« In dieser praktischen Tendenz, die Marx dann später zu einem praktischen Aktionsprogramm ausbaut, liegt zweifellos ein Neues gegenüber Feuerbach vor. Wenn dieser auch schon in ähnliche Richtung weist und davon spricht, daß an die Stelle des Gebets die Arbeit und an die Stelle der Religion die Politik treten muß, so bleibt das doch nur ein Appell und verbleibt im inneren Raum der »Gesinnung«. Feuerbach verharrt auf dem Boden der Theorie, weshalb Marx gegen ihn formuliert: »Die Philosophen haben die Welt nur verschieden interpretiert; es kommt darauf an, sie zu verändern[46].«
Der weiteren Ausformung der Religionstheorie, wie sie vor allem durch Engels und Lenin geschieht, kann hier nicht nachgegangen werden. Sicher jedoch bedeutet der Marxismus als Gesamtbewegung – bei aller Differenzierung, die man seinen ›westlichen‹ Provinzen schuldet, in denen sich sogar die Möglichkeit einer Revision des Religionsverhältnisses abzeichnet[47] – eine ins Zentrum der Religion zielende Kritik, der sich das Christentum stellen muß, wenn es nicht eine Vogel-Strauß-Theologie betreiben will. Es ist daher sehr zu begrüßen, daß gegenwärtig nicht nur die Christen zu einem ›Dialog‹ mit den Nichtchristen aufgerufen werden[48], sondern daß vor allem auch die Theologie sich immer mehr vor der Aufgabe apologetischer Selbstbehauptung die Aufgabe einer kritischen Selbstbesinnung stellt. Die damit entstandene Diskussion kann hier weder dem Umfang noch der Differenzierung

nach zur Sprache kommen. Aber auf einige theologische Beiträge sei im folgenden verwiesen, wenn die Konfrontation der Feuerbachschen Religionskritik mit der theologischen Gegenkritik sowie Selbstkritik im Umkreis der wichtigsten Fragen, die beide Seiten sich gegenseitig zu stellen haben, verdeutlicht wird.

Gegen Feuerbachs Religionstheorie sind vor allem folgende Einwände und kritische Fragen zu erheben:

1. Wenn Feuerbach die Religion als eine kindliche Bewußtseinsstufe bezeichnet, die der moderne Mensch praktisch längst verlassen hat, so erinnert dieser Standpunkt und die auf ihm basierende Periodisierung der Geschichte an Auguste Comte, den Vater des französischen Positivismus. Dieser stellt in seinem Dreistadiengesetz gleichzeitig mit Feuerbach die Behauptung auf, daß die Religion als ein frühes, mythologisches Weltverständnis sich im Zeitalter der Wissenschaft als restlos überholt darstelle. Demgegenüber ist zu fragen, ob das Verhältnis von Religion, Philosophie und Wissenschaft wirklich sich als ein Nacheinander, oder nicht vielmehr als ein Nebeneinander, ja Ineinander verschiedener Weisen des menschlichen Selbst- und Weltverständnisses zeigt. In diesem Falle würde die Geschichte nicht die Religion überholen, sondern als innere Struktur nur die Wandlung des religiösen Bewußtseins selbst bedeuten[49].

2. Feuerbach differenziert keineswegs in ausreichendem Maße zwischen Religion und christlichem Glauben. Daß der christliche Glaube nicht

einfach unter die Religion als Oberbegriff subsumiert werden kann, ist oft betont worden, wird aber vielleicht am deutlichsten in Bonhoeffers Forderung eines »religionslosen Christentums«. Auch in dieser Hinsicht zeigt sich eben Feuerbach als abhängig von der Theologie seiner Zeit, weshalb man ihm nicht ohne weiteres das Recht zubilligen darf, seinen Standpunkt als das Nonplusultra anzusehen.

3. Vernachlässigt Feuerbach nicht bei seiner Darstellung des Christentums in grober Weise die Aussagen, die von der Andersartigkeit Gottes zeugen und sich gerade deshalb nicht in das Schema der Wunschprojektion einfügen lassen[50]? Unterschlägt Feuerbach nicht, daß die Theologie immer schon betont hat, in ihrem analogen Reden von Gott walte mehr Unähnlichkeit als Ähnlichkeit?

4. Liegt bei Feuerbach nicht ein ungerechtfertigter Sprung von der erkenntniskritischen bzw. psychologischen auf die ontologische Ebene vor, wenn er glaubt, die psychologische Genese des Bewußtseins könne als Beweis für die Wahrheit der Existenz bzw. Nichtexistenz Gottes dienen? »Wenn die Götter Wunschwesen sind, so folgt daraus für ihre Existenz oder Nichtexistenz gar nichts[51].«

5. Erscheint die Beweisführung Feuerbachs nicht dadurch als fragwürdig, daß die Auswahl seiner Zitate und Belege höchst einseitig von seiner Absicht bestimmt ist? In die gleiche Richtung weist die Tatsache, daß sein Vortrag weitgehend thetisch ist, d. h. sich in Behauptungen erschöpft, die nicht hinreichend bewiesen werden. Besonders

Zeitlang sogar das Reden über Gott überhaupt aussetzen müssen, bis sich der neue Name Gottes zeigt[57]?

5. Kann die Glaubensverkündigung heute noch voraussetzen, daß das religiöse Bedürfnis eine allgemeine menschliche Grundstruktur darstellt, an die sie anknüpfen könnte – oder ist diese Vorstellung schutzlos der Feuerbachschen Umkehrung des Gottesverhältnisses in eine Produktion des Menschen zur Bedürfnisbefriedigung ausgeliefert[58]?

6. Kann der Dualismus von Gott und Welt, von Diesseits und Jenseits, wie er manchen vertrauten Glaubensvorstellungen zugrunde liegt, aufgehoben werden, ohne daß die Sache Gottes verlorengeht?

*Erläuterung der Auswahl*

Eine Textauswahl aus Feuerbachs Religionsphilosophie sieht sich vor die Schwierigkeit gestellt, daß die Religion das Grundthema nahezu aller seiner Schriften darstellt. Überall taucht es auf, wird aber in verschiedenen einander ergänzenden und weiterführenden Anläufen angegangen. Man entgeht dieser Schwierigkeit am ehesten, wenn man sich auf die beiden Werke stützt, die auch nach Feuerbachs Selbstbeurteilung am klarsten seine religionsphilosophische Position zum Ausdruck sowie möglichst thematisch geschlossen zur Darstellung bringen. Demzufolge werden in der Textauswahl Auszüge aus dem ›Wesen des Christentums‹ und dem ›Wesen der Religion‹ dargeboten. Vorangestellt wird Feuerbachs ›Vorrede zur zweiten Auflage vom ‚Wesen des Christentums'‹, in der er sich ausführlich über die Absicht seines Werkes äußert und eine für seine Beurteilung wichtige Selbstinterpretation liefert.

Was das ›Wesen des Christentums‹ angeht, so wird die verhältnismäßig umfangreiche ›Einleitung‹, die das ›Wesen des Menschen im allgemeinen‹ (Kapitel 1) und das ›Wesen der Religion im allgemeinen‹ (Kapitel 2) behandelt, ungekürzt wiedergegeben, da hier Feuerbach eingehend die philosophischen Voraussetzungen seiner Religionsdeutung erörtert. Die erste, zweifellos wichtigere Hälfte des Hauptteils stellt die anthropologische Reduktion der einzelnen dogmatischen Gehalte dar, und zwar in lockerer Abfolge. Es bietet sich also für die Auswahl kein systematischer Leitfaden an. Im einzelnen werden folgende Kapitel in leicht gekürzter Fassung dargeboten: ›Gott als Wesen des Verstandes‹ (Kapitel 3), ›Gott als moralisches Wesen oder Gesetz‹ (Kapitel 4), ›Das Geheimnis der Inkarnation oder Gott als Herzenswesen‹ (Kapitel 5), ›Das Geheimnis des leidenden Gottes‹ (Kapitel 6), ›Das Mysterium der Dreieinigkeit und Mutter Gottes‹ (Kapitel 7), ›Die Allmacht des Gemüts oder das Geheimnis des Gebets‹ (Kapitel 13) und ›Der christliche Himmel oder die persönliche Unsterblichkeit‹ (Kapitel 19). — Aus dem zweiten Teil des Buches, in welchem Widersprüche in der Lehre des Christentums und Kritik nach Weise der Aufklärung zusammengestellt sind, kommen der größte Teil von Kapitel 27 ›Der Widerspruch von Glaube und Liebe‹ sowie

verräterisch ist das berühmte »nichts anderes als...« seiner Umkehrungen, mit denen er auf die suggestive Wirkung verblüffender Entlarvungen rechnet[52].

6. »Jedes Wesen ist sich selbst genug[53].« Kann dieser Grundsatz Feuerbachs allgemeine Geltung beanspruchen? Gibt es nicht ein existientielles Ungenügen, das der Mensch prinzipiell nicht stillen, sondern höchstens verdecken kann und das ihn immer wieder auf Transzendenz verweist, wie immer er auch diese verstehen mag?

7. Bedeutet die Stellung Feuerbachs zum Religionsproblem den Abschluß und das Ergebnis seiner religionsphilosophischen Bemühungen – oder eine diesen vorausliegende Vorentscheidung? In diesem Zusammenhang dürfte seine schon zu Beginn zitierte Äußerung, daß die religiöse Richtung ganz aus eigenem Bedürfnis in ihm entstanden sei, von besonderem Interesse sein. Wie dem auch sei, sicher gilt, daß Feuerbachs Religionskritik mehr an unterschiedlich entscheidbaren Voraussetzungen enthält, als er selber eingesteht.

Auf der anderen Seite wäre es nicht nur leichtfertig, sondern einfach falsch, Feuerbachs Kritik als substanzlos und unzutreffend abzulehnen. Ungeachtet der oben genannten Einwände, trotz aller Verbiegungen und Einseitigkeiten muß konstatiert werden, daß in Feuerbachs Denken Fragen aufgebrochen sind, die zu schwierig, aber auch zu bedeutend sind, als daß man sie einfach mit ja oder nein abtun könnte. Aus der Fülle dieser Fragen seien vor allem folgende genannt:

1. Haben wir in größerem Umfang, als sich mancher zugesteht, das Erbe Feuerbachs angetreten? Auch wer dem Urteil nicht zustimmt, daß Feuerbachs Versinnlichung und Verendlichung von Hegels philosophischer Theologie schlechthin zum Standpunkt der Zeit geworden ist[54], kann nicht daran vorbei, daß die meisten Menschen heute in ihrem praktischen Leben sich dem von Feuerbach propagierten Diesseitsglauben angeschlossen haben.

2. Ist diese praktische Diesseitsbescheidung nicht so sehr in der Willkür oder Borniertheit des einzelnen begründet als vielmehr in einer neuen Welterfahrung? Was bedeutet es, wenn der Mensch sich heute nicht mehr in einer »divinisierten«, sondern total »hominisierten« Welt erlebt[55]?

3. Bedeutet der Mangel an religiöser Erfahrung eine totale »Gottesfinsternis«, oder läßt sich eine neue Richtung ahnen, in der der Ort zu suchen wäre, an dem Gott für den Menschen wieder sichtbar werden könnte, etwa als Gott der Zukunft[56]? Harren wir, wie Martin Buber es formuliert hat, einer Theophanie, von der wir nichts wissen als den Ort, und heißt dieser Ort Gemeinschaft?

4. Wie kann in einer säkularen, d. h. mündig gewordenen Welt von Gott geredet werden? Müssen die Vorstellung der »Transzendenz« und das Schema des »Supranaturalen« neu formuliert werden, da diese Denkweise dem heutigen Menschen als mythisch bzw. metaphysisch, und damit als unverständlich erscheint? Werden wir eine

ungekürzt die ›Schlußanwendung‹ zum Abdruck.

›Das Wesen der Religion‹ zeigt noch weniger Systematik. Es umfaßt 55 Abschnitte, die ohne weitere Untergliederung von 1 bis 55 durchnumeriert sind. In der Textauswahl werden unter Benutzung der Kolumnentitel folgende Abschnitte ungekürzt dargeboten: ›Natur als Urgrund der Religion‹ (1, 2, 3, 8, 15, 16), ›Theologische Welterklärung‹ (22, 23, 24), ›Naturreligion und Geistreligion‹ (26, 32, 34, 37, 38) und ›Gott als Wunschwesen‹ (54, 55).

Dem Abdruck liegt folgende Ausgabe zugrunde: Ludwig Feuerbach, Sämtliche Werke, neu herausgegeben von W. Bolin und F. Jodl, 2., unveränderte Auflage, Stuttgart–Bad Cannstatt 1960–1964.

Diese Ausgabe weicht in manchen Teilen erheblich von der von Feuerbach selbst noch redigierten Erstausgabe ab. Die uns hier vor allem interessierenden Schriften werden jedoch kaum davon betroffen. Da die Erstausgabe nur sehr schwer zugänglich ist, ist auf die Ausgabe von Bolin und Jodl zu verweisen, die zudem durch Ergänzungsbände erweitert ist. Über die Differenz beider Ausgaben kann endgültig erst eine kritische Ausgabe, die dringend erforderlich ist, entscheiden.

Die in den Anmerkungen angegebenen Feuerbach-Zitate beziehen sich auf die Ausgabe von Bolin unter Angabe von Band- und Seitenzahl. Zitate, die durch bloße Seitenangabe angemerkt sind, beziehen sich auf die vorliegende Ausgabe selbst.

Auslassungen im Text sind durch das Zeichen [...] kenntlich gemacht. Der Übersichtlichkeit halber mußte auf die Sperrungen im Text verzichtet werden. Die Rechtschreibung wurde auf den heutigen Stand gebracht, die Interpunktion jedoch belassen, da sie an vielen Stellen ein nicht unbedeutendes Interpretament darstellt.

---

[1] Nachgelassene Aphorismen, X, S. 345
[2] K. Marx, Luther als Schiedsrichter zwischen Strauß und Feuerbach, in: Werke-Schriften-Briefe, hrsg. von Lieber und Furth, Bd. I, S. 109
[3] So K. Löwith in seiner Einleitung I, S. XXV
[4] Zitiert nach W. Bolin, L. Feuerbach, sein Wirken und seine Zeitgenossen, Stuttgart 1891, S. 12 f.
[5] Vgl. Nachgelassene Aphorismen, X, S. 346
[6] Ausgew. Briefe von und an L. Feuerbach, XII, S. 243 f.
[7] Vgl. Brief an Hegel, IV, S. 357–363
[8] Zitiert nach Bolin, XII, S. 26
[9] Fragmente zur Charakteristik meines philosophischen Entwicklungsgangs, II, S. 381 f.
[10] Engels, Ludwig Feuerbach und der Ausgang der klassischen deutschen Philosophie (1886), MEA, Bd. 21, S. 272
[11] So Feuerbach selbst in seinen ›Vorlesungen über das Wesen der Religion‹, VIII, S. 25
[12] Vorlesungen, a.a.O., S. 26
[13] XIII, S. 246–248
[14] Ebd.
[15] Fragmente, a.a.O., S. 391
[16] Der gebotenen Kürze halber muß auf eine eingehendere Darstellung der religionsphilosophischen Entwicklung Feuerbachs verzichtet werden, die eine genaue Konfrontation mit Hegel erforderte. Der Interessierte sei auf die Kurzbibliographie verwiesen, vor allem auf Rawidowicz, Nüdling und Bockmühl.
[17] Dieser Zusammenhang findet sich erstmalig einge-

hender dargestellt bei G. Nüdling, Ludwig Feuerbachs Religionsphilosophie, Paderborn 1961, S. 93 ff.

[18] Vorrede zur 2. Auflage vom Wesen des Christentums, VII, S. 292 f. – Vgl. diese Ausgabe S. 74

[19] S. 76

[20] Vorlesungen, VIII, S. 261

[21] Theogonie, IX, S. 295

[22] S. 61 f.

[23] Kritik der christlichen oder ›positiven‹ Philosophie, VII, S. 140 ff.

[24] A.a.O., S. 145

[25] S. 171 f.

[26] S. 165 f.

[27] S. 93

[28] S. 106; vgl. auch S. 63 f.

[29] Vgl. Das Wesen des Christentums in Beziehung auf den ›Einzigen und sein Eigentum‹, VII, S. 294 ff.

[30] S. 125; vgl. auch S. 162 f.

[31] S. 213 f.

[32] S. 215

[33] S. 225

[34] Das Wesen der Religion, VII, S. 462

[35] S. 242; vgl. auch S. 180 f.

[36] Vgl. S. 67

[37] Eine ebenso umfangreiche wie detaillierte Darstellung findet sich bei S. Rawidowicz, Ludwig Feuerbachs Philosophie, Berlin ²1964

[38] S. Freud, Die Zukunft einer Illusion (1927), jetzt in: Das Unbewußte. Schriften zur Psychoanalyse, Frankfurt 1963

[39] Vgl. H. A. Weser, S. Freuds und L. Feuerbachs Religionskritik, Bottrop 1936

[40] Freud, a.a.O., S. 331 f.

[41] Vgl. W. Schuffenhauer, Feuerbach und der junge Marx, Berlin 1965. Besonders sei auf den im Anhang – zum Teil erstmals – veröffentlichten Briefwechsel zwischen Feuerbach und Marx verwiesen.

[42] Vgl. Schuffenhauer, S. 207 ff.

[43] Marx, Zur Kritik der Hegelschen Rechtsphilosophie, a.a.O., S. 488

[44] Ebd.
[45] Ebd., S. 489
[46] Marx' 11. These über Feuerbach
[47] Vgl. Garaudy/Metz/Rahner, Der Dialog, Hamburg 1966
[48] Vgl. zu dem damit angesprochenen Fragenkreis H. R. Schlette, Colloquium salutis – Christen und Nichtchristen heute, Köln 1965
[49] Vgl. A. Comte, Rede über den Geist des Positivismus, hrsg. von I. Fetscher, Hamburg 1965. Vgl. auch die Kritik Schelers an Comte, in: Moralia, Leipzig 1923, S. 26–40
[50] Vgl. H. Gollwitzer, Die marxistische Religionskritik und der christliche Glaube, in: Marxismusstudien, Vierte Folge, Tübingen 1962, besonders S. 50
[51] E. v. Hartmann, Geschichte der Metaphysik, Leipzig 1906, 2 Bd., S. 444
[52] Vgl. Gollwitzer, a. a. O., S. 51; vgl. auch K. E. Bockmühl, Leiblichkeit und Gesellschaft, Göttingen 1961, vor allem S. 97 ff.
[53] S. 87; vgl. dazu Th. Steemann, Psychologische und soziologische Aspekte des modernen Atheismus, in: Concilium, 3. Jg., H. 3 (März 1967), S. 190 ff.
[54] Vgl. Anmerkung 3
[55] Vgl. J. B. Metz, Die Zukunft des Glaubens in einer hominisierten Welt, in: Weltverständnis im Glauben, hrsg. von J. B. Metz, Mainz 1965
[56] Vgl. J. B. Metz, Gott vor uns, in: Ernst Bloch zu ehren, Frankfurt 1965
[57] Vgl. u. a. J. A. T. Robinson, Gott ist anders, München 1957; W. Künneth, Von Gott reden?, Wuppertal 1965; P. M. van Buren, Reden von Gott in der Sprache der Welt, Zürich/Stuttgart 1965; H. Cox, Stadt ohne Gott? Stuttgart/Berlin 1966
[58] Vgl. Gollwitzer, a. a. O., S. 54

VORREDE ZUR ZWEITEN AUFLAGE
VOM »WESEN DES CHRISTENTUMS«
(1843)

---

DAS WESEN DES CHRISTENTUMS

Die albernen und perfiden Urteile, welche über diese Schrift seit ihrem Erscheinen in der ersten Auflage gefällt wurden, haben mich keineswegs befremdet, denn ich erwartete keine anderen und konnte auch rechtlicher- und vernünftigerweise keine anderen erwarten. Ich habe es durch diese Schrift mit Gott und Welt verdorben. Ich habe die »ruchlose Frechheit« gehabt, schon in dem Vorwort auszusprechen, daß »auch das Christentum seine klassischen Zeiten gehabt habe, und nur das Wahre, das Große, das Klassische würdig sei, gedacht zu werden, das Unwahre, Kleine, Unklassische aber vor das Forum der Satire oder Komik gehöre, daß ich daher, um das Christentum als ein denkwürdiges Objekt fixieren zu können, von dem dissoluten, charakterlosen, komfortablen, belletristischen, koketten, epikureischen Christentum der modernen Welt abstrahiert, mich zurückversetzt habe in Zeiten, wo die Braut Christi noch eine keusche, unbefleckte Jungfrau war, wo sie noch nicht in die Dornenkrone ihres himmlischen Bräutigams die Rosen und Myrten der heidnischen Venus einflocht, wo sie zwar arm war an irdischen Schätzen, aber überreich und überglücklich im Genusse der Geheimnisse einer übernatürlichen Liebe«. Ich habe also die ruchlose Frechheit gehabt, das von den modernen Scheinchristen vertuschte und verleugnete wahre Christentum aus dem Dunkel der Vergangenheit ans Licht wieder hervorzuziehen, aber nicht in der löblichen und vernünftigen Absicht, es als das *Nonplusultra* des menschlichen Geistes und Herzens hinzustellen, nein! in der entgegengesetzten, in der ebenso »törichten« als »teuflischen« Absicht, es auf ein höheres, allgemeineres Prinzip zu reduzieren – und bin infolge dieser ruchlosen Frechheit mit Fug und Recht der Fluch der modernen Christen, insbesondere der Theologen geworden. Ich habe die spekulative Philosophie an ihrer empfindlichsten Stelle, an ihrem eigentlichen *Point d'honneur* angegriffen, indem ich die scheinbare Eintracht, welche sie zwischen sich und der Religion gestiftet, unbarmherzig zerstörte – nachwies, daß sie, um die Religion mit sich in Einklang zu bringen, die Religion ihres wahren, wesenhaften Inhalts beraubt; zugleich aber auch die sogenannte positive Philosophie in ein höchst fatales Licht gesetzt, indem ich zeigte, daß das Original ihres Götzenbildes der Mensch ist, daß zur Persönlichkeit wesentlich Fleisch und Blut gehört – durch meine extraordinäre Schrift also die ordinären Fachphilosophen gewaltig vor den Kopf gestoßen. Ich habe mir ferner durch die äußerst unpolitische, leider! aber intellektuell und sittlich notwendige Aufklärung, die ich über das dunkle Wesen der Religion gegeben, selbst die Ungnade der Politiker zugezogen – sowohl der Politiker, welche die Religion als das politischste Mittel zur Unterwerfung und Unterdrückung des Menschen betrachten, wie auch derjenigen, welche die Religion als das politisch gleichgültigste Ding ansehen und daher wohl auf dem Gebiete der Industrie und Politik Freunde, aber auf dem Gebiete der Religion sogar Feinde des Lichts und der Freiheit sind. Ich habe endlich, und zwar durch die rücksichtslose Sprache, mit welcher ich jedes Ding bei seinem wahren Namen nenne, einen entsetzlichen, unverzeihlichen Verstoß gegen die Etikette der Zeit gemacht.

Der Ton der »guten Gesellschaft«, der neutrale leidenschaftslose Ton konventioneller Illusionen und Unwahrheiten ist nämlich der herrschende, der normale Ton der Zeit – der Ton, in welchem nicht etwa nur die eigentlich politischen, was sich von selbst versteht, sondern auch die religiösen und wissenschaftlichen Angelegenheiten, mithin auch Übel der Zeit behandelt und besprochen werden müssen. Schein ist das Wesen der Zeit: Schein unsere Politik, Schein unsere Religion, Schein unsere Wissenschaft. Wer jetzt die Wahrheit sagt, der ist impertinent, »ungesittet«, wer »ungesittet« – unsittlich. Wahrheit ist unserer Zeit Unsittlichkeit. Sittlich, ja, autorisiert und honoriert ist die heuchlerische Verneinung des Christentums, welche sich den Schein der Bejahung desselben gibt; aber unsittlich und verrufen ist die wahrhaftige, die sittliche Verneinung des Christentums – die Verneinung, die sich als Verneinung ausspricht. Sittlich ist das Spiel der Willkür mit dem Christentum, welche den einen Grundartikel des christlichen Glaubens wirklich fallen, den anderen aber scheinbar stehen läßt, denn wer einen Glaubensartikel umstößt, der stößt, wie schon Luther sagte,* alle um, wenigstens dem

---

* Luther drückt sich hierüber auch also aus: »Rund und rein, gantz und alles gegläubt, oder nichts gegläubt. Der heilige Geist läßt sich nicht trennen, noch theilen, daß er ein Stück sollte wahrhaftig und das andere falsch lehren oder gläuben lassen... Wo die Glocke an

Prinzipe nach, aber unsittlich ist der Ernst der Freiheit vom Christentum aus innerer Notwendigkeit, sittlich ist die taktlose Halbheit, aber unsittlich die ihrer selbst gewisse und sichere Ganzheit, sittlich der liederliche Widerspruch, aber unsittlich die Strenge der Konsequenz, sittlich die Mittelmäßigkeit, weil sie mit nichts fertig wird, nirgends auf den Grund kommt, aber unsittlich das Genie, weil es aufräumt, weil es seinen Gegenstand erschöpft – kurz sittlich ist nur die Lüge, weil sie das Übel der Wahrheit oder – was jetzt eins ist – die Wahrheit des Übels umgeht, verheimlicht.

Wahrheit ist aber in unserer Zeit nicht nur Unsittlichkeit, Wahrheit ist auch Unwissenschaftlichkeit – Wahrheit ist die Grenze der Wissenschaft. In demselben Sinne, wie sich die Freiheit der deutschen Rheinschiffahrt *jusqu' à la mer*,\* erstreckt sich die Freiheit der deutschen Wissenschaft *jusqu' à la vérité*. Wo die Wissenschaft zur Wahrheit kommt, Wahrheit wird, da hört sie auf, Wissenschaft zu sein, da wird sie ein Objekt der Polizei – die Polizei ist die Grenze zwischen der Wahrheit und Wissenschaft. Wahrheit ist der Mensch, nicht die Vernunft *in abstracto*, das Le-

---

einem Orte berstet, klingt sie auch nichts mehr und ist gantz untüchtig.« O wie wahr! Wie beleidigen den musikalischen Sinn die Glockentöne des modernen Glaubens! Aber freilich, wie ist auch die Glocke zerborsten.
\* Bezieht sich auf eine zweideutige Formel in den Wiener Vorträgen von 1815, welche späterhin zu wiederholten Konflikten zwischen Deutschland und Holland geführt. W. B.

ben, nicht der Gedanke, der auf dem Papier bleibt, auf dem Papier seine volle, entsprechende Existenz findet. Gedanken daher, die unmittelbar aus der Feder in das Blut, aus der Vernunft in den Menschen übergehen, sind keine wissenschaftlichen Wahrheiten mehr. Wissenschaft ist wesentlich nur ein unschädliches, aber auch unnützliches Spielwerkzeug der faulen Vernunft; Wissenschaft ist nur Beschäftigung mit für das Leben, für den Menschen gleichgültigen Dingen, oder, gibt sie sich ja mit nicht gleichgültigen Dingen ab, doch eine so indifferente, gleichgültige Beschäftigung, daß darum kein Mensch sich kümmert. Ratlosigkeit im Kopfe, Tatlosigkeit im Herzen, Wahrheits- und Gesinnungslosigkeit, kurz Charakterlosigkeit ist daher jetzt die notwendige Eigenschaft eines echten, rekommendablen, koscheren Gelehrten, – wenigstens eines solchen Gelehrten, dessen Wissenschaft ihn notwendig in Berührung mit den delikaten Punkten der Zeit bringt. Aber ein Gelehrter von unbestechlichem Wahrheitssinne, von entschiedenem Charakter, der eben deswegen den Nagel mit einem Schlage auf den Kopf trifft, der das Übel bei der Wurzel packt, den Punkt der Krisis, der Entscheidung unaufhaltsam herbeiführt, ein solcher Gelehrter ist kein Gelehrter mehr – Gott bewahre! – er ist ein »Herostrat«. Also flugs mit ihm an den Galgen oder doch wenigstens an den Pranger! Ja, nur an den Pranger; denn der Tod am Galgen ist den ausdrücklichen Grundsätzen des heutigen »christlichen Staatsrechts« zufolge ein unpolitischer und »unchristlicher«, weil offen ausgesprochener, unleugbarer Tod, aber der Tod am Pranger, der bürgerliche Tod ist ein höchst politischer und christlicher, weil hinterlistiger, heuchlerischer Tod – ein Tod, der nicht scheint Tod zu sein. Und Schein, purer Schein ist das Wesen der Zeit in allen nur einigermaßen kitzligen Punkten.

Kein Wunder also, daß die Zeit des scheinbaren, des illusorischen, des renommistischen Christentums an dem Wesen des Christentums einen solchen Skandal genommen hat. Ist doch das Christentum so sehr außer Art geschlagen und außer Praxis gekommen, daß selbst die offiziellen und gelehrten Repräsentanten des Christentums, die Theologen, nicht einmal mehr wissen oder wenigstens wissen wollen, was Christentum ist. Man vergleiche nur, um sich hiervon mit eigenen Augen zu überzeugen, die Vorwürfe, welche mir die Theologen z. B. in betreff des Glaubens, des Wunders, der Vorsehung, der Nichtigkeit der Welt gemacht, mit den historischen Zeugnissen, die ich in meiner Schrift, namentlich in dieser zweiten, eben deswegen mit Belegstellen bedeutend vermehrten Auflage anführe, und man wird erkennen, daß diese ihre Vorwürfe nicht mich, sondern das Christentum selbst treffen, daß ihre »Indignation« über meine Schrift nur eine Indignation über den wahren, aber ihrem Sinne gänzlich entfremdeten Inhalt der christlichen Religion ist. Nein! es ist kein Wunder, daß in einer Zeit, welche – übrigens offenbar aus Langeweile – den abgelebten, den jetzt ach! so kleinlichen Gegensatz zwischen Protestantismus und Katholizismus – ein Gegensatz, über den jüngst noch Schuster und

Schneider hinaus war – mit affektierter Leidenschaftlichkeit wieder angefacht und sich nicht geschämt hat, den Hader über die gemischten Ehen als eine ernsthafte, hochwichtige Angelegenheit aufzunehmen, eine Schrift, welche auf Grund historischer Dokumente beweist, daß nicht nur die gemischte Ehe, die Ehe zwischen Gläubigen und Ungläubigen, sondern die Ehe überhaupt dem wahren Christentum widerspricht, daß der wahre Christ – aber ist es nicht Pflicht der »christlichen Regierungen«, der christlichen Seelsorger, der christlichen Lehrer dafür zu sorgen, daß wir alle wahre Christen seien? – keine andere Zeugung kennt, als die Zeugung im Heiligen Geiste, die Bekehrung, die Bevölkerung des Himmels, aber nicht der Erde – nein! es ist kein Wunder, daß in einer solchen Zeit eine solche Schrift ein empörender Anachronismus ist.

Aber eben deswegen, weil es kein Wunder, so hat mich auch das Geschrei über und gegen meine Schrift im geringsten nicht aus dem Konzept gebracht. Ich habe vielmehr in aller Ruhe meine Schrift noch einmal der strengsten, sowohl historischen wie philosophischen Kritik unterworfen, sie von ihren formellen Mängeln so viel als möglich gereinigt und mit neuen Entwicklungen, Beleuchtungen und historischen Zeugnissen, höchst schlagenden, unwidersprechlichen Zeugnissen bereichert. Hoffentlich wird man jetzt, wo ich oft Schritt für Schritt den Gedankengang meiner Analyse mit historischen Belegen unterbreche und unterstütze, sich überzeugen, wenn man nicht stockblind ist, und eingestehen, wenn auch widerwillig, daß meine Schrift eine getreue, richtige Übersetzung der christlichen Religion aus der orientalischen Bildersprache der Phantasie in gutes, verständliches Deutsch ist. Und weiter will meine Schrift nichts sein, als eine sinngetreue Übersetzung – bildlos ausgedrückt: eine empirisch- oder historisch-philosophische Analyse, Auflösung des Rätsels der christlichen Religion. Die allgemeinen Sätze, die ich in der Einleitung vorausschicke, sind keine apriorischen, selbstersonnenen, keine Produkte der Spekulation; sie sind entstanden erst aus der Analyse der Religion, sind nur, wie überhaupt die Grundgedanken der Schrift, in Gedanken umgesetzte, d. h. in allgemeine Ausdrücke gefaßte und dadurch zum Verständnis gebrachte, tatsächliche Äußerungen des menschlichen Wesens – und zwar des religiösen Wesens und Bewußtseins des Menschen. Die Gedanken meiner Schrift sind nur Konklusionen, Folgerungen aus Prämissen, welche nicht wieder Gedanken, sondern gegenständliche, entweder lebendige oder historische Tatsachen sind – Tatsachen, die ob ihrer plumpen Existenz in Großfolio in meinem Kopfe gar nicht Platz hatten. Ich verwerfe überhaupt unbedingt die absolute, die immaterielle, die mit sich selbst zufriedene Spekulation – die Spekulation, die ihren Stoff aus sich selbst schöpft. Ich bin himmelweit unterschieden von den Philosophen, welche sich die Augen aus dem Kopfe reißen, um desto besser denken zu können; ich brauche zum Denken die Sinne, vor allem die Augen, gründe meine Gedanken auf Materialien, die wir uns stets nur vermittelst der Sinnestätigkeit aneignen können, erzeuge nicht den Gegenstand aus dem Gedanken, sondern umgekehrt den Gedanken aus dem Gegenstande, aber Gegenstand ist nur, was außer dem Kopfe existiert. Ich bin Idealist nur auf dem Gebiete der praktischen Philosophie, d. h. ich mache hier die Schranken der Gegenwart und Vergangenheit nicht zu Schranken der Menschheit, der Zukunft, glaube vielmehr unerschütterlich, daß gar manches, ja wohl gar manches, was den kurzsichtigen, kleinmütigen Praktikern heute für Phantasie, für nie realisierbare Idee, ja für bloße Chimäre gilt, schon morgen, d. h. im nächsten Jahrhundert – Jahrhunderte im Sinne des einzelnen Menschen sind Tage im Sinne und Leben der Menschheit – in voller Realität dastehen wird. Kurz: die Idee ist mir nur der Glaube an die geschichtliche Zukunft, an den Sieg der Wahrheit und Tugend, hat mir nur politische und moralische Bedeutung; aber auf dem Gebiete der eigentlichen theoretischen Philosophie gilt mir im direkten Gegensatze zur Hegelschen Philosophie, wo gerade das Umgekehrte stattfindet, nur der Realismus, der Materialismus in dem angegebenen Sinne. Den Grundsatz der bisherigen spekulativen Philosophie: »Alles, was mein ist, führe ich bei mir selbst« – diesen Spruch der Alten kann ich daher leider nicht auf mich applizieren. Ich habe gar viele Dinge außer mir, die ich nicht in der Tasche oder im Kopfe mit mir transportieren kann, aber gleichwohl doch zu mir selbst rechne, nicht zu mir als Menschen, von dem hier keine Rede ist, sondern zu mir als Philosophen.

Ich bin nichts als ein geistiger Naturforscher, aber der Naturforscher vermag nichts ohne Instrumente, ohne materielle Mittel. Als ein solcher – als ein geistiger Naturforscher – schrieb ich denn auch diese meine Schrift, die folglich nichts anderes enthält als das Prinzip, und zwar bereits praktisch bewährte, an einem besonderen konkreten Gegenstande – einem Gegenstande übrigens von allgemeiner Bedeutung – an der Religion dargestellte, entwickelte und durchgeführte Prinzip einer neuen, von der bisherigen Philosophie wesentlich unterschiedenen, dem wahren, wirklichen, ganzen Wesen des Menschen entsprechenden, aber freilich eben deswegen allen durch eine über- d.h. widermenschliche, widernatürliche Religion und Spekulation verdorbenen und verkrüppelten Menschen widersprechenden Philosophie; – einer Philosophie, welche nicht, wie ich mich schon anderwärts ausdrückte, den Gänsekiel für das einzige entsprechende Offenbarungsorgan der Wahrheit hält, sondern Augen und Ohren, Hände und Füße hat, nicht den Gedanken der Sache mit der Sache selbst identifiziert, um so die wirkliche Existenz durch den Kanal der Schreibfeder auf eine papierene Existenz zu reduzieren, sondern beide voneinander trennt, aber gerade durch diese Trennung zur Sache selbst kommt, nicht das Ding, wie es Gegenstand der abstrakten Vernunft, sondern wie es Gegenstand des wirklichen, ganzen Menschen, also selbst ein ganzes, wirkliches Ding ist, als das wahre Ding anerkennt; – einer Philosophie, welche, weil sie sich nicht auf einen Verstand für sich selbst, auf einen absoluten, namenlosen Verstand, von dem man nicht weiß, wem er angehört, sondern auf den Verstand des – freilich nicht verspekulierten und verchristelten – Menschen stützt, auch die menschliche, nicht eine wesen- und namenlose Sprache spricht, ja welche, wie der Sache, so der Sprache nach, gerade das Wesen der Philosophie in die Negation der Philosophie setzt, d. h. nur die Fleisch und Blut, die Mensch gewordene Philosophie für die wahre Philosophie erklärt und daher ihren höchsten Triumph darin findet, daß sie allen plumpen und verschulten Köpfen, welche in den Schein der Philosophie das Wesen der Philosophie setzen, gar nicht Philosophie zu sein scheint.

Als ein Spezimen dieser Philosophie nun, welche nicht die Substanz Spinozas, nicht das Ich Kants und Fichtes, nicht die absolute Identität Schellings, nicht den absoluten Geist Hegels, kurz kein abstraktes, nur gedachtes oder eingebildetes, sondern ein wirkliches oder vielmehr das allerwirklichste Wesen: den Menschen, also das positivste Realprinzip zu ihrem Prinzip hat, welche den Gedanken aus seinem Gegenteil, aus dem Stoffe, dem Wesen, den Sinnen erzeugt, sich zu ihrem Gegenstande erst sinnlich, d. i. leidend, rezeptiv verhält, ehe sie ihn denkend bestimmt, ist also meine Schrift – obwohl andererseits das wahre, das Fleisch und Blut gewordene Resultat der bisherigen Philosophie – doch so wenig ein in die Kategorie der Spekulation zu stellendes Produkt, daß sie vielmehr das direkte Gegenteil, ja die Auflösung der Spekulation ist. Die Spekulation läßt die Religion nur sagen, was sie selbst gedacht und weit besser gesagt, als die Religion; sie bestimmt die Religion, ohne sich von ihr bestimmen zu lassen; sie kommt nicht aus sich heraus. Ich aber lasse die Religion sich selbst aussprechen; ich mache nur ihren Zuhörer und Dolmetscher, nicht ihren Souffleur. Nicht zu erfinden –, zu entdecken, »Dasein zu enthüllen«, war mein einziger Zweck; richtig zu sehen, mein einziges Bestreben. Nicht ich, die Religion betet den Menschen an, obgleich sie oder vielmehr die Theologie es leugnet; nicht meine Wenigkeit nur, die Religion selbst sagt: Gott ist Mensch, der Mensch Gott; nicht ich, die Religion selbst verleugnet und verneint den Gott, der nicht Mensch, sondern nur ein Gedankenwesen ist, indem sie Gott Mensch werden läßt und nun erst diesen menschlich gestalteten, menschlich fühlenden und gesinnten Gott zum Gegenstande ihrer Anbetung und Verehrung macht. Ich habe nur das Geheimnis der christlichen Religion verraten, nur entrissen dem widerspruchsvollen Lug- und Truggewebe der Theologie – dadurch aber freilich ein wahres Sakrilegium begangen. Wenn daher meine Schrift negativ, irreligiös, atheistisch ist, so bedenke man, daß der Atheismus – im Sinne dieser Schrift wenigstens – das Geheimnis der Religion selbst ist, daß die Religion selbst zwar nicht auf der Oberfläche, aber im Grunde, zwar nicht in ihrer Meinung und Einbildung, aber in ihrem Herzen, ihrem wahren Wesen an nichts anderes glaubt, als an die Wahrheit und Gottheit des menschlichen Wesens. Oder man beweise mir, daß sowohl die historischen, als rationellen Argumente meiner Schrift falsch, unwahr sind – widerlege sie – aber ich bitte mir aus – nicht mit juristischen Injurien, oder theologischen Jeremiaden, oder abgedroschenen spekulativen Phrasen, oder namenlosen Miserabilitäten, sondern mit Gründen, und zwar solchen Gründen, die ich nicht selbst bereits gründlichst widerlegt habe.

Allerdings ist meine Schrift negativ, verneinend, aber, wohlgemerkt! nur gegen das unmenschliche, nicht gegen das menschliche Wesen der Religion. Sie zerfällt daher in zwei Teile, wovon der Hauptsache nach der erste der bejahende, der zweite – mit Inbegriff des Anhangs, nicht ganz, doch größtenteils – der verneinende ist; aber in beiden wird dasselbe bewiesen, nur auf verschiedene oder vielmehr entgegengesetzte Weise. Der erste ist nämlich die Auflösung der Religion in ihr Wesen, ihre Wahrheit, der zweite die Auflösung derselben in ihre Widersprüche; der erste Entwicklung, der zweite Polemik, jener daher der Natur der Sache nach ruhiger, dieser lebendiger. Gemach schreitet die Entwicklung vorwärts, aber rasch der Kampf, denn die Entwicklung ist ja auf jeder Station in sich befriedigt, aber der Kampf nur im letzten Ziele. Bedenksam ist die Entwicklung, aber resolut der Kampf. Licht erheischt die Entwicklung, aber Feuer der Kampf. Daher die Verschiedenheit der beiden Teile schon in formeller Beziehung. Im ersten Teile also zeige ich, daß der wahre Sinn der Theologie die Anthropologie ist, daß zwischen den Prädikaten des göttlichen und menschlichen Wesens, folglich – denn überall, wo die Prädikate, wie dies vor allem bei den theologischen der Fall ist, nicht zufällige Eigenschaften, Akzidenzen, sondern das Wesen des Subjekts ausdrücken, ist zwischen Prädikat und Subjekt kein Unterschied, kann das Prädikat an die Stelle des Subjekts gesetzt werden, weshalb ich verweise auf die Analytik des Aristoteles oder auch nur die Einleitung des Porphyrius – folglich auch zwischen dem göttlichen und menschlichen Subjekt oder Wesen kein Unterschied ist, daß sie identisch sind; im zweiten zeige ich dagegen, daß der Unterschied, der zwischen den theologischen und anthropologischen Prädikaten gemacht wird oder vielmehr gemacht werden soll, sich in Nichts, in Unsinn auflöst. Ein sinnfälliges Beispiel. Im ersten Teile beweise ich, daß der Sohn Gottes in der Religion wirklicher Sohn ist, Sohn Gottes in demselben Sinne, in welchem der Mensch Sohn des Menschen ist, und finde darin die Wahrheit, das Wesen der Religion, daß sie ein tiefmenschliches Verhältnis als ein göttliches Verhältnis bejaht und erfaßt; im zweiten dagegen, daß der Sohn Gottes – allerdings nicht unmittelbar in der Religion selbst, sondern in der Reflexion derselben über sich – nicht Sohn im natürlichen, menschlichen Sinn, sondern auf eine ganz andere, der Natur und Vernunft widersprechende, folglich sinn- und verstandeslose Weise Sohn sei, und finde in dieser Verneinung des menschlichen Sinnes und Verstandes die Unwahrheit, das Negative der Religion. Der erste Teil ist demnach der direkte, der zweite der indirekte Beweis, daß die Theologie Anthropologie ist; der zweite führt daher notwendig auf den ersten zurück; er hat keine selbständige Bedeutung, er hat nur den Zweck zu beweisen, daß der Sinn, in welchem die Religion dort genommen worden ist, der richtige sein muß, weil der entgegengesetzte Sinn Unsinn ist. Kurz: im ersten Teile habe ich es hauptsächlich – hauptsächlich, sage ich, denn es war unvermeidlich in den ersten auch schon die Theologie, wie in den zweiten die Religion hineinzuziehen – mit der Religion zu tun, im zweiten mit der Theologie, aber nicht nur, wie man hie und da irrtümlich gemeint hat, mit der gemeinen Theologie, deren mir übrigens wohlbekannte Quisquilien ich vielmehr mir so viel als möglich vom Leibe hielt, mich überall nur auf die wesentlichste, die strengste, notwendigste Bestimmung des Gegenstandes beschränkend, wie z. B. bei den Sakramenten nur auf zwei, denn im strengsten Sinne – vgl. Luther, sämtl. Schriften und Werke, Leipzig 1729, Bd. XVII, S. 558 – gibt es nur zwei, also auf die Bestimmung, welche einem Gegenstande allgemeines Interesse gibt, ihn über die beschränkte Sphäre der Theologie erhebt, sondern auch, was ja schon der bloße Augenschein zeigt, mit der spekulativen Theologie oder Philosophie. Mit der Theologie, sage ich, nicht mit den Theologen; denn ich kann überall nur fixieren, was vornehmste Ursache ist – das Original, nicht die Kopie, Prinzipien, nicht Personen, Gattungen, aber nicht Individuen, Objekte der Geschichte, aber nicht Objekte der *Chronique scandaleuse*.

Wenn meine Schrift nur den zweiten Teil enthielte, so hätte man allerdings vollkommen recht, derselben eine nur negative Tendenz vorzuwerfen – den Satz: die Religion ist Nichts, ist Unsinn, als den wesentlichen Inhalt derselben zu bezeichnen.

Allein ich sage keineswegs: – wie leicht hätte ich mir es dann machen können! – Gott ist Nichts, die Trinität ist Nichts, das Wort Gottes ist Nichts usw., ich zeige nur, daß sie nicht das sind, was sie in der Illusion der Theologie sind, – nicht ausländische, sondern einheimische Mysterien, die Mysterien der menschlichen Natur; ich zeige, daß die Religion das scheinbare, oberflächliche Wesen der Natur und Menschheit für ihr wahres, inneres Wesen nimmt und daher das wahre, esoterische Wesen derselben als ein anderes, als ein besonderes Wesen vorstellt, daß folglich die Religion in den Bestimmungen, die sie von Gott, z. B. vom Worte Gottes gibt – wenigstens in den Bestimmungen, welche keine negativen sind in dem eben angegebenen Sinne – nur das wahre Wesen des menschlichen Wortes definiert oder vergegenständlicht. Der Vorwurf, daß nach meiner Schrift die Religion Unsinn, Nichts, pure Illusion sei, hätte nur dann Grund, wenn ihr zufolge auch das, worauf ich die Religion zurückführe, was ich als ihren wahren Gegenstand und Inhalt nachweise, der Mensch, die Anthropologie Unsinn, Nichts, pure Illusion wäre. Aber weit gefehlt, daß ich der Anthropologie eine nichtige oder auch nur untergeordnete Bedeutung gebe – eine Bedeutung, die ihr gerade nur so lange zukommt, als über ihr und ihr entgegen eine Theologie steht – indem ich die Theologie zur Anthropologie erniedrige, erhebe ich vielmehr die Anthropologie zur Theologie, gleichwie das Christentum, indem es Gott zum Menschen erniedrigte, den Menschen zu Gott machte, freilich wieder zu einem dem Menschen entfernten, transzendenten, phantastischen Gott – nehme daher auch das Wort: Anthropologie, wie sich von selbst versteht, nicht im Sinne der Hegelschen oder bisherigen Philosophie überhaupt, sondern in einem unendlich höheren und allgemeineren Sinne.

Die Religion ist der Traum des menschlichen Geistes. Aber auch im Traume befinden wir uns nicht im Nichts oder im Himmel, sondern auf der Erde – im Reiche der Wirklichkeit, nur daß wir die wirklichen Dinge nicht im Lichte der Wirklichkeit und Notwendigkeit, sondern im entzückenden Scheine der Imagination und Willkür erblikken. Ich tue daher der Religion – auch der spekulativen Philosophie oder Theologie – nichts weiter an, als daß ich ihr die Augen öffne, oder vielmehr nur ihre einwärts gekehrten Augen auswärts richte, d. h. ich verwandle nur den Gegenstand in der Vorstellung oder Einbildung in den Gegenstand in der Wirklichkeit.

Aber freilich für diese Zeit, welche das Bild der Sache, die Kopie dem Original, die Vorstellung der Wirklichkeit, den Schein dem Wesen vorzieht, ist diese Verwandlung, weil Enttäuschung, absolute Vernichtung, oder doch ruchlose Profanation; denn heilig ist ihr nur die Illusion, profan aber die Wahrheit. Ja die Heiligkeit steigt in ihren Augen in demselben Maße, als die Wahrheit ab- und die Illusion zunimmt, so daß der höchste Grad der Illusion für sie auch der höchste Grad der Heiligkeit ist. Verschwunden ist die Religion und an ihre Stelle getreten selbst bei den Protestanten der Schein der Religion – die Kirche, um wenigstens der unwissenden und urteilslosen Menge den Glauben beizubringen, es bestehe noch der christliche Glaube, weil heute noch die christlichen Kirchen, wie vor tausend Jahren, bestehen und heute noch, wie sonst, die äußerlichen Zeichen des Glaubens im Schwang sind. Was keine Existenz mehr im Glauben hat – der Glaube der modernen Welt ist nur ein scheinbarer Glaube, ein Glaube, der nicht glaubt, was er zu glauben sich einbildet, nur ein unentschiedener, schwachsinniger Unglaube, wie dies von mir und anderen hinlänglich bewiesen worden – das soll doch noch in der Meinung gelten, was nicht mehr in sich selbst, in Wahrheit heilig ist, doch wenigstens noch heilig scheinen. Daher die scheinbar religiöse Entrüstung der gegenwärtigen Zeit, der Zeit des Scheines und der Illusion, über meine Analyse namentlich von den Sakramenten. Aber man verlange nicht von einem Schriftsteller, der sich nicht die Gunst der Zeit, sondern nur die Wahrheit, die unverhüllte, nackte Wahrheit zum Ziele setzt, daß er vor einem leeren Scheine Respekt habe oder heuchle, um so weniger, als der Gegenstand dieses Scheines an und für sich der Kulminationspunkt der Religion, d.h. der Punkt ist, wo die Religiosität in Irreligiosität umschlägt. Dies zur Rechtfertigung, nicht zur Entschuldigung meiner Analyse von den Sakramenten.

Was übrigens den eigentlichen Sinn der insbesondere in der Schlußanwendung gegebenen Analyse von den Sakramenten betrifft, so bemerke ich nur, daß ich hier den wesentlichen Inhalt meiner Schrift, das eigentliche Thema derselben, besonders in Beziehung auf die praktische Bedeutung, an einem sinnlichen Beispiel veranschauliche, daß ich hier die Sinne selbst zu Zeugen von der Wahrhaftigkeit meiner Analyse und Gedanken aufrufe, dem Gesichts-, dem Tast- und Geschmackssinne faßlich demonstriere, was ich durch die ganze Schrift dem Verstande dozierte. Wie nämlich das Wasser der Taufe, der Wein und das Brot des Abendmahls in ihrer natürlichen Kraft und Bedeutung genommen unendlich mehr sind und wirken, als in einer supranaturalistischen, illusorischen Bedeutung, so ist überhaupt der Gegenstand der Religion im Sinne der Schrift, also im anthropologischen Sinne aufgefaßt, ein unendlich ergiebigerer und reellerer Gegenstand der Theorie und Praxis, als im Sinne der Theologie; denn wie das, was im Wasser, Wein und Brot als ein von diesen natürlichen Stoffen Unterschiedenes mitgeteilt wird oder vielmehr werden soll, nur etwas in der Vorstellung, Einbildung, aber nichts in Wahrheit, in Wirklichkeit ist, so ist auch der Gegenstand der Religion überhaupt, das göttliche Wesen im Unterschiede vom Wesen der Natur und Menschheit, d. h. wenn die Bestimmungen desselben, wie Verstand, Liebe usw. etwas anderes sein und bedeuten sollen, als eben diese Bestimmungen, wie sie das Wesen des Menschen und der Natur ausmachen, nur etwas in der Vorstellung, in der Einbildung, aber nichts in Wahrheit und Wirklichkeit. Wir sollen also – ist die Lehre der Fabel – die Bestimmungen und Kräfte der Wirklichkeit, überhaupt die wirklichen Wesen und Dinge nicht, wie die Theologie und spekulative

Philosophie zu willkürlichen Zeichen, zu Vehikeln, Symbolen oder Prädikaten eines von ihnen unterschiedenen, transzendenten, absoluten, d.i. abstrakten Wesen machen, sondern in der Bedeutung nehmen und erfassen, welche sie für sich selbst haben, welche identisch ist mit ihrer Qualität, mit der Bestimmtheit, die sie zu dem macht, was sie sind – so erst haben wir die Schlüssel zu einer reellen Theorie und Praxis. Ich setze in der Tat und Wahrheit an die Stelle des unfruchtbaren Taufwassers die Wohltat des wirklichen Wassers. Wie »wässerig«, wie trivial! Jawohl, sehr trivial. Aber eine sehr triviale Wahrheit war seinerzeit auch der Ehestand, welchen Luther auf Grund seines natürlichen Menschensinns der scheinheiligen Illusion des ehelosen Standes entgegensetzte. Das Wasser ist mir daher allerdings Sache, aber doch zugleich wieder nur Vehikel, Bild, Beispiel, Symbol des »unheiligen« Geistes meiner Schrift, gleichwie auch das Wasser der Taufe – der Gegenstand meiner Analyse – zugleich eigentliches und bildliches oder symbolisches Wasser ist. Ebenso ist es mit dem Wein und Brot. Die Bosheit hat hieraus den lächerlichen Schluß gezogen: Baden, Essen und Trinken sei das Gesamtergebnis, das positive Resultat meiner Schrift. Ich erwidere hierauf nur dieses: wenn der ganze Inhalt der Religion in den Sakramenten enthalten ist, es folglich auch keine anderen religiösen Akte oder Handlungen gibt, als die bei der Taufe und beim Abendmahl verrichtet werden; so ist allerdings auch der ganze Inhalt und das positive Resultat meiner Schrift: Baden, Essen und Trinken, sintemal und alldieweil meine Schrift nichts ist, als eine sachgetreue, ihrem Gegenstand sich aufs strengste anschließende, historisch-philosophische Analyse – die Selbstenttäuschung, das Selbstbewußtsein der Religion. Eine historisch-philosophische Analyse, im Unterschiede von den nur historischen Analysen des Christentums. Der Historiker zeigt, z. B. wie Daumer, daß das Abendmahl ein aus dem alten Menschenopferkultus stammender Ritus ist, daß einst statt des Weines und Brotes wirkliches Menschenfleisch und Blut genossen wurde. Ich dagegen mache nur die christliche, im Christentum sanktionierte Bedeutung desselben zum Objekt meiner Analyse und Reduktion, und befolge dabei den Grundsatz, daß nur die Bedeutung, welche ein Dogma oder Institut, mag dieses nun in anderen Religionen vorkommen oder nicht, im Christentum, natürlich nicht im heutigen, sondern im alten, wahren Christentum hat, auch der wahre Ursprung desselben ist, inwiefern es ein christlicher ist. Oder er zeigt, wie z. B. Lützelberger, daß die Erzählungen von den Wundern Christi sich in lauter Widersprüche und Ungereimtheiten auflösen, daß sie spätere Erdichtungen sind, daß folglich Christus kein Wundertäter, überhaupt nicht der gewesen ist, den die Bibel aus ihm gemacht hat. Ich dagegen frage nicht darnach, was wohl der wirkliche, natürliche Christus im Unterschiede von dem gemachten oder gewordenen supranaturalistischen gewesen ist oder sein mag; ich nehme diesen religiösen Christus vielmehr an, zeige aber, daß dieses übermenschliche Wesen nichts anderes ist, als ein Produkt und Objekt des übernatürlichen menschlichen Gemüts. Ich frage nicht: ob dieses oder jenes, überhaupt ein Wunder geschehen kann oder nicht; ich zeige nur, was das Wunder ist, und zwar nicht *a priori*, sondern an den Beispielen von Wundern, die in der Bibel als wirkliche Begebenheiten erzählt werden, beantworte aber damit gerade die Frage von der Möglichkeit oder Wirklichkeit oder gar Notwendigkeit des Wunders auf eine Weise, die selbst die Möglichkeit dieser Fragen aufhebt. Soviel über meinen Unterschied von den antichristlichen Historikern.

Was aber mein Verhältnis betrifft zu D. Fr. Strauß und Bruno Bauer, in Gemeinschaft mit welchen ich stets genannt werde, so mache ich hier nur darauf aufmerksam, daß schon in dem Unterschiede des Gegenstandes, wie ihn auch nur der Titel angibt, der Unterschied unserer Werke angegeben ist. Bruno Bauer hat zum Gegenstand seiner Kritik die evangelische Geschichte, d. h. das biblische Christentum oder vielmehr biblische Theologie, Strauß die christliche Glaubenslehre und das Leben Jesu, das man aber auch unter den Titel der christlichen Glaubenslehre subsumieren kann, also das dogmatische Christentum oder vielmehr die dogmatische Theologie, ich das Christentum überhaupt, d. h. die christliche Religion und als Konsequenz nur die christliche Philosophie oder Theologie. Daher zitiere ich hauptsächlich auch nur solche Männer, in welchen das Christentum nicht nur ein theoretisches oder dogmatisches Objekt, nicht nur Theologie, sondern Religion war. Mein hauptsächlicher Gegenstand ist das

Christentum, ist die Religion, wie sie unmittelbares Objekt, unmittelbares Wesen des Menschen ist. Gelehrsamkeit und Philosophie sind mir nur Mittel, den im Menschen verborgenen Schatz zu heben.

Erinnern muß ich auch noch, daß meine Schrift ganz wider meine Absicht und Erwartung in das allgemeine Publikum gekommen ist. Zwar habe ich von jeher nicht den Gelehrten, nicht den abstrakten und partikulären Fachphilosophen, sondern den universellen Menschen mir zum Maßstab der wahren Lehr- und Schreibart genommen, überhaupt den Menschen – nicht diesen oder jenen Philosophen – als das Kriterium der Wahrheit betrachtet, von jeher die höchste Virtuosität des Philosophen in die Selbstverleugnung des Philosophen, darein gesetzt, daß er weder als Mensch, noch als Schriftsteller den Philosophen zur Schau trägt, d.h. nur dem Wesen, aber nicht der Form nach, nur ein stiller, aber nicht lauter oder gar vorlauter Philosoph ist, und mir daher bei allen meinen Schriften, so auch bei dieser, die höchste Klarheit, Einfachheit und Bestimmtheit, die nur immer der Gegenstand erlaubt, zum Gesetz gemacht, so daß sie eigentlich jeder gebildete und denkende Mensch, wenigstens der Hauptsache nach, verstehen kann. Aber dessenungeachtet kann meine Schrift nur von dem Gelehrten – versteht sich nur von dem wahrheitliebenden, urteilsfähigen, dem über die Gesinnungen und Vorurteile des gelehrten und ungelehrten Pöbels erhabenen Gelehrten – gewürdigt und vollständig verstanden werden; denn, obwohl ein durchaus selbständiges Erzeugnis, ist sie doch zugleich nur eine notwendige Konsequenz der Geschichte.

Sehr häufig beziehe ich mich auf diese oder jene geschichtliche Erscheinung, ohne sie auch nur dem Namen nach zu bezeichnen, weil ich es für überflüssig hielt – Beziehungen, die also nur dem Gelehrten verständlich sind. So beziehe ich mich z. B. gleich im ersten Kapitel, wo ich die notwendigen Konsequenzen des Gefühlsstandpunktes entwickle, auf den Philosophen Jacobi und auf Schleiermacher, im zweiten Kapitel von vornherein hauptsächlich auf den Kantianismus, Skeptizismus, Deismus, Materialismus, Pantheismus, im Kapitel vom »Standpunkt der Religion«, da, wo ich den Widerspruch zwischen der religiösen oder theologischen und physikalischen oder naturphilosophischen Anschauung der Natur erörtere, auf die Philosophie im Zeitalter der Orthodoxie, und zwar vorzüglich die Descartessche und Leibnizsche Philosophie, in welcher dieser Widerspruch auf eine besonders charakteristische Weise hervortritt. Wer daher nicht die geschichtlichen Voraussetzungen und Vermittelungsstufen meiner Schrift kennt, dem fehlen die Anknüpfungspunkte meiner Argumente und Gedanken; kein Wunder, wenn meine Behauptungen ihm oft rein aus der Luft gegriffen zu sein scheinen, stehen sie auch gleich auf noch so festen Füßen. Zwar ist der Gegenstand meiner Schrift von allgemeinem menschlichem Interesse; auch werden einst die Grundgedanken derselben – allerdings nicht in der Weise, in welcher sie hier ausgesprochen sind und unter den gegenwärtigen Zeitverhältnissen ausgesprochen werden konnten – sicherlich Eigentum der Menschheit werden, denn nur hohle, machtlose, dem wahren Wesen des Menschen widersprechende Illusionen und Vorurteile sind es, die ihnen in der gegenwärtigen Zeit entgegenstehen. Aber ich behandelte meinen Gegenstand zunächst nur als eine wissenschaftliche Angelegenheit, als ein Objekt der Philosophie und konnte ihn zunächst auch nicht anders behandeln. Und indem ich die Aberrationen der Religion, Theologie und Spekulation rektifiziere, muß ich mich natürlich auch ihrer Ausdrücke bedienen, ja selber zu spekulieren, oder – es ist eins – zu theologisieren scheinen, während ich doch gerade die Spekulation auflöse, d. h. die Theologie auf die Anthropologie reduziere. Meine Schrift enthält, sagte ich oben, das und zwar *in concreto* entwickelte Prinzip einer neuen, nicht schul-, aber menschgerechten Philosophie. Ja sie enthält es, aber nur indem sie es erzeugt, und zwar aus den Eingeweiden der Religion – daher, im Vorbeigehen gesagt, die neue Philosophie nicht mehr, wie die alte katholische und moderne protestantische Scholastik, in Versuchung geraten kann und wird, ihre Übereinstimmung mit der Religion durch ihre Übereinstimmung mit der christlichen Dogmatik zu beweisen; sie hat vielmehr, als erzeugt aus dem Wesen der Religion, das wahre Wesen der Religion in sich, ist an und für sich, als Philosophie, Religion. Aber eben eine genetische und folglich explizierende und demonstrierende Schrift ist schon um dieser ihrer formellen Beschaffenheit willen keine für das allgemeine Publikum geeignete Schrift.

Schließlich verweise ich zur Ergänzung dieser Schrift in betreff mancher scheinbar unmotivierter Behauptungen auf meine früheren Schriften, besonders auf: »P. Bayle. Ein Beitrag zur Geschichte der Philosophie und Menschheit« und »Philosophie und Christentum«, wo ich mit wenigen, aber scharfen Zügen die historische Auflösung des Christentums geschildert und gezeigt habe, daß das Christentum längst nicht nur aus der Vernunft, sondern auch aus dem Leben der Menschheit verschwunden, daß es nichts weiter mehr ist als eine fixe Idee, welche mit unseren Feuer- und Lebensversicherungs-Anstalten, unseren Eisenbahn- und Dampfwägen, unseren Pinakotheken und Glyptotheken, unseren Kriegs- und Gewerbeschulen, unseren Theatern und Naturalienkabinetten im schreiendsten Widerspruch steht.

## DAS WESEN DES CHRISTENTUMS

### *Das Wesen des Menschen im allgemeinen*

Die Religion beruht auf dem wesentlichen Unterschiede des Menschen vom Tiere – die Tiere haben keine Religion. Die älteren kritiklosen Zoographen legten wohl dem Elefanten unter anderen löblichen Eigenschaften auch die Tugend der Religiosität bei; allein die Religion der Elefanten gehört in das Reich der Fabeln. Cuvier, einer der größten Kenner der Tierwelt, stellt, gestützt auf eigene Beobachtungen, den Elefanten auf keine höhere Geistesstufe als den Hund.

Was ist aber dieser wesentliche Unterschied des Menschen vom Tiere? Die einfachste und allgemeinste, auch populärste Antwort auf diese Frage ist: das Bewußtsein – aber Bewußtsein im strengen Sinne; denn Bewußtsein im Sinne des Selbstgefühls, der sinnlichen Unterscheidungskraft, der Wahrnehmungen und selbst Beurteilung der äußeren Dinge nach bestimmten sinnfälligen Merkmalen, solches Bewußtsein kann den Tieren nicht abgesprochen werden. Bewußtsein im strengsten Sinne ist nur da, wo einem Wesen seine Gattung, seine Wesenheit Gegenstand ist. Das Tier ist wohl sich als Individuum – darum hat es Selbstgefühl – aber nicht als Gattung Gegenstand – darum mangelt ihm das Bewußtsein, welches seinen Namen vom Wissen ableitet. Wo Bewußtsein, da ist Fähigkeit zur Wissenschaft. Die Wissenschaft ist das Bewußtsein der Gattungen. Im Leben verkehren wir mit Individuen, in der Wissenschaft mit Gattungen. Aber nur ein Wesen, dem seine eigene Gattung, seine Wesenheit Gegenstand ist, kann andere Dinge oder Wesen nach ihrer wesentlichen Natur zum Gegenstande machen.

Das Tier hat daher nur ein einfaches, der Mensch ein zweifaches Leben: bei dem Tiere ist das innere Leben eins mit dem äußeren – der Mensch hat ein inneres und äußeres Leben. Das innere Leben des Menschen ist das Leben im Verhältnis zu seiner Gattung, seinem Wesen. Der Mensch denkt, d. h. er konversiert, er spricht mit sich selbst. Das Tier kann keine Gattungsfunktion verrichten ohne ein anderes Individuum außer ihm; der Mensch aber kann die Gattungsfunktion des Denkens, des Sprechens – denn Denken, Sprechen sind wahre Gattungsfunktionen – ohne einen anderen verrichten. Der Mensch ist sich selbst zugleich Ich und Du; er kann sich selbst an die Stelle des anderen setzen, eben deswegen, weil ihm seine Gattung, sein Wesen, nicht nur seine Individualität Gegenstand ist.

Das Wesen des Menschen im Unterschied vom Tiere ist nicht nur der Grund, sondern auch der Gegenstand der Religion. Aber die Religion ist das Bewußtsein des Unendlichen; sie ist also und kann nichts anderes sein, als das Bewußtsein des Menschen von seinem, und zwar nicht endlichen, beschränkten, sondern unendlichen Wesen. Ein wirklich endliches Wesen hat nicht die entfernteste Ahnung, geschweige ein Bewußtsein von einem unendlichen Wesen, denn die Schranke des Wesens ist auch die Schranke des Bewußtseins. Das Bewußtsein der Raupe, deren Leben und Wesen auf eine bestimmte Pflanzenspezies eingeschränkt ist, erstreckt sich auch nicht über dieses beschränkte Gebiet hinaus; sie unterscheidet wohl diese Pflanze von anderen Pflanzen, aber mehr weiß sie nicht. Solch ein beschränktes, aber eben wegen seiner Beschränktheit infallibles, untrügliches Bewußtsein nennen wir darum auch nicht Bewußtsein, sondern Instinkt. Bewußtsein im strengen oder eigentlichen Sinne und Bewußtsein des Unendlichen ist untrennbar; beschränktes Bewußtsein ist kein Bewußtsein; das Bewußtsein ist wesentlich allumfassender, unendlicher Natur. Das Bewußtsein des Unendlichen ist nichts anderes als das Bewußtsein von der Unendlichkeit des Bewußtseins. Oder: im Bewußtsein des Unendlichen ist dem Bewußten die Unendlichkeit des eigenen Wesens Gegenstand.

Aber was ist denn das Wesen des Menschen, dessen er sich bewußt ist, oder was macht die Gattung, die eigentliche Menschheit im Menschen aus?* Die Vernunft, der Wille, das Herz. Zu einem vollkommenen Menschen gehört die Kraft des Denkens, die Kraft des Willens, die Kraft des Herzens. Die Kraft des Denkens ist das Licht der Erkenntnis, die Kraft des Willens die Energie des Charakters, die Kraft des Herzens die Liebe. Vernunft, Liebe, Willenskraft sind Vollkommenheiten, sind die höchsten Kräfte, sind das absolute Wesen des Menschen als Menschen, und der Zweck seines Daseins. Der Mensch ist, um zu erkennen, um zu lieben, um zu wollen. Aber was ist der Zweck der Vernunft? die Vernunft. Der Liebe? die Liebe. Des Willens? die Willensfreiheit. Wir erkennen, um zu erkennen, lieben, um zu lieben, wollen, um zu wollen, d. h. frei zu sein. Wahres Wesen ist denkendes, liebendes, wollendes Wesen. Wahr, vollkommen, göttlich ist nur, was um sein selbst willen ist. Aber so ist die Liebe, so die Vernunft, so der Wille. Die göttliche Dreieinigkeit im Men-

---

* Der geistlose Materialist sagt: »Der Mensch unterscheidet sich vom Tiere nur durch Bewußtsein, er ist ein Tier, aber mit Bewußtsein«, er bedenkt also nicht, daß in einem Wesen, das zum Bewußtsein erwacht, eine qualitative Veränderung des ganzen Wesens vor sich geht. Übrigens soll mit dem Gesagten keineswegs das Wesen der Tiere herabgesetzt werden. Hier ist der Ort nicht, tiefer einzugehen.

schen, über dem individuellen Menschen ist die Einheit von Vernunft, Liebe, Wille. Vernunft (Einbildungskraft, Phantasie, Vorstellung, Meinung), Wille, Liebe oder Herz sind keine Kräfte, welche der Mensch hat – denn er ist nichts ohne sie, er ist, was er ist, nur durch sie – sie sind, als die sein Wesen, welches er weder hat, noch macht, begründenden Elemente, die ihn beseelenden, bestimmenden, beherrschenden Mächte – göttliche, absolute Mächte, denen er keinen Widerstand entgegensetzen kann.*

Wie könnte der gefühlvolle Mensch dem Gefühl, der Liebende der Liebe, der Vernünftige der Vernunft widerstehen? Wer hat nicht die zermalmende Macht der Töne erfahren? Aber was ist die Macht der Töne anderes als die Macht der Gefühle? Die Musik ist die Sprache des Gefühls – der Ton das laute Gefühl, das Gefühl, das sich mitteilt. Wer hätte nicht die Macht der Liebe erfahren oder wenigstens von ihr gehört? Wer ist stärker? die Liebe oder der individuelle Mensch? Hat der Mensch die Liebe, oder hat nicht vielmehr die Liebe den Menschen? Wenn die Liebe den Menschen bewegt, selbst mit Freuden für den Geliebten in den Tod zu gehen, ist diese den Tod überwindende Kraft seine eigene individuelle Kraft oder nicht vielmehr die Kraft der Liebe? Und wer, der je wahrhaft gedacht, hätte nicht die Macht des Denkens, die freilich stille, geräuschlose Macht des Denkens erfahren? Wenn Du in tiefes Nachdenken versinkest,

---

\* *Toute opinion est assez forte pour se faire exposer au prix de la vie.* Montaigne.

Dich und was um Dich vergessend, beherrschest Du die Vernunft oder wirst Du nicht von ihr beherrscht und verschlungen? Ist die wissenschaftliche Begeisterung nicht der schönste Triumph, den die Vernunft über Dich feiert? Ist die Macht des Wissenstriebs nicht eine schlechterdings unwiderstehliche, alles überwindende Macht? Und wenn Du eine Leidenschaft unterdrückst, eine Gewohnheit ablegst, kurz einen Sieg über Dich selbst erringst, ist diese siegreiche Kraft Deine eigene persönliche Kraft, für sich selbst gedacht, oder nicht vielmehr die Willensenergie, die Macht der Sittlichkeit, welche sich gewaltsam Deiner bemeistert und Dich mit Indignation gegen Dich selbst und Deine individuellen Schwachheiten erfüllt?*

Der Mensch ist nichts ohne Gegenstand. Große, exemplarische Menschen – solche Menschen, die

* Ob diese Unterscheidung zwischen dem Individuum – ein, wie freilich alle abstrakten Wörter, höchst unbestimmtes, zweideutiges, irreführendes Wort – und der Liebe, der Vernunft, dem Willen eine in der Natur begründete ist oder nicht ist, das ist für das Thema dieser Schrift ganz gleichgültig. Die Religion zieht die Kräfte, Eigenschaften, Wesensbestimmungen des Menschen vom Menschen ab und vergöttert sie als selbständige Wesen – gleichgültig ob sie nun, wie im Polytheismus, jede einzeln für sich zu einem Wesen macht, oder, wie im Monotheismus, alle in ein Wesen zusammenfaßt – also muß auch in der Erklärung und Zurückführung dieser göttlichen Wesen auf den Menschen dieser Unterschied gemacht werden. Übrigens ist er nicht nur durch den Gegenstand geboten, er ist auch sprachlich und, was eins ist, logisch begründet, denn der Mensch unterscheidet sich von seinem Geiste, seinem Kopfe, seinem Herzen, als wäre er etwas ohne sie.

uns das Wesen des Menschen offenbaren, bestätigten diesen Satz durch ihr Leben. Sie hatten nur eine herrschende Grundleidenschaft: die Verwirklichung des Zwecks, welcher der wesentliche Gegenstand ihrer Tätigkeit war. Aber der Gegenstand, auf welchen sich ein Subjekt wesentlich, notwendig bezieht, ist nichts anderes, als das eigene, aber gegenständliche Wesen dieses Subjekts. Ist derselbe ein mehreren der Gattung nach gleichen, der Art nach aber unterschiedenen Individuen gemeinschaftlicher Gegenstand, so ist er wenigstens so, wie er diesen Individuen je nach ihrer Verschiedenheit Objekt ist, ihr eigenes, aber gegenständliches Wesen.

So ist die Sonne das gemeinschaftliche Objekt der Planeten, aber so, wie sie dem Merkur, der Venus, dem Saturn, dem Uranus, so ist sie nicht der Erde Gegenstand. Jeder Planet hat seine eigene Sonne. Die Sonne, die und wie sie den Uranus erleuchtet und erwärmt, hat kein physisches (nur ein astronomisches, wissenschaftliches) Dasein für die Erde; und die Sonne erscheint nicht nur anders, sie ist auch wirklich auf dem Uranus eine andere Sonne als auf der Erde. Das Verhalten der Erde zur Sonne ist daher zugleich ein Verhalten der Erde zu sich selbst oder zu ihrem eigenen Wesen, denn das Maß der Größe und der Stärke des Lichts, in welchem die Sonne der Erde Gegenstand, ist das Maß der Entfernung, welches die eigentümliche Natur der Erde begründet. Jeder Planet hat daher in seiner Sonne den Spiegel seines eigenen Wesens.

An dem Gegenstande wird daher der Mensch seiner selbst bewußt: das Bewußtsein des Gegenstands ist das Selbstbewußtsein des Menschen. Aus dem Gegenstande erkennst Du den Menschen; an ihm erscheint Dir sein Wesen: der Gegenstand ist sein offenbares Wesen, sein wahres, objektives Ich. Und dies gilt keineswegs nur von den geistigen, sondern selbst auch den sinnlichen Gegenständen. Auch die dem Menschen fernsten Gegenstände sind, weil und wiefern sie ihm Gegenstände sind, Offenbarungen des menschlichen Wesens. Auch der Mond, auch die Sonne, auch die Sterne rufen dem Menschen das *Γνῶθι σαυτόν*, Erkenne Dich selbst, zu. Daß er sie sieht und sie so sieht, wie er sie sieht, das ist ein Zeugnis seines eigenen Wesens. Das Tier wird nur ergriffen von dem zum Leben notwendigen Lichtstrahl, der Mensch dagegen auch noch von dem gleichgültigen Strahl des entferntesten Sternes. Nur der Mensch hat reine, intellektuelle, interesselose Freuden und Affekte – nur der Mensch feiert theoretische Augenfeste. Das Auge, das in den Sternenhimmel schaut, jenes nutz- und schadenlose Licht erblickt, welches nichts mit der Erde und ihren Bedürfnissen gemein hat, erblickt in diesem Lichte sein eigenes Wesen, seinen eigenen Ursprung. Das Auge ist himmlischer Natur. Darum erhebt sich der Mensch über die Erde nur mit dem Auge; darum beginnt die Theorie mit dem Blicke nach dem Himmel. Die ersten Philosophen waren Astronomen. Der Himmel erinnert den Menschen an seine Bestimmung, daran, daß er nicht bloß zum Handeln, sondern auch zur Beschauung bestimmt ist.

Das absolute Wesen, der Gott des Menschen ist sein eigenes Wesen. Die Macht des Gegenstandes über ihn ist daher die Macht seines eigenen Wesens. So ist die Macht des Gegenstandes des Gefühls die Macht des Gefühls, die Macht des Gegenstandes der Vernunft die Macht der Vernunft selbst, die Macht des Gegenstands des Willens die Macht des Willens. Den Menschen, dessen Wesen der Ton bestimmt, beherrscht das Gefühl, wenigstens das Gefühl, welches im Ton sein entsprechendes Element findet. Nicht aber der Ton für sich selbst, nur der inhaltsvolle, der sinn- und gefühlvolle Ton hat Macht über das Gefühl. Das Gefühl wird nur durch das Gefühlvolle, d. h. durch sich selbst, sein eigenes Wesen bestimmt. So auch der Wille, so auch die Vernunft. Was für eines Gegenstandes wir uns daher auch nur immer bewußt werden: wir werden stets zugleich unseres eigenen Wesens uns bewußt; wir können nicht anderes betätigen, ohne uns selbst zu betätigen. Und weil Wollen, Fühlen, Denken Vollkommenheiten sind, Wesenheiten, Realitäten, so ist es unmöglich, daß wir mit Vernunft die Vernunft, mit Gefühl das Gefühl, mit Willen den Willen als eine beschränkte, endliche d. i. nichtige Kraft empfinden oder wahrnehmen. Endlichkeit nämlich und Nichtigkeit sind eins; Endlichkeit ist nur ein Euphemismus für Nichtigkeit. Endlichkeit ist der metaphysische, der theoretische, Nichtigkeit der pathologische, praktische Ausdruck. Was dem Verstande endlich, ist nichtig dem Herzen. Es ist aber unmöglich, daß wir uns des Willens, des Gefühls, der Vernunft als endlicher Kräfte bewußt werden, weil jede Vollkommenheit, jede Kraft und Wesenheit die unmittelbare Bewahrheitung und Bekräftigung ihrer selbst ist. Man kann nicht lieben, nicht wollen, nicht denken, ohne diese Tätigkeiten als Vollkommenheiten zu empfinden, nicht wahrnehmen, daß man ein liebendes, wollendes, denkendes Wesen ist, ohne darüber eine unendliche Freude zu empfinden. Bewußtsein ist das Sichselbst-Gegenstand-Sein eines Wesens; daher nichts Besonderes, nichts von dem Wesen, das sich seiner bewußt ist, Unterschiedenes. Wie könnte es sonst sich seiner bewußt sein? Unmöglich ist es darum, einer Vollkommenheit als einer Unvollkommenheit sich bewußt zu werden, unmöglich, das Gefühl als beschränkt zu empfinden, unmöglich, das Denken als beschränkt zu denken.

Bewußtsein ist Selbstbetätigung, Selbstbejahung, Selbstliebe, Freude an der eigenen Vollkommenheit. Bewußtsein ist das charakteristische Kennzeichen eines vollkommenen Wesens; Bewußtsein ist nur in einem gesättigten, vollendeten Wesen. Selbst die menschliche Eitelkeit bestätigt diese Wahrheit. Der Mensch sieht in den Spiegel; er hat ein Wohlgefallen an seiner Gestalt. Dieses Wohlgefallen ist eine notwendige, unwillkürliche Folge von der Vollendung, von der Schönheit seiner Gestalt. Die schöne Gestalt ist in sich gesättigt, sie hat notwendig eine Freude an sich, sie spiegelt sich notwendig in sich selbst. Eitelkeit ist es nur, wenn der Mensch seine eigene individuelle Gestalt beliebäugelt, aber nicht, wenn er die menschliche Gestalt bewundert. Er soll sie bewundern; er kann sich keine schönere, keine erhabenere Gestalt als die menschliche vorstellen.\* Allerdings liebt jedes Wesen sich, sein Sein und soll es lieben. Sein ist ein Gut. »Alles«, sagt Bacon, »was des Seins würdig, ist auch würdig des Wissens.« Alles was ist hat Wert, ist ein Wesen von Distinktion; darum bejaht, behauptet es sich. Aber die höchste Form der Selbstbejahung, die Form, welche selbst eine Auszeichnung ist, eine Vollkommenheit, ein Glück, ein Gut, ist das Bewußtsein.

Jede Beschränkung der Vernunft oder überhaupt des Wesens des Menschen beruht auf einer Täuschung, einem Irrtum. Wohl kann und soll selbst das menschliche Individuum – hierin besteht sein Unterschied von dem tierischen – sich als beschränkt fühlen und erkennen; aber es kann sich seiner Schranken, seiner Endlichkeit nur bewußt werden, weil ihm die Vollkommenheit, die Unendlichkeit der Gattung Gegenstand ist, sei es nun als Gegenstand des Gefühls, oder des Gewissens, oder des denkenden Bewußtseins. Macht es gleichwohl seine Schranken zu Schranken der Gattung, so beruht dies auf der Täuschung, daß es sich für eins mit der Gattung hält – eine Täuschung, die mit der Bequemlichkeitsliebe, Trägheit, Eitelkeit und Selbstsucht des Individuums aufs innigste zusammenhängt. Eine Schranke

---

\* »Der Mensch ist das Schönste für den Menschen.« (Cicero *de nat. Deor. lib.* I.) Und dies ist kein Zeichen von Beschränktheit, denn er findet auch andere Wesen außer sich schön; er erfreut sich auch an der Schönheit der Tiergestalten, an der Schönheit der Pflanzenformen, an der Schönheit der Natur überhaupt. Aber nur die absolute, die vollkommene Gestalt kann sich neidlos an den Gestalten anderer Wesen erfreuen.

nämlich, die ich bloß als meine Schranke weiß, demütigt, beschämt und beunruhigt mich. Um mich daher von diesem Schamgefühl, von dieser Unruhe zu befreien, mache ich die Schranken meiner Individualität zu Schranken des menschlichen Wesens selbst. Was mir unbegreiflich, ist auch den anderen unbegreiflich; was soll ich mich weiter kümmern? es ist ja nicht meine Schuld; es liegt nicht an meinem Verstande; es liegt am Verstande der Gattung selbst. Aber es ist Wahn, lächerlicher und zugleich frevelhafter Wahn, das, was die Natur des Menschen ausmacht, das Wesen der Gattung, welches das absolute Wesen des Individuums ist, als endlich, als beschränkt zu bestimmen. Jedes Wesen ist sich selbst genug. Kein Wesen kann sich, d. h. seine Wesenheit verneinen, kein Wesen ist sich selbst ein beschränktes. Jedes Wesen ist vielmehr in sich und für sich unendlich, hat seinen Gott, sein höchstes Wesen in sich selbst. Jede Schranke eines Wesens existiert nur für ein anderes Wesen außer und über ihm. Das Leben der Ephemeren ist außerordentlich kurz im Vergleich zu länger lebenden Tieren; aber gleichwohl ist für sie dieses kurze Leben so lang, wie für andere ein Leben von Jahren. Das Blatt, auf dem die Raupe lebt, ist für sie eine Welt, ein unendlicher Raum.

Was ein Wesen zu dem macht, was es ist, das ist eben sein Talent, sein Vermögen, sein Reichtum, sein Schmuck. Wie wäre es möglich, sein Sein als Nichtsein, seinen Reichtum als Mangel, sein Talent als Unvermögen wahrzunehmen? Hätten die Pflanzen Augen, Geschmack und Urteilskraft – jede Pflanze würde ihre Blume für die schönste erklären; denn ihr Verstand, ihr Geschmack würde nicht weiter reichen, als ihre produzierende Wesenskraft. Was die produzierende Wesenskraft als das Höchste hervorbrächte, das müßte auch ihr Geschmack, ihre Urteilskraft als das Höchste bekräftigen, anerkennen. Was das Wesen bejaht, kann der Verstand, der Geschmack, das Urteil nicht verneinen; sonst wäre der Verstand, die Urteilskraft nicht mehr der Verstand, die Urteilskraft dieses bestimmten, sondern irgendeines anderen Wesens. Das Maß des Wesens ist auch das Maß des Verstandes. Ist das Wesen beschränkt, so ist auch das Gefühl, auch der Verstand beschränkt. Aber einem beschränkten Wesen ist sein beschränkter Verstand keine Schranke; es ist vielmehr vollkommen glücklich und befriedigt mit demselben; es empfindet ihn, es lobt und preist ihn als eine herrliche, göttliche Kraft; und der beschränkte Verstand preist seinerseits wieder das beschränkte Wesen, dessen Verstand er ist. Beide passen aufs genaueste zusammen; wie sollten sie miteinander zerfallen können? Der Verstand ist der Gesichtskreis eines Wesens. So weit Du siehst, so weit erstreckt sich Dein Wesen, und umgekehrt. Das Auge des Tieres reicht nicht weiter als sein Bedürfnis, und sein Wesen nicht weiter als sein Bedürfnis. Und so weit Dein Wesen, so weit reicht Dein unbeschränktes Selbstgefühl, so weit bist Du Gott. Der Zwiespalt von Verstand und Wesen, von Denkkraft und Produktionskraft im menschlichen Bewußtsein ist einerseits ein nur individueller, ohne allgemeine Bedeutung, andererseits nur ein scheinbarer. Wer seine schlechten Gedichte als schlecht erkennt, ist, weil in seiner Erkenntnis, auch in seinem Wesen nicht so beschränkt, wie der, welcher seine schlechten Gedichte in seinem Verstande gutheißt.

Denkst Du folglich das Unendliche, so denkst und bestätigst Du die Unendlichkeit des Denkvermögens; fühlst Du das Unendliche, so fühlst und bestätigst Du die Unendlichkeit des Gefühlsvermögens. Der Gegenstand der Vernunft ist die sich gegenständliche Vernunft, der Gegenstand des Gefühls das sich gegenständliche Gefühl. Hast Du keinen Sinn, kein Gefühl für Musik, so vernimmst Du auch in der schönsten Musik nicht mehr, als in dem Winde, der vor Deinen Ohren vorbeisaust, als in dem Bache, der vor deinen Füßen vorbeirauscht. Was ergreift Dich also, wenn Dich der Ton ergreift? Was vernimmst Du in ihm? was anders, als die Stimme Deines eigenen Herzens? Darum spricht das Gefühl nur zum Gefühl, darum ist das Gefühl nur dem Gefühl, d. h. sich selbst verständlich – darum, weil der Gegenstand des Gefühls selbst nur Gefühl ist. Die Musik ist ein Monolog des Gefühls. Aber auch der Dialog der Philosophie ist in Wahrheit nur ein Monolog der Vernunft: der Gedanke spricht nur zum Gedanken. Der Farbenglanz der Kristalle entzückt die Sinne; die Vernunft interessieren nur die Gesetze der Kristallonomie. Der Vernunft ist nur das Vernünftige Gegenstand.*

---

* »Der Verstand ist allein für Verstand und was daraus fließt, empfindlich.« Reimarus (Wahrh. der natürl. Religion IV. Abt. § 8).

Alles daher, was im Sinne der übermenschlichen Spekulation und Religion nur die Bedeutung des Abgeleiteten, des Subjektiven oder Menschlichen, des Mittels, des Organs hat, das hat im Sinne der Wahrheit die Bedeutung des Ursprünglichen, des Göttlichen, des Wesens, des Gegenstandes selbst. Ist z. B. das Gefühl das wesentliche Organ der Religion, so drückt das Wesen Gottes nichts anderes aus, als das Wesen des Gefühls. Der wahre, aber verborgene Sinn der Rede: »das Gefühl ist das Organ des Göttlichen«, lautet: das Gefühl ist das Nobelste, Trefflichste, d. h. Göttliche im Menschen. Wie könntest Du das Göttliche vernehmen durch das Gefühl, wenn das Gefühl nicht selbst göttlicher Natur wäre? Das Göttliche wird ja nur durch das Göttliche, »Gott nur durch sich selbst erkannt«. Das göttliche Wesen, welches das Gefühl vernimmt, ist in der Tat nichts als das von sich selbst entzückte und bezauberte Wesen des Gefühls – das wonnetrunkene, in sich selige Gefühl.

Es erhellt dies schon daraus, daß da, wo das Gefühl zum Organ des Unendlichen, zum subjektiven Wesen der Religion gemacht wird, der Gegenstand derselben seinen objektiven Wert verliert. So ist, seitdem man das Gefühl zur Hauptsache der Religion gemacht, der sonst so heilige Glaubensinhalt des Christentums gleichgültig geworden. Wird auch auf dem Standpunkt des Gefühls dem Gegenstand noch Wert eingeräumt, so hat er doch diesen nur um des Gefühls willen, welches sich vielleicht nur aus zufälligen Gründen mit ihm verknüpft; würde ein anderer Gegenstand dieselben Gefühle erregen, so wäre er ebenso willkommen. Der Gegenstand des Gefühls wird aber eben nur deswegen gleichgültig, weil, wo einmal das Gefühl als das subjektive Wesen der Religion ausgesprochen wird, es in der Tat auch das objektive Wesen derselben ist, wenn es gleich nicht als solches, wenigstens direkt, ausgesprochen wird. Direkt sage ich; denn indirekt wird dies allerdings dadurch eingestanden, daß das Gefühl als solches für religiös erklärt, also der Unterschied zwischen eigentümlich religiösen und irreligiösen oder wenigstens nicht religiösen Gefühlen aufgehoben wird – eine notwendige Konsequenz von dem Standpunkt, wo nur das Gefühl für das Organ des Göttlichen gilt. Denn warum anders als wegen seines Wesens, seiner Natur machst Du das Gefühl zum Organ des unendlichen, des göttlichen Wesens? Ist aber nicht die Natur des Gefühls überhaupt auch die Natur jedes speziellen Gefühls, sein Gegenstand sei nun welcher er wolle? Was macht also dieses Gefühl zum religiösen? der bestimmte Gegenstand? Mitnichten, denn dieser Gegenstand ist selbst nur ein religiöser, wenn er nicht ein Gegenstand des kalten Verstandes oder Gedächtnisses, sondern des Gefühls ist. Was also? die Natur des Gefühls, an der jedes Gefühl, ohne Unterschied des Gegenstandes, teilhat. Das Gefühl ist also heiliggesprochen, lediglich weil es Gefühl ist; der Grund seiner Religiosität ist die Natur des Gefühls, liegt in ihm selbst. Ist aber dadurch nicht das Gefühl als das Absolute, als das Göttliche selbst ausgesprochen? Wenn das Gefühl durch sich selbst gut, religiös, d. h. heilig, göttlich ist, hat das Gefühl seinen Gott nicht in sich selbst?

Wenn Du aber dennoch ein Objekt des Gefühls festsetzen, zugleich aber Dein Gefühl wahrhaft auslegen willst, ohne mit Deiner Reflexion etwas Fremdartiges hineinzulegen, was bleibt Dir übrig, als zu unterscheiden zwischen Deinen individuellen Gefühlen und dem allgemeinen Wesen, der Natur des Gefühls, als abzusondern das Wesen des Gefühls von den störenden, verunreinigenden Einflüssen, an welche in Dir, dem bedingten Individuum, das Gefühl gebunden ist? Was Du daher allein vergegenständlichen, als das Unendliche aussprechen, als dessen Wesen bestimmen kannst, das ist nur die Natur des Gefühls. Du hast hier keine andere Bestimmung für Gott als diese: Gott ist das reine, das unbeschränkte, das freie Gefühl. Jeder andere Gott, den Du hier setzest, ist ein von außen Deinem Gefühl aufgedrungener Gott. Das Gefühl ist atheistisch im Sinne des orthodoxen Glaubens, als welcher die Religion an einen äußeren Gegenstand anknüpft; es leugnet einen gegenständlichen Gott – es ist sich selbst Gott. Die Verneinung des Gefühls nur ist auf dem Standpunkt des Gefühls die Verneinung Gottes. Du bist nur zu feige oder zu beschränkt, um mit Worten einzugestehen, was Dein Gefühl im stillen bejaht. Gebunden an äußere Rücksichten, unfähig, die Seelengröße des Gefühls zu begreifen, erschrickst Du vor dem religiösen Atheismus Deines Herzens und zerstörst in diesem Schrecken die Einheit Deines Gefühls mit sich selbst, indem Du Dir ein vom Gefühl unterschiedenes, gegenständliches Wesen vorspiegelst, und Dich so notwendig wieder zurückwirfst in die alten Fragen und Zweifel: ob ein Gott ist oder nicht ist? — Fragen und Zweifel, die doch da verschwunden, ja unmöglich sind, wo das Gefühl als das Wesen der Religion bestimmt wird. Das Gefühl ist Deine innigste und doch zugleich eine von Dir unterschiedene, unabhängige Macht, es ist in Dir über Dir: es ist Dein eigenstes Wesen, das Dich aber als und wie ein anderes Wesen ergreift, kurz Dein Gott — wie willst Du also von diesem Wesen in Dir noch ein anderes gegenständliches Wesen unterscheiden? wie über Dein Gefühl hinaus?

Das Gefühl wurde aber hier nur als Beispiel hervorgehoben. Dieselbe Bewandtnis hat es mit jeder anderen Kraft, Fähigkeit, Potenz, Realität, Tätigkeit — der Name ist gleichgültig — welche man als das wesentliche Organ eines Gegenstandes bestimmt. Was subjektiv oder auf seiten des Menschen die Bedeutung des Wesens, das hat eben damit auch objektiv oder auf seiten des Gegenstands die Bedeutung des Wesens. Der Mensch kann nun einmal nicht über sein wahres Wesen hinaus. Wohl mag er sich vermittelst der Phantasie Individuen anderer, angeblich höherer Art vorstellen, aber von seiner Gattung, seinem Wesen kann er nimmermehr abstrahieren; die Wesensbestimmungen, die er diesen anderen Individuen gibt, sind immer aus seinem eigenen Wesen geschöpfte Bestimmungen — Bestimmungen, in denen er in Wahrheit nur sich selbst abbildet und vergegenständlicht. Wohl gibt es gewiß noch außer dem Menschen denkende Wesen auf den

Himmelskörpern; aber durch die Annahme solcher Wesen verändern wir nicht unseren Standpunkt, – wir bereichern ihn nur quantitativ, nicht qualitativ; denn so gut dort dieselben Gesetze der Bewegung, so gut gelten auch dort dieselben Gesetze des Empfindens und Denkens, wie hier. Wir beleben auch in der Tat die Sterne keineswegs dazu, daß dort andere Wesen, als wir, sondern nur dazu, daß mehr solche oder ähnliche Wesen, wie wir, sind.*

*Das Wesen der Religion im allgemeinen*

Was im allgemeinen, selbst in Beziehung auf die sinnlichen Gegenstände, von dem Verhältnis des Menschen zum Gegenstand bisher behauptet wurde, das gilt insbesondere von dem Verhältnis desselben zum religiösen Gegenstande.
Im Verhältnis zu den sinnlichen Gegenständen ist das Bewußtsein des Gegenstandes wohl unterscheidbar vom Selbstbewußtsein; aber bei dem religiösen Gegenstand fällt das Bewußtsein mit dem Selbstbewußtsein unmittelbar zusammen. Der sinnliche Gegenstand ist außer dem Menschen da, der religiöse in ihm, ein selbst innerlicher, – darum ein Gegenstand, der ihn ebensowenig ver-

---

* So sagt z.B. Christ. Huygens in seinem Cosmotheoros lib. I: »Es ist wahrscheinlich, daß sich das Vergnügen der Musik und Mathematik nicht auf uns Menschen allein beschränkt, sondern auf noch mehrere Wesen sich erstreckt.« Das heißt eben: Die Qualität ist gleich; derselbe Sinn für Musik, für Wissenschaft; nur die Zahl der Genießenden soll unbeschränkt sein.

läßt, wie ihn sein Selbstbewußtsein, sein Gewissen verläßt, – ein intimer, ja der allerintimste, der allernächste Gegenstand. »Gott«, sagt z. B. Augustin, »ist uns näher, verwandter und daher auch leichter erkennbar, als die sinnlichen, körperlichen Dinge.«* Der sinnliche Gegenstand ist an sich ein gleichgültiger, unabhängig von der Gesinnung, von der Urteilskraft; der Gegenstand der Religion aber ist ein auserlesener Gegenstand: das vorzüglichste, das erste, das höchste Wesen; er setzt wesentlich ein kritisches Urteil voraus, den Unterschied zwischen dem Göttlichen und Nichtgöttlichen, dem Anbetungswürdigen und Nichtanbetungswürdigen.** Und hier gilt daher ohne alle Einschränkung der Satz: der Gegenstand des Menschen ist nichts anderes als sein gegenständliches Wesen selbst. Wie der Mensch denkt, wie er gesinnt ist, so ist sein Gott: so viel Wert der Mensch hat, so viel Wert und nicht mehr hat sein Gott. Das Bewußtsein Gottes ist das Selbstbewußtsein des Menschen, die Erkenntnis Gottes, die Selbsterkenntnis des Menschen. Aus seinem Gotte erkennst Du den Menschen, und wiederum aus dem Menschen seinen Gott; beides ist eins. Was dem Menschen Gott ist, das ist sein Geist, seine Seele, und was des Menschen Geist, seine Seele, sein Herz, das ist sein Gott: Gott ist das offenbare Innere, das ausgesprochene Selbst des Menschen; die Religion die feierliche Enthüllung der ver-

---

* *De Genesi ad litteram* lib. V. c. 16.
** Ihr bedenkt nicht, sagt Minucius Felix in seinem »Octavian« Kap. 24 zu den Heiden, daß man Gott eher kennen, als verehren muß.

borgenen Schätze des Menschen, das Eingeständnis seiner innersten Gedanken, das öffentliche Bekenntnis seiner Liebesgeheimnisse.

Wenn aber die Religion, das Bewußtsein Gottes, als das Selbstbewußtsein des Menschen bezeichnet wird, so ist dies nicht so zu verstehen, als wäre der religiöse Mensch sich direkt bewußt, daß sein Bewußtsein von Gott das Selbstbewußtsein seines Wesens ist, denn der Mangel dieses Bewußtseins begründet eben das eigentümliche Wesen der Religion. Um diesen Mißverstand zu beseitigen, ist es besser zu sagen: die Religion ist das erste und zwar indirekte Selbstbewußtsein des Menschen. Die Religion geht daher überall der Philosophie voran, wie in der Geschichte der Menschheit, so auch in der Geschichte der einzelnen. Der Mensch verlegt sein Wesen zuerst außer sich, ehe er es in sich findet. Das eigene Wesen ist ihm zuerst als ein anderes Wesen Gegenstand. Die Religion ist das kindliche Wesen der Menschheit; aber das Kind sieht sein Wesen, den Menschen außer sich, – als Kind ist der Mensch sich als ein anderer Mensch Gegenstand. Der geschichtliche Fortgang in den Religionen besteht deswegen darin, daß das, was der früheren Religion für etwas Objektives galt, jetzt als etwas Subjektives, d. h. was als Gott angeschaut und angebetet wurde, jetzt als etwas Menschliches erkannt wird. Die frühere Religion ist der spätere Götzendienst: der Mensch hat sein eigenes Wesen angebetet. Der Mensch hat sich vergegenständlicht, aber den Gegenstand nicht als sein Wesen erkannt; die spätere Religion tut diesen Schritt; jeder Fortschritt in der Religion ist daher eine tiefere Selbsterkenntnis. Aber jede bestimmte Religion, die ihre älteren Schwestern als Götzendienerinnen bezeichnet, nimmt sich selbst – und zwar notwendig, sonst wäre sie nicht mehr Religion – von dem Schicksal, dem allgemeinen Wesen der Religion aus; sie schiebt nur auf die anderen Religionen, was doch – wenn anders Schuld – die Schuld der Religion überhaupt ist. Weil sie einen anderen Gegenstand, einen anderen Inhalt hat, weil sie über den Inhalt der früheren sich erhoben, wähnt sie sich erhaben über die notwendigen und ewigen Gesetze, die das Wesen der Religion begründen, wähnt sie, daß ihr Gegenstand, ihr Inhalt ein übermenschlicher sei. Aber dafür durchschaut das ihr selbst verborgene Wesen der Religion der Denker, dem die Religion Gegenstand ist, was sich selbst die Religion nicht sein kann. Und unsere Aufgabe ist es eben, nachzuweisen, daß der Gegensatz des Göttlichen und Menschlichen ein illusorischer, d. h. daß er nichts anderes ist als der Gegensatz zwischen dem menschlichen Wesen und dem menschlichen Individuum, daß folglich auch der Gegenstand und Inhalt der christlichen Religion ein durchaus menschlicher ist.

Die Religion, wenigstens die christliche, ist das Verhalten des Menschen zu sich selbst, oder richtiger: zu seinem Wesen, aber das Verhalten zu seinem Wesen als zu einem anderen Wesen. Das göttliche Wesen ist nichts anderes als das menschliche Wesen oder besser: das Wesen des Menschen, abgesondert von den Schranken des individuellen, d. h. wirklichen, leiblichen Menschen, vergegenständlicht, d. h. angeschaut und verehrt als ein anderes, von ihm unterschiedenes, eigenes Wesen – alle Bestimmungen des göttlichen Wesens sind darum Bestimmungen des menschlichen Wesens.*

In Beziehung auf die Prädikate, d. h. die Eigenschaften oder Bestimmungen Gottes wird dies denn auch ohne Anstand zugegeben, aber keineswegs in Beziehung auf das Subjekt, d. h. das Grundwesen dieser Prädikate. Die Verneinung des Subjekts gilt für Irreligiosität, für Atheismus, nicht aber die Verneinung der Prädikate. Aber was keine Bestimmungen hat, das hat auch keine Wirkungen auf mich; was keine Wirkungen, auch kein Dasein für mich. Alle Bestimmungen aufheben, ist so viel als das Wesen selbst aufheben. Ein bestimmungsloses Wesen ist ein ungegenständliches Wesen, ein ungegenständliches ein nichtiges Wesen. Wo daher der Mensch alle Bestimmungen von Gott entfernt, da ist ihm Gott nur noch ein negatives, d. h. nichtiges Wesen. Dem wahrhaft religiösen Menschen ist Gott kein bestimmungsloses Wesen, weil er ihm ein gewisses, wirkliches Wesen ist. Die Bestimmungslosigkeit und die mit ihr identische Unerkennbarkeit Gottes ist daher nur eine Frucht der neueren Zeit, ein Produkt der modernen Ungläubigkeit.

---

* »Die Vollkommenheiten Gottes sind die Vollkommenheiten unserer Seelen, allein er besitzt sie unumschränkt... Wir besitzen einiges Vermögen, einige Erkenntnis, einige Güte, allein dieses alles ist in Gott vollkommen.« Leibniz (*Théod. Préface.*) »Alles, wodurch sich die menschliche Seele auszeichnet, ist auch dem

Wie die Vernunft nur da als endlich bestimmt wird und bestimmt werden kann, wo dem Menschen der sinnliche Genuß, oder das religiöse Gefühl, oder die ästhetische Anschauung, oder die moralische Gesinnung für das Absolute, das Wahre gilt: so kann nur da die Unerkennbarkeit oder Unbestimmbarkeit Gottes als ein Dogma ausgesprochen und festgesetzt werden, wo dieser Gegenstand kein Interesse mehr für die Erkenntnis hat, wo die Wirklichkeit allein den Menschen in Anspruch nimmt, das Wirkliche allein für ihn die Bedeutung des wesentlichen, des absoluten, göttlichen Gegenstandes hat, aber doch zugleich noch im Widerspruch mit dieser rein weltlichen Richtung ein alter Rest von Religiosität vorhanden ist. Der Mensch entschuldigt mit der Unerkennbarkeit Gottes vor seinem noch übriggebliebenen religiösen Gewissen seine Gottvergessenheit, sein Verlorensein in die Welt; er verneint Gott praktisch, durch die Tat, – all sein Sinnen und Denken hat die Welt inne – aber er verneint ihn nicht theoretisch; er greift seine Existenz nicht an, er läßt ihn bestehen. Allein diese Existenz tangiert und inkommodiert ihn nicht; sie ist eine nur negative Existenz, eine Existenz ohne Existenz, eine sich selbst widersprechende Existenz, –

---

göttlichen Wesen eigen. Alles, was von Gott ausgeschlossen ist, gehört auch nicht zur Wesensbestimmung der Seele.« S. Gregorius Nyss. (*de anima*, Lips. 1837. p. 42.) »Unter allen Wissenschaften ist daher die herrlichste und wichtigste die Selbsterkenntnis, denn wenn einer sich selbst kennt, so wird er auch Gott erkennen.« Clemens Alex. (*Paedag. lib.* III. c. 1.)

ein Sein, das seinen Wirkungen nach nicht unterscheidbar vom Nichtsein ist. Die Verneinung bestimmter, positiver Prädikate des göttlichen Wesens ist nichts anderes als eine Verneinung der Religion, welche aber noch einen Schein von Religion für sich hat, so daß sie nicht als Verneinung erkannt wird, – nichts anderes als ein subtiler, verschlagener Atheismus. Die angeblich religiöse Scheu, Gott durch bestimmte Prädikate zu verendlichen, ist nur der irreligiöse Wunsch, von Gott nichts mehr wissen zu wollen, Gott sich aus dem Sinne zu schlagen. Wer sich scheut, endlich zu sein, scheut sich zu existieren. Alle reale Existenz, d. h. alle Existenz, die wirklich Existenz ist, die ist qualitative, bestimmte Existenz. Wer ernstlich, wirklich, wahrhaft an die Existenz Gottes glaubt, der stößt sich nicht an den selbst derb sinnlichen Eigenschaften Gottes. Wer nicht durch seine Existenz beleidigen, wer nicht derb sein will, der verzichte auf die Existenz. Ein Gott, der sich durch die Bestimmtheit beleidigt fühlt, hat nicht den Mut und nicht die Kraft zu existieren. Die Qualität ist das Feuer, der Sauerstoff, das Salz der Existenz. Eine Existenz überhaupt, eine Existenz ohne Qualität ist eine geschmacklose, eine abgeschmackte Existenz. In Gott ist aber nicht mehr, als in der Religion ist. Nur da, wo der Mensch den Geschmack an der Religion verliert, die Religion selbst also geschmacklos wird, nur da wird daher auch die Existenz Gottes zu einer abgeschmackten Existenz.

Es gibt übrigens noch eine gelindere Weise der Verneinung der göttlichen Prädikate als die direkte, eben bezeichnete. Man gibt zu, daß die Prädikate des göttlichen Wesens endliche, insbesondere menschliche Bestimmungen sind; aber man verwirft ihre Verwerfung; man nimmt sie sogar in Schutz, weil es dem Menschen notwendig sei, sich bestimmte Vorstellungen von Gott zu machen, und weil er nun einmal Mensch sei, so könne er sich auch keine anderen als eben menschliche Vorstellungen von ihm machen. In Beziehung auf Gott, sagt man, sind diese Bestimmungen freilich ohne Bedeutung, aber für mich kann er, weil und wenn er für mich sein soll, nicht anders erscheinen als so, wie er mir erscheint, nämlich als ein menschliches oder doch menschenähnliches Wesen. Allein diese Unterscheidung zwischen dem, was Gott an sich, und dem, was er für mich ist, zerstört den Frieden der Religion, und ist überdies an sich selbst eine grund- und haltlose Distinktion. Ich kann gar nicht wissen, ob Gott etwas anderes an sich oder für sich ist, als er für mich ist; wie er für mich ist, so ist er alles für mich. Für mich liegt eben in diesen Bestimmungen, unter welchen er für mich ist, sein Ansichselbstsein, sein Wesen selbst; er ist für mich so, wie er für mich nur immer sein kann. Der religiöse Mensch ist in dem, was Gott in bezug auf ihn ist – von einer anderen Beziehung weiß er nichts – vollkommen befriedigt, denn Gott ist ihm, was er dem Menschen überhaupt sein kann. In jener Unterscheidung setzt sich der Mensch über sich selbst, d. h. über sein Wesen, sein absolutes Maß hinweg, aber diese Hinwegsetzung ist nur eine Illusion. Den Unterschied nämlich zwischen dem

Gegenstande, wie er an sich, und dem Gegenstand, wie er für mich ist, kann ich nur da machen, wo ein Gegenstand mir wirklich anders erscheinen kann, als er erscheint; aber nicht, wo er mir so erscheint, wie er mir nach meinem absoluten Maße erscheint, wie er mir erscheinen muß. Wohl kann meine Vorstellung eine subjektive sein, d. h. eine solche, an welche die Gattung nicht gebunden ist. Aber wenn meine Vorstellung dem Maße der Gattung entspricht, so fällt die Unterscheidung zwischen Ansichsein und Fürmichsein weg; denn diese Vorstellung ist selbst eine absolute. Das Maß der Gattung ist das absolute Maß, Gesetz und Kriterium des Menschen. Die Religion hat eben die Überzeugung, daß ihre Vorstellungen, ihre Bestimmungen von Gott solche sind, die jeder Mensch haben soll und haben muß, wenn er die wahren haben will, daß sie die notwendigen Vorstellungen der menschlichen Natur, ja, die objektiven, die gottgemäßen Vorstellungen sind. Jeder Religion sind die Götter der anderen Religionen nur Vorstellungen von Gott, aber die Vorstellung, die sie von Gott hat, ist ihr Gott selbst, Gott, wie sie ihn vorstellt, der echte, wahre Gott, Gott, wie er an sich ist. Die Religion begnügt sich nur mit einem ganzen, rückhaltlosen Gott; sie will nicht eine bloße Erscheinung von Gott; sie will Gott selbst, Gott in Person. Die Religion gibt sich selbst auf, wenn sie das Wesen Gottes aufgibt; sie ist keine Wahrheit mehr, wo sie auf den Besitz des wahren Gottes verzichtet. Der Skeptizismus ist der Erzfeind der Religion. Aber die Unterscheidung zwischen Gegenstand und Vorstellung, zwischen Gott an sich und Gott für mich ist eine skeptische, also irreligiöse Unterscheidung.

Was dem Menschen die Bedeutung des Ansichseienden hat, was ihm das höchste Wesen ist, das, worüber er nichts Höheres sich vorstellen kann, dieses ist ihm eben das göttliche Wesen. Wie könnte er also bei diesem Gegenstande noch fragen, was er an sich sei? Wenn Gott dem Vogel Gegenstand wäre, so wäre er ihm nur als ein geflügeltes Wesen Gegenstand: der Vogel kennt nichts Höheres, nichts Seligeres, als das Geflügeltsein. Wie lächerlich wäre es, wenn dieser Vogel urteilte: mir erscheint Gott als ein Vogel, aber was er an sich ist, weiß ich nicht. Das höchste Wesen ist dem Vogel eben das Wesen des Vogels. Nimmst Du ihm die Vorstellung vom Wesen des Vogels, so nimmst Du ihm die Vorstellung des höchsten Wesens. Wie könnte er also fragen, ob Gott an sich geflügelt sei? Fragen ob Gott an sich so ist, wie er für mich ist, heißt fragen, ob Gott Gott ist, heißt über seinen Gott sich erheben, gegen ihn sich empören.

Wo sich daher einmal das Bewußtsein des Menschen bemächtigt, daß die religiösen Prädikate nur Anthropomorphismen, d. h. menschliche Vorstellungen sind, da hat sich schon der Zweifel, der Unglaube des Glaubens bemächtigt. Und es ist nur die Inkonsequenz der Herzensfeigheit und der Verstandesschwäche, die von diesem Bewußtsein aus nicht bis zur förmlichen Verneinung der Prädikate und von dieser bis zur Verneinung des zugrunde liegenden Wesens fortgeht. Bezweifelst

Du die gegenständliche Wahrheit der Prädikate, so mußt Du auch die gegenständliche Wahrheit des Subjekts dieser Prädikate in Zweifel ziehen. Sind Deine Prädikate Anthropomorphismen, so ist auch das Subjekt derselben ein Anthropomorphismus. Sind Liebe, Güte, Persönlichkeit menschliche Bestimmungen, so ist auch das Grundwesen derselben, welches Du ihnen voraussetzest, auch die Existenz Gottes, auch der Glaube, daß überhaupt ein Gott ist, ein Anthropomorphismus – eine durchaus menschliche Voraussetzung. Woher weißt Du, daß der Glaube an Gott überhaupt nicht eine Schranke der menschlichen Vorstellungsweise ist? Höhere Wesen – und Du nimmst ja deren an – sind vielleicht so selig in sich selbst, so einig mit sich, daß sie sich nicht mehr in der Spannung zwischen sich und einem höheren Wesen befinden. Gott zu wissen und nicht selbst Gott zu sein, Seligkeit zu kennen und nicht selbst zu genießen, das ist ein Zwiespalt, ein Unglück.\*
Höhere Wesen wissen nichts von diesem Unglück; sie haben keine Vorstellung von dem, was sie nicht sind.

---

\* Im Jenseits hebt sich daher auch dieser Zwiespalt zwischen Gott und Mensch auf. Im Jenseits ist der Mensch nicht mehr Mensch – höchstens nur der Einbildung nach – er hat keinen eigenen, vom göttlichen Willen unterschiedenen Willen, folglich auch – denn was ist ein Wesen ohne Willen? – kein eigenes Wesen mehr; er ist eins mit Gott; es verschwindet also im Jenseits der Unterschied und Gegensatz zwischen Gott und Mensch. Aber dort, wo nur Gott, ist kein Gott mehr. Wo kein Gegensatz der Majestät, ist auch keine Majestät.

Du glaubst an die Liebe als eine göttliche Eigenschaft, weil Du selbst liebst, Du glaubst, daß Gott ein weises, ein gütiges Wesen ist, weil Du nichts Besseres von Dir kennst, als Güte und Verstand, und Du glaubst, daß Gott existiert, daß er also Subjekt oder Wesen ist – was existiert, ist Wesen, werde es nun als Substanz oder Person oder sonstwie bestimmt und bezeichnet – weil Du selbst existierst, selbst Wesen bist. Du kennst kein höheres menschliches Gut, als zu lieben, als gut und weise zu sein, und ebenso kennst Du kein höheres Glück, als überhaupt zu existieren, Wesen zu sein; denn das Bewußtsein alles Guten, alles Glückes ist Dir an das Bewußtsein des Wesenseins, der Existenz gebunden. Gott ist Dir ein Existierendes, ein Wesen aus demselben Grunde, aus welchem er Dir ein weises, ein seliges, ein gütiges Wesen ist. Der Unterschied zwischen den göttlichen Eigenschaften und dem göttlichen Wesen ist nur dieser, daß Dir das Wesen, die Existenz nicht als ein Anthropomorphismus erscheint, weil in diesem Deinem Wesensein die Notwendigkeit liegt, daß Dir Gott ein Existierendes, ein Wesen ist, die Eigenschaften dagegen als Anthropomorphismen erscheinen, weil die Notwendigkeit derselben, die Notwendigkeit, daß Gott weise, gut, gerecht usw. ist, keine unmittelbare, mit dem Sein des Menschen identische, sondern durch sein Selbstbewußtsein, die Tätigkeit des Denkens vermittelte Notwendigkeit ist. Subjekt, Wesen bin ich, ich existiere, ich mag weise oder unweise, gut oder schlecht sein. Existieren ist dem Menschen das Erste, das Grundwesen in seiner Vorstellung, die

Voraussetzung der Prädikate. Die Prädikate gibt er daher frei, aber die Existenz Gottes ist ihm eine ausgemachte, unantastbare, absolut gewisse, gegenständliche Wahrheit. Gleichwohl ist dieser Unterschied nur ein scheinbarer. Die Notwendigkeit des Subjekts liegt nur in der Notwendigkeit des Prädikats. Du bist Wesen nur als menschliches Wesen; die Gewißheit und Realität Deiner Existenz liegt nur in der Gewißheit und Realität Deiner menschlichen Eigenschaften. Was das Subjekt ist, das liegt nur im Prädikat; das Prädikat ist die Wahrheit des Subjekts; das Subjekt nur das personifizierte, das existierende Prädikat. Subjekt und Prädikat unterscheiden sich nur wie Existenz und Wesen. Die Verneinung der Prädikate ist daher die Verneinung des Subjekts. Was bleibt Dir vom menschlichen Wesen übrig, wenn Du ihm die menschlichen Eigenschaften nimmst? Selbst in der Sprache des gemeinen Lebens setzt man die göttlichen Eigenschaften: die Vorsehung, die Weisheit, die Allmacht statt des göttlichen Wesens.

Die Gewißheit der Existenz Gottes, von welcher man gesagt hat, daß sie dem Menschen so gewiß, ja gewisser als die eigene Existenz sei, hängt daher nur ab von der Gewißheit der Qualität Gottes – sie ist keine unmittelbare Gewißheit. Dem Christen ist nur die Existenz des christlichen, dem Heiden die Existenz des heidnischen Gottes eine Gewißheit. Der Heide bezweifelte nicht die Existenz Jupiters, weil er an dem Wesen Jupiters keinen Anstoß nahm, weil er sich Gott in keiner anderen Qualität vorstellen konnte, weil ihm diese Qualität eine Gewißheit, eine göttliche Wahrheit war. Die Wahrheit des Prädikats ist allein die Bürgschaft der Existenz.

Was der Mensch als Wahres, stellt er unmittelbar als Wirkliches vor, weil ihm ursprünglich nur wahr ist, was wirklich ist, – wahr im Gegensatz zum nur Vorgestellten, Erträumten, Eingebildeten. Der Begriff des Seins, der Existenz ist der erste, ursprüngliche Begriff der Wahrheit. Oder: ursprünglich macht der Mensch die Wahrheit von der Existenz, später erst die Existenz von der Wahrheit abhängig. Gott nun ist das Wesen des Menschen, angeschaut als höchste Wahrheit, Gott aber, oder, was eins ist, die Religion so verschieden wie verschieden die Bestimmtheit ist, in welcher der Mensch dieses sein Leben erfaßt, als höchstes Wesen anschaut. Diese Bestimmtheit daher, in welcher der Mensch Gott denkt, ist ihm die Wahrheit und ebendeswegen zugleich die höchste Existenz, oder vielmehr schlechtweg die Existenz; denn nur die höchste Existenz ist eigentlich erst Existenz und verdient diesen Namen. Gott ist darum aus demselben Grunde ein existierendes, wirkliches Wesen, aus welchem er dieses bestimmte Wesen ist; denn die Qualität oder Bestimmtheit Gottes ist nichts anderes als die wesentliche Qualität des Menschen selbst, der bestimmte Mensch ist aber nur, was er ist, hat nur seine Existenz, seine Wirklichkeit in seiner Bestimmtheit. Dem Griechen kann man nicht die griechischen Eigenschaften nehmen, ohne ihm seine Existenz zu nehmen. Allerdings ist daher für eine bestimmte Religion, also relativ, die Gewißheit von der Existenz Gottes eine unmittelbare; denn so unwillkürlich, so notwendig der Grieche Grieche war, so notwendig waren seine Götter griechische Wesen, so notwendig wirklich existierende Wesen. Die Religion ist die mit dem Wesen des Menschen identische Anschauung vom Wesen der Welt und des Menschen. Der Mensch steht aber nicht über seiner wesentlichen Anschauung, sondern sie steht über ihm, sie beseelt, bestimmt, beherrscht ihn. Die Notwendigkeit eines Beweises, einer Vermittlung des Wesens oder der Qualität mit der Existenz, die Möglichkeit eines Zweifels fällt somit weg. Nur, was ich von meinem Wesen absondere, ist mir etwas Bezweifelbares. Wie könnte ich also den Gott bezweifeln, der mein Wesen ist? Meinen Gott bezweifeln, heißt mich selbst bezweifeln. Nur da, wo Gott abstrakt gedacht wird, seine Prädikate durch philosophische Abstraktion vermittelte sind, entsteht die Unterscheidung oder Trennung zwischen Subjekt und Prädikat, Existenz und Wesen, – entsteht der Schein, daß die Existenz oder das Subjekt etwas anderes ist, als das Prädikat, etwas Unmittelbares, Unbezweifelbares im Unterschiede von dem bezweifelbaren Prädikat. Aber es ist nur ein Schein. Ein Gott, der abstrakte Prädikate, hat auch eine abstrakte Existenz. Die Existenz, das Sein ist so verschieden wie die Qualität verschieden ist.

Die Identität des Subjekts und Prädikats erhellt am deutlichsten aus dem Entwicklungsgange der Religion, welcher identisch mit dem Entwicklungsgange der menschlichen Kultur. Solange dem Menschen das Prädikat eines bloßen Naturmenschen zukommt, so lange ist auch sein Gott ein bloßer Naturgott. Wo sich der Mensch in Häuser, da schließt er auch seine Götter in Tempel ein. Der Tempel ist nur eine Erscheinung von dem Werte, welchen der Mensch auf schöne Gebäude legt. Die Tempel zu Ehren der Religion sind in Wahrheit Tempel zu Ehren der Baukunst. Mit der Erhebung des Menschen aus dem Zustande der Roheit und Wildheit zur Kultur, mit der Unterscheidung zwischen dem, was sich für den Menschen schickt und nicht schickt, entsteht auch gleichzeitig der Unterschied zwischen dem, was sich für Gott schickt und nicht schickt. Gott ist der Begriff der Majestät, der höchsten Würde, das religiöse Gefühl, das höchste Schicklichkeitsgefühl. Erst die späteren gebildeten Künstler Griechenlands verkörperten in den Götterstatuen die Begriffe der Würde, der Seelengröße, der unbewegten Ruhe und Heiterkeit. Aber warum waren ihnen diese Eigenschaften Attribute, Prädikate Gottes? weil sie für sich selbst ihnen für Gottheiten galten. Warum schlossen sie alle widrigen und niedrigen Gemütsaffekte aus? eben weil sie dieselben als etwas Unschickliches, Unwürdiges, Unmenschliches, folglich Ungöttliches erkannten. Die Homerischen Götter essen und trinken, – das heißt: Essen und Trinken ist ein göttlicher Genuß. Körperstärke ist eine Eigenschaft der Homerischen Götter: Zeus ist der stärkste der Götter. Warum? weil die Körperstärke an und für sich selbst für etwas Herrliches, Göttliches galt. Die Tugend des Kriegers war den alten Deutschen die höchste Tugend; dafür war aber auch ihr höchster Gott der Kriegsgott: Odin – der Krieg »das Urgesetz oder älteste Gesetz«. Nicht die Eigenschaft der Gottheit, sondern die Göttlichkeit oder Gottheit der Eigenschaft ist das erste wahre göttliche Wesen. Also das, was der Theologie und Philosophie bisher für Gott, für das Absolute, Wesenhafte galt, das ist nicht Gott; das aber, was ihr nicht für Gott galt, das gerade ist Gott – d. i. die Eigenschaft, die Qualität, die Bestimmtheit, die Wirklichkeit überhaupt. Ein wahrer Atheist, d. h. ein Atheist, im gewöhnlichen Sinne, ist daher auch nur der, welchem die Prädikate des göttlichen Wesens, wie z. B. die Liebe, die Weisheit, die Gerechtigkeit nichts sind, aber nicht der, welchem nur das Subjekt dieser Prädikate nichts ist. Und keineswegs ist die Verneinung des Subjekts auch notwendig zugleich die Verneinung der Prädikate an sich selbst. Die Prädikate haben eine eigene, selbständige Bedeutung; sie drängen durch ihren Inhalt dem Menschen ihre Anerkennung auf; sie erweisen sich ihm unmittelbar durch sich selbst als wahr: sie betätigen, bezeugen sich selbst. Güte, Gerechtigkeit, Weisheit sind dadurch keine Chimären, daß die Existenz Gottes eine Chimäre, noch dadurch Wahrheiten, daß diese eine Wahrheit ist. Der Begriff Gottes ist abhängig vom Begriffe der Gerechtigkeit, der Güte, der Weisheit, – ein Gott, der nicht gütig, nicht gerecht, nicht weise, ist kein Gott, – aber nicht umgekehrt. Eine Qualität ist nicht dadurch göttlich, daß sie Gott hat, sondern Gott hat sie, weil sie an und für sich selbst göttlich ist, weil Gott ohne sie ein mangelhaftes Wesen ist. Die Gerechtigkeit, die Weisheit, überhaupt jede Bestimmung, welche die Gottheit Gottes ausmacht, wird durch sich selbst bestimmt und erkannt, Gott aber durch die Bestimmung, die Qualität; nur in dem Falle, daß ich Gott und die Gerechtigkeit als dasselbe, Gott unmittelbar als die Wirklichkeit der Idee der Gerechtigkeit oder irgendeiner anderen Qualität denke, bestimme ich Gott durch sich selbst. Wenn aber Gott als Subjekt das Bestimmte, die Qualität, das Prädikat aber das Bestimmende ist, so gebührt ja in Wahrheit dem Prädikat, nicht dem Subjekt der Rang des ersten Wesens, der Rang der Gottheit.

Erst wenn mehrere und zwar widersprechende Eigenschaften zu einem Wesen vereinigt werden und dieses Wesen als ein persönliches erfaßt, die Persönlichkeit also besonders hervorgehoben wird, erst da vergißt man den Ursprung der Religion, vergißt man, daß, was in der Vorstellung der Reflexion ein vom Subjekt unterscheidbares oder abtrennbares Prädikat ist, ursprünglich das wahre Subjekt war. So vergötterten die Römer und Griechen Akzidenzen als Substanzen, Tugenden, Gemütszustände, Affekte als selbständige Wesen. Der Mensch, insbesondere der religiöse, ist sich das Maß aller Dinge, aller Wirklichkeit. Was nur immer dem Menschen imponiert, was nur immer einen besonderen Eindruck auf sein Gemüt macht – es sei auch nur ein sonderbarer, unerklärlicher Schall oder Ton – verselbständigt er als ein besonderes, als ein göttliches Wesen. Die Religion umfaßt alle Gegenstände der Welt; alles, was nur immer ist, war Gegenstand religiöser Verehrung; im Wesen und Bewußtsein der Religion ist nichts anderes, als was überhaupt im Wesen und im Bewußtsein des Menschen von sich und von der Welt liegt. Die Religion hat keinen eigenen, besonderen Inhalt. Selbst die Affekte der Furcht und des Schreckens hatten in Rom ihre Tempel. Auch die Christen machten Gemütserscheinungen zu Wesen, ihre Gefühle zu Qualitäten der Dinge, die sie beherrschenden Affekte zu weltbeherrschenden Mächten, kurz Eigenschaften ihres eigenen, sei es nun bekannten oder unbekannten Wesens zu für sich selbst bestehenden Wesen. Teufel, Kobolde, Hexen, Gespenster, Engel waren heilige Wahrheiten, solange das religiöse Gemüt ungebrochen, ungeteilt die Menschheit beherrschte.

Um sich die Einheit der göttlichen und menschlichen Prädikate, damit die Einheit des göttlichen und menschlichen Wesens aus dem Sinne zu schlagen, hilft man sich mit der Vorstellung, daß Gott als das unendliche Wesen eine unendliche Fülle von verschiedenen Prädikaten sei, von welchen wir hier nur einige und zwar die uns analogen oder ähnlichen, die anderen aber, welchen zufolge also Gott auch ein ganz anderes Wesen sei, als ein menschliches oder menschenähnliches, erst in der Zukunft, d. h. im Jenseits erkennen. Allein eine unendliche Fülle oder Menge von Prädikaten, die wirklich verschieden sind, so verschieden, daß nicht mit dem einen unmittelbar auch das andere erkannt und gesetzt wird, verwirklicht und bewährt sich nur in einer unendlichen Fülle oder Menge verschiedener Wesen oder Individuen. So ist das menschliche Wesen ein unendlicher Reichtum von verschiedenen Prädikaten, aber ebendeswegen ein unendlicher Reichtum von verschiedenen Individuen. Jeder neue Mensch ist gleichsam ein neues Prädikat, ein neues Talent der Menschheit. So viele Menschen sind, so viele Kräfte, so viele Eigenschaften hat die Menschheit. Dieselbe Kraft, die in allen, ist wohl in jedem einzelnen, aber doch so bestimmt und geartet, daß sie als eine eigene, eine neue Kraft erscheint. Das Geheimnis der unerschöpflichen Fülle der göttlichen Bestimmungen ist daher nichts anderes als das Geheimnis des menschlichen als eines unendlich verschiedenartigen, unendlich bestimmbaren, aber ebendeswegen sinnlichen Wesens. Nur in der Sinnlichkeit, nur in Raum und Zeit hat ein unendliches, ein wirklich unendliches, bestimmungsreiches Wesen Platz. Wo wahrhaft verschiedene Prädikate, sind verschiedene Zeiten. Dieser Mensch ist ein ausgezeichneter Musiker, ein ausgezeichneter Schriftsteller, ein ausgezeichneter Arzt; aber er kann nicht zu gleicher Zeit musizieren, schriftstellern und kurieren. Nicht die Hegelsche Dialektik – die Zeit ist das Mittel, Gegensätze, Widersprüche in einem und demselben Wesen zu vereinigen. Aber mit dem Begriffe Gottes verbunden, unterschieden und abgetrennt vom Wesen des Menschen, ist die unendliche Vielheit verschiedener Prädikate eine Vorstellung ohne Realität, – eine bloße Phantasie – die Vorstellung der Sinnlichkeit, aber ohne die wesentlichen Bedingungen, ohne die Wahrheit der Sinnlichkeit – eine Vorstellung, die mit dem göttlichen Wesen als einem geistigen, d. i. abstrakten, einzigen Wesen in direktem Widerspruch steht; denn die Prädikate Gottes sind gerade von dieser Beschaffenheit, daß ich mit dem einen auch alle anderen zugleich habe, weil kein wirklicher Unterschied zwischen ihnen stattfindet. Habe ich daher in den gegenwärtigen Prädikaten nicht die zukünftigen, in dem gegenwärtigen Gott nicht den zukünftigen, so habe ich auch in dem zukünftigen Gott nicht den gegenwärtigen, sondern zwei verschiedene Wesen.\* Aber diese Verschiedenheit eben widerspricht der Einzigkeit, Einheit und Einfachheit Gottes. Warum ist dieses Prädikat ein Prädikat Gottes? weil es göttlicher Natur ist, d. h. weil es keine Schranke, keinen Mangel ausdrückt. Warum sind es andere Prädikate? weil sie, so verschieden sie an sich selber sein mögen, darin übereinstimmen, daß sie gleichfalls Vollkommenheit, Uneingeschränktheit ausdrükken. Daher kann ich mir unzählige Prädikate Gottes vorstellen, weil sie alle in dem abstrakten Gottheitsbegriffe übereinstimmen, das gemein haben müssen, was jedes einzelne Prädikat zu einem göttlichen Attribut oder Prädikat macht. So ist es bei Spinoza. Er spricht von unendlich vielen Attributen der göttlichen Substanz, aber außer Denken und Ausdehnung nennt er keine. Warum?

---

\* Für den religiösen Glauben ist zwischen dem gegenwärtigen und zukünftigen Gott kein anderer Unterschied, als daß jener ein Objekt des Glaubens, der Vorstellung, der Phantasie, dieser ein Objekt der unmittelbaren, d. i. persönlichen sinnlichen Anschauung ist. Hier und dort ist er derselbe, aber hier undeutlich, dort deutlich.

weil es ganz gleichgültig ist, sie zu wissen, ja weil sie an sich selber gleichgültig, überflüssig sind, weil ich mit allen diesen unzählig vielen Prädikaten doch immer dasselbe sagen würde, was ich mit diesen zweien, dem Denken und der Ausdehnung, sage. Warum ist das Denken Attribut der Substanz? weil nach Spinoza es durch sich selbst begriffen wird, weil es etwas Unteilbares, Vollkommenes, Unendliches ausdrückt. Warum die Ausdehnung, die Materie? weil sie in Beziehung auf sich dasselbe ausdrückt. Also kann die Substanz unbestimmt viele Prädikate haben, weil nicht die Bestimmtheit, der Unterschied, sondern die Nichtverschiedenheit, die Gleichheit sie zu Attributen der Substanz macht. Oder vielmehr: die Substanz hat nur deswegen unzählig viele Prädikate, weil sie – ja weil sie – wie sonderbar! – eigentlich kein Prädikat, d. i. kein bestimmtes, wirkliches Prädikat hat. Das unbestimmte Eine des Gedankens ergänzt sich durch die unbestimmte Vielheit der Phantasie. Weil das Prädikat nicht *multum*, so ist es *multa*.\* In Wahrheit sind die positiven Prädikate: Denken und Ausdehnung. Mit diesen zweien ist unendlich mehr gesagt, als mit den namenlosen unzähligen Prädikaten; denn es ist etwas Bestimmtes ausgesagt; ich weiß damit etwas. Aber die Substanz ist zu gleichgültig, zu leidenschaftslos, als daß sie sich für etwas begeistern und entscheiden könnte; um nicht etwas zu sein, ist sie lieber gar nichts.

Wenn es nun aber ausgemacht ist, daß, was das

---

\* »Nicht vieles sondern viele.«

Subjekt oder Wesen ist, lediglich in den Bestimmungen desselben liegt, d. h. daß das Prädikat das wahre Subjekt ist; so ist auch erwiesen, daß, wenn die göttlichen Prädikate Bestimmungen des menschlichen Wesens sind, auch das Subjekt derselben menschlichen Wesens ist. Die göttlichen Prädikate sind aber einerseits allgemeine, andererseits persönliche. Die allgemeinen sind die metaphysischen, aber diese dienen nur der Religion zum äußersten Anknüpfungspunkte oder zur Grundlage; sie sind nicht die charakteristischen Bestimmungen der Religion. Die persönlichen Prädikate allein sind es, welche das Wesen der Religion begründen, in welchem das göttliche Wesen der Religion Gegenstand ist. Solche Prädikate sind z. B., daß Gott Person, daß er der moralische Gesetzgeber, der Vater der Menschen, der Heilige, der Gerechte, der Gütige, der Barmherzige ist. Es erhellt nun aber sogleich von diesen und anderen Bestimmungen, oder wird wenigstens im Verlaufe erhellen, daß sie, namentlich als persönliche Bestimmungen, rein menschliche Bestimmungen sind, und daß sich folglich der Mensch in der Religion im Verhalten zu Gott zu seinem eigenen Wesen verhält, denn der Religion sind diese Prädikate nicht Vorstellungen, nicht Bilder, die sich der Mensch von Gott macht, unterschieden von dem, was Gott an sich selbst ist, sondern Wahrheiten, Sachen, Realitäten. Die Religion weiß nichts von Anthropomorphismen: die Anthropomorphismen sind ihr keine Anthropomorphismen. Das Wesen der Religion ist gerade, daß ihr diese Bestimmungen das Wesen Gottes ausdrücken. Nur der über die Religion reflektierende, sie, indem er sie verteidigt, vor sich selbst verleugnende Verstand erklärt sie für Bilder. Aber der Religion ist Gott wirklicher Vater, wirkliche Liebe und Barmherzigkeit, denn er ist ihr ein wirkliches, ein lebendiges, persönliches Wesen, seine wahren Bestimmungen sind daher auch lebendige, persönliche Bestimmungen. Ja die entsprechenden Bestimmungen sind gerade die, welche dem Verstande den meisten Anstoß geben, welche er in der Reflexion über die Religion verleugnet. Die Religion ist subjektiv Affekt; notwendig ist ihr daher auch objektiv der Affekt göttlichen Wesens. Selbst der Zorn ist ihr kein Gottes unwürdiger Affekt, wofern nur diesem Zorne nichts Böses zugrunde liegt.

Es ist aber hier sogleich wesentlich zu bemerken – und diese Erscheinung ist eine höchst merkwürdige, das innerste Wesen der Religion charakterisierende, daß, je menschlicher dem Wesen nach Gott ist, um so größer scheinbar der Unterschied zwischen ihm und dem Menschen ist, d. h. um so mehr von der Reflexion über die Religion, von der Theologie die Identität, die Einheit des göttlichen und menschlichen Wesens geleugnet, und das Menschliche, wie es als solches dem Menschen Gegenstand seines Bewußtseins ist, herabgesetzt wird.* Der Grund hiervon ist: weil das Positive,

---

* »So groß auch die Ähnlichkeit zwischen dem Schöpfer und Geschöpf gedacht werden kann, die Unähnlichkeit zwischen ihnen muß doch noch größer gedacht werden.« Later. Conc. can. 2. (*Summa omn. Conc.* Carranza. Antv. 1559. p. 526.) – Der letzte Unterschied

das Wesentliche in der Anschauung oder Bestimmung des göttlichen Wesens allein das Menschliche, so kann die Anschauung des Menschen, wie er Gegenstand des Bewußtseins ist, nur eine negative, menschenfeindliche sein. Um Gott zu bereichern, muß der Mensch arm werden; damit Gott alles sei, der Mensch nichts sein. Aber er braucht auch nichts für sich selbst zu sein, weil alles, was er sich nimmt, in Gott nicht verlorengeht, sondern erhalten wird. Der Mensch hat sein Wesen in Gott, wie sollte er es also in sich und für sich haben? Warum wäre es notwendig, dasselbe zweimal zu setzen, zweimal zu haben? Was der Mensch sich entzieht, was er an sich selbst entbehrt, genießt er ja nur in um so unvergleichlich höherem und reicherem Maße in Gott.

Die Mönche gelobten die Keuschheit dem göttlichen Wesen, sie unterdrückten die Geschlechterliebe an sich, aber dafür hatten sie im Himmel, in Gott, an der Jungfrau Maria das Bild des Weibes – ein Bild der Liebe. Sie konnten um so mehr des wirklichen Weibes entbehren, je mehr ihnen ein ideales, vorgestelltes Weib ein Gegenstand wirklicher Liebe war. Je größere Bedeutung sie auf die Vernichtung der Sinnlichkeit legten, je größere Bedeutung hatte für sie die himmlische Jungfrau: sie trat ihnen selbst an die Stelle Christi, an die

---

zwischen dem Menschen und Gott, dem endlichen und unendlichen Wesen überhaupt, zu welchem sich die religiös-spekulative Imagination emporschwingt, ist der Unterschied zwischen Etwas und Nichts, *Ens* und *Non-Ens*; denn nur im Nichts ist alle Gemeinschaft mit allen anderen Wesen aufgehoben.

Stelle Gottes. Je mehr das Sinnliche verneint wird, desto sinnlicher ist der Gott, dem das Sinnliche geopfert wird. Was man nämlich der Gottheit opfert – darauf legt man einen besonderen Wert, daran hat Gott ein besonderes Wohlgefallen. Was im Sinne des Menschen, das ist natürlich auch im Sinne seines Gottes das Höchste; was überhaupt dem Menschen gefällt, das gefällt auch Gott. Die Hebräer opferten dem Jehovah nicht unreine, ekelhafte Tiere, sondern die Tiere, die für sie den höchsten Wert hatten, die sie selbst aßen, waren auch die Speise Gottes.* Wo man daher aus der Verneinung der Sinnlichkeit ein besonderes Wesen, ein gottwohlgefälliges Opfer macht, da wird gerade auf die Sinnlichkeit der höchste Wert gelegt und die aufgegebene Sinnlichkeit unwillkürlich dadurch wiederhergestellt, daß Gott an die Stelle des sinnlichen Wesens tritt, welches man aufgegeben. Die Nonne vermählt sich mit Gott; sie hat einen himmlischen Bräutigam, der Mönch eine himmlische Braut. Aber die himmlische Jungfrau ist nur eine sinnfällige Erscheinung einer allgemeinen, das Wesen der Religion betreffenden Wahrheit. Der Mensch bejaht in Gott, was er an sich selbst verneint.** Die Religion abstrahiert vom Menschen, von der Welt; aber sie kann

---

\* *Cibus Dei.* 3. Mose 3, 11.
\*\* Wer nämlich, sagt z. B. Anselmus, »sich verachtet, der ist bei Gott geachtet. Wer sich mißfällt, gefällt Gott. Sei also klein in Deinen Augen, damit Du groß seist in Gottes Augen; denn Du wirst um so geschätzter bei Gott sein, je verächtlicher Du den Menschen bist.« (Anselmi Opp. Paris 1721. p. 191.)

nur abstrahieren von den, sei es nun wirklichen oder vermeintlichen Mängeln und Schranken, von dem Nichtigen, nicht von dem Wesen, dem Positiven der Welt und Menschheit, sie muß daher in die Abstraktion und Negation das, wovon sie abstrahiert oder zu abstrahieren glaubt, wieder aufnehmen. Und so setzt denn auch wirklich die Religion alles, was sie mit Bewußtsein verneint, – vorausgesetzt natürlich, daß dieses von ihr Verneinte etwas an sich Wesenhaftes, Wahres, folglich nicht zu Verneinendes ist, – unbewußt wieder in Gott. So verneint der Mensch in der Religion seine Vernunft: er weiß nichts aus sich von Gott, seine Gedanken sind nur weltlich, irdisch: er kann nur glauben, was Gott ihm geoffenbart. Aber dafür sind die Gedanken Gottes menschliche, irdische Gedanken: er hat Pläne, wie der Mensch, im Kopf; er bequemt sich nach den Umständen und Verstandeskräften der Menschen, wie ein Lehrer nach der Fassungskraft seiner Schüler; er berechnet genau den Effekt seiner Gaben und Offenbarungen; er beobachtet den Menschen in all seinem Tun und Treiben; er weiß alles – auch das Irdischste, das Gemeinste, das Schlechteste. Kurz, der Mensch verneint Gott gegenüber sein Wissen, sein Denken, um in Gott sein Wissen, sein Denken zu setzen. Der Mensch gibt seine Person auf, aber dafür ist ihm Gott, das allmächtige, unbeschränkte Wesen ein persönliches Wesen; er verneint die menschliche Ehre, das menschliche Ich; aber dafür ist ihm Gott ein selbstisches, egoistisches Wesen, das in allem nur sich, nur seine Ehre, seinen Nutzen sucht, Gott eben die Selbstbefriedigung der eigenen, gegen alles andere mißgünstigen Selbstsucht, Gott der Selbstgenuß des Egoismus.\* Die Religion verneint ferner das Gute als eine Beschaffenheit des menschlichen Wesens: der Mensch ist schlecht, verdorben, unfähig zum Guten; aber dafür ist Gott nur gut, Gott das gute Wesen. Es wird die wesentliche Forderung gemacht, daß das Gute als Gott dem Menschen Gegenstand sei; aber wird denn dadurch nicht das Gute als eine wesentliche Bestimmung des Menschen ausgesprochen? Wenn ich absolut, d. h. von Natur, von Wesen böse, unheilig bin, wie kann das Heilige, das Gute mir Gegenstand sein? gleichgültig ob dieser Gegenstand von außen oder von innen mir gegeben ist. Wenn mein Herz böse, mein Verstand verdorben ist, wie kann ich was heilig, als heilig, was gut, als gut wahrnehmen und empfinden? Wie kann ich ein schönes Gemälde als schönes wahrnehmen, wenn meine Seele eine ästhetische Schlechtigkeit ist? Wenn ich auch selbst kein Maler bin, nicht die Kraft habe, aus mir selbst Schönes zu produzieren, so habe ich doch ästhetisches Gefühl, ästhetischen Verstand, indem ich Schönes außer mir wahrnehme. Entweder ist das Gute gar nicht für den Menschen, oder ist es für ihn, so offenbart sich hierin dem Menschen die Heiligkeit und Güte des menschlichen Wesens. Was schlechterdings meiner Natur zuwider ist, womit mich kein Band der

---

\* »Gott kann nur sich lieben, nur an sich denken, nur für sich selbst arbeiten. Gott sucht, indem er den Menschen macht, seinen Nutzen, seinen Ruhm« usw. S. P. Bayle. Ein Beitrag zur Geschichte der Philos. u. Menschheit. (Bd. 5 der Werke in vorliegender Ausgabe.)

Gemeinschaft verknüpft, das ist mir auch nicht denkbar, nicht empfindbar. Das Heilige ist mir nur als Gegensatz gegen meine Persönlichkeit, aber als Einheit mit meinem Wesen Gegenstand. Das Heilige ist der Vorwurf meiner Sündhaftigkeit; ich erkenne mich in ihm als Sünder; aber darin tadle ich mich, erkenne ich, was ich nicht bin, aber sein soll, und eben deswegen an sich, meiner Bestimmung nach, sein kann; denn ein Sollen ohne Können ist eine lächerliche Chimäre, ergreift nicht das Gemüt. Aber eben indem ich das Gute als meine Bestimmung, als mein Gesetz erkenne, erkenne ich, sei es nun bewußt oder unbewußt, dasselbe als mein eigenes Wesen. Ein anderes, seiner Natur nach von mir unterschiedenes Wesen geht mich nichts an. Die Sünde kann ich als Sünde nur empfinden, wenn ich sie als einen Widerspruch meiner mit mir selbst, d. h. meiner Persönlichkeit mit meiner Wesenheit empfinde. Als Widerspruch mit dem göttlichen, als einem anderen Wesen gedacht, ist das Gefühl der Sünde unerklärlich, sinnlos.

Der Unterschied des Augustinianismus vom Pelagianismus besteht nur darin, daß jener in der Weise der Religion ausspricht, was dieser in der Weise des Rationalismus. Beide sagen dasselbe, beide eignen dem Menschen das Gute zu, – der Pelagianismus aber direkt, auf rationalistische, moralische Weise, der Augustinianismus indirekt, auf mystische d. i. religiöse Weise.\* Denn was dem Gott

---

\* Der Pelagianismus negiert Gott, die Religion, – »sie schreiben dem Willen so viel Gewalt zu, daß sie die Macht des frommen Gebetes abschwächen« (Augustin.

des Menschen gegeben wird, das wird in Wahrheit dem Menschen selbst gegeben; was der Mensch von Gott aussagt, das sagt er in Wahrheit von sich selbst aus. Der Augustinianismus wäre nur dann eine Wahrheit, und zwar eine dem Pelagianismus entgegengesetzte Wahrheit, wenn der Mensch den Teufel zu seinem Gotte hätte, den Teufel, und zwar mit dem Bewußtsein, daß er der Teufel ist, als sein höchstes Wesen verehrte und feierte. Aber solange der Mensch ein gutes Wesen als Gott verehrt, so lange schaut er in Gott sein eigenes gutes Wesen an.

Wie mit der Lehre von der Grundverdorbenheit des menschlichen Wesens, ist es mit der damit identischen Lehre, daß der Mensch nichts Gutes, d. h. in Wahrheit nichts aus sich selbst, aus eigener Kraft vermöge. Die Verneinung der menschlichen Kraft und Tätigkeit wäre nur dann eine wahre, wenn der Mensch auch in Gott die moralische Tätigkeit verneinte und sagte, wie der orientali-

---

*de nat. et grat. cont. Pelagium* c. 58.) — er hat nur den Schöpfer, d. h. die Natur zur Basis, nicht den Erlöser, den erst religiösen Gott — kurz er negiert Gott, aber dafür erhebt er den Menschen zu Gott, indem er ihn zu einem Gottes nicht bedürftigen, selbstgenügsamen, unabhängigen Wesen macht. (S. hierüber Luther gegen Erasmus und Augustin l. c. c. 33.) Der Augustinianismus negiert den Menschen, aber dafür erniedrigt er Gott zum Menschen bis zur Schmach des Kreuzestodes um des Menschen willen. Jener setzt den Menschen an Gottes, dieser Gott an des Menschen Stelle; beide kommen auf das nämliche hinaus; der Unterschied ist nur ein Schein, eine fromme Illusion. Der Augustinianismus ist nur ein umgekehrter Pelagianismus, was dieser als Subjekt, setzt jener als Objekt.

sche Nihilist oder Pantheist: das göttliche Wesen ist ein absolut willen- und tatloses, indifferentes, nichts vom Unterschied des Bösen und Guten wissendes Wesen. Aber wer Gott als ein tätiges Wesen bestimmt, und zwar als ein moralisch tätiges, moralisch kritisches Wesen, als ein Wesen, welches das Gute liebt, wirkt, belohnt, das Böse bestraft, verwirft, verdammt, wer Gott so bestimmt, der verneint nur scheinbar die menschliche Tätigkeit, in Wahrheit macht er sie zur höchsten, reellsten Tätigkeit. Wer Gott menschlich handeln läßt, der erklärt die menschliche Tätigkeit für eine göttliche; der sagt: ein Gott, der nicht tätig ist, und zwar moralisch oder menschlich tätig, ist kein Gott, und macht daher vom Begriffe der Tätigkeit, respektive der menschlichen – denn eine höhere kennt er nicht – den Begriff der Gottheit abhängig.

Der Mensch – dies ist das Geheimnis der Religion – vergegenständlicht\* sein Wesen und macht dann wieder sich zum Gegenstand dieses vergegenständlichten, in ein Subjekt, eine Person verwandelten Wesens; er denkt sich, ist sich Gegenstand, aber als Gegenstand eines Gegenstands, eines anderen Wesens. So hier. Der Mensch ist

---

\* Die religiöse, die ursprüngliche Selbstvergegenständlichung des Menschen ist übrigens, wie dies deutlich genug in dieser Schrift ausgesprochen ist, wohl zu unterscheiden von der Selbstvergegenständlichung der Reflexion und Spekulation, diese ist willkürlich, jene unwillkürlich, notwendig, so notwendig wie die Kunst, wie die Sprache. Mit der Zeit fällt freilich immer die Theologie mit der Religion zusammen.

ein Gegenstand Gottes. Daß der Mensch gut oder schlecht, das ist Gott nicht gleichgültig; nein! er hat ein lebhaftes, inniges Interesse daran, daß er gut ist; er will, daß er gut, daß er selig sei – denn ohne Güte keine Seligkeit. Die Nichtigkeit der menschlichen Tätigkeit widerruft also der religiöse Mensch wieder dadurch, daß er seine Gesinnungen und Handlungen zu einem Gegenstande Gottes, den Menschen zum Zweck Gottes, – denn was Gegenstand im Geiste, ist Zweck im Handeln – die göttliche Tätigkeit zu einem Mittel des menschlichen Heils macht. Gott ist tätig, damit der Mensch gut und selig werde. So wird der Mensch, indem er scheinbar aufs Tiefste erniedrigt wird, in Wahrheit aufs Höchste erhoben. So bezweckt der Mensch nur sich selbst in und durch Gott. Allerdings bezweckt der Mensch Gott, aber Gott bezweckt nichts als das moralische und ewige Heil des Menschen, also bezweckt der Mensch nur sich selbst. Die göttliche Tätigkeit unterscheidet sich nicht von der menschlichen.

Wie könnte auch die göttliche Tätigkeit auf mich als ihren Gegenstand, ja in mir selbst wirken, wenn sie eine andere, eine wesentlich andere wäre, wie einen menschlichen Zweck haben, den Zweck, den Menschen zu bessern, zu beglücken, wenn sie nicht selbst eine menschliche wäre? Bestimmt der Zweck nicht die Handlung? Wenn der Mensch seine moralische Besserung sich zum Zwecke setzt, so hat er göttliche Entschlüsse, göttliche Vorsätze, wenn aber Gott des Menschen Heil bezweckt, so hat er menschliche Zwecke und diesen Zwecken entsprechende menschliche Tätigkeit. So ist dem Menschen in Gott nur seine eigene Tätigkeit Gegenstand. Aber eben weil er die eigene Tätigkeit nur als eine gegenständliche, von sich unterschiedene, das Gute nur als Gegenstand anschaut, so empfängt er notwendig auch den Impuls, den Antrieb nicht von sich selbst, sondern von diesem Gegenstand. Er schaut sein Wesen außer sich und dieses Wesen als das Gute an; es versteht sich also von selbst, es ist nur eine Tautologie, daß ihm der Impuls zum Guten auch nur daher kommt, wohin er das Gute verlegt.

Gott ist das ab- und ausgesonderte subjektivste, eigenste Wesen des Menschen, also kann er nicht aus sich handeln, also kommt alles Gute aus Gott. Je subjektiver, je menschlicher Gott ist, desto mehr entäußert der Mensch sich seiner Subjektivität, seiner Menschheit, weil Gott an und für sich sein entäußertes Selbst ist, welches er aber doch zugleich sich wieder aneignet. Wie die arterielle Tätigkeit das Blut bis in die äußersten Extremitäten treibt, die Venentätigkeit es wieder zurückführt, wie das Leben überhaupt in einer fortwährenden Systole und Diastole besteht, so auch die Religion. In der religiösen Systole stößt der Mensch sein eigenes Wesen von sich aus, er verstößt, verwirft sich selbst; in der religiösen Diastole nimmt er das verstoßene Wesen wieder in sein Herz auf. Gott nur ist das aus sich handelnde, aus sich tätige Wesen, – dies ist der Akt der religiösen Repulsionskraft; Gott ist das in mir, mit mir, durch mich, auf mich, für mich handelnde Wesen, das Prinzip meines Heils, meiner guten Gesinnungen und Handlungen, folglich mein eigenes gutes Prinzip und Wesen, – dies ist der Akt der religiösen Attraktionskraft.

Der oben im allgemeinen angegebene Entwicklungsgang der Religion besteht daher näher darin, daß der Mensch immer mehr Gott ab-, immer mehr sich zuspricht. Anfangs setzt der Mensch alles ohne Unterschied außer sich. Dies zeigt sich besonders in dem Offenbarungsglauben. Was einer späteren Zeit oder einem gebildeten Volk die Natur oder Vernunft, das gibt einer früheren Zeit oder einem noch ungebildeten Volke Gott ein. Alle auch noch so natürlichen Triebe des Menschen, sogar den Trieb zur Reinlichkeit, stellten die Israeliten als ein positives göttliches Gebot vor. Aus diesem Beispiele sehen wir zugleich wieder, daß Gott gerade um so niedriger, um so gemein menschlicher ist, je mehr sich der Mensch abspricht. Wie kann die Demut, die Selbstverleugnung des Menschen weitergehen, als wenn er sich sogar die Kraft und Fähigkeit abspricht, von selbst, aus eigenem Antriebe die Gebote des gemeinsten Anstandes zu erfüllen!* Die christliche Religion dagegen unterschied die Triebe und Affekte des Menschen nach ihrer Beschaffenheit, nach ihrem Inhalte, sie machte nur die guten Affekte, die guten Gesinnungen, die guten Gedanken zu Offenbarungen, zu Wirkungen, d. i. zu Gesinnungen, Affekten, Gedanken Gottes; denn was Gott offenbart, ist eine Bestimmung Gottes selbst; wes das Herz voll ist, des geht der Mund über, wie die Wirkung, so die Ursache, wie die Offenbarung, so das Wesen,

---

* 5. Mose 23, 12. 13.

das sich offenbart. Ein Gott, der nur in guten Gesinnungen sich offenbart, ist selbst ein Gott, dessen wesentliche Eigenschaft nur die moralische Güte ist. Die christliche Religion schied die innerliche moralische Reinheit von der äußerlichen körperlichen, die israelitische identifizierte beide.\* Die christliche Religion ist im Gegensatze zur israelitischen die Religion der Kritik und Freiheit. Der Israelit traute sich nichts zu tun, außer was von Gott befohlen war; er war willenlos selbst im Äußerlichen; selbst bis über die Speisen erstreckte sich die Macht der Religion. Die christliche Religion dagegen stellte in allen diesen äußerlichen Dingen den Menschen auf sich selbst, d. h. sie setzte in den Menschen, was der Israelite außer sich in Gott setzte. Die vollendetste Darstellung dieses Positivismus ist Israel. Dem Israeliten gegenüber ist der Christ ein *Esprit fort*, ein Freigeist. So ändern sich die Dinge. Was gestern noch Religion war, ist es heute nicht mehr, und was heute für Atheismus, gilt morgen für Religion.

## *Gott als Wesen des Verstandes*

Die Religion ist die Entzweiung des Menschen mit sich selbst: er setzt sich Gott als ein ihm entgegengesetztes Wesen gegenüber. Gott ist nicht, was der Mensch ist – der Mensch nicht, was Gott ist. Gott ist das unendliche, der Mensch das

---

\* S. z. B. 1. Mose 35, 2. 3. Mose 11, 44; 20, 26 und Le Clerc Kommentar zu diesen Stellen.

endliche Wesen; Gott vollkommen, der Mensch unvollkommen; Gott ewig, der Mensch zeitlich; Gott allmächtig, der Mensch ohnmächtig; Gott heilig, der Mensch sündhaft. Gott und Mensch sind Extreme: Gott das schlechthin Positive, der Inbegriff aller Realitäten, der Mensch das schlechtweg Negative, der Inbegriff aller Nichtigkeiten.

Aber der Mensch vergegenständlicht in der Religion sein eigenes geheimes Wesen. Es muß also nachgewiesen werden, daß dieser Gegensatz, dieser Zwiespalt von Gott und Mensch, womit die Religion anhebt, ein Zwiespalt des Menschen mit seinem eigenen Wesen ist.

Die innere Notwendigkeit dieses Beweises ergibt sich schon daraus, daß, wenn wirklich das göttliche Wesen, welches Gegenstand der Religion ist, ein anderes wäre als das Wesen des Menschen, eine Entzweiung, ein Zwiespalt gar nicht stattfinden könnte. Ist Gott wirklich ein anderes Wesen, was kümmert mich seine Vollkommenheit? Entzweiung findet nur statt zwischen Wesen, welche miteinander zerfallen sind, aber eins sein sollen, eins sein können, und folglich im Wesen, in Wahrheit eins sind. Es muß also schon aus diesem allgemeinen Grunde das Wesen, mit welchem sich der Mensch entzweit fühlt, ein ihm eingeborenes Wesen sein, aber zugleich ein Wesen von anderer Beschaffenheit, als das Wesen oder die Kraft, welche ihm das Gefühl, das Bewußtsein der Versöhnung, der Einheit mit Gott, oder, was eins ist, mit sich selbst gibt.

Dieses Wesen ist nichts anderes als die Intelligenz

– die Vernunft oder der Verstand. Gott als Extrem des Menschen, als nicht menschliches, d. i. persönlich menschliches Wesen gedacht – ist das vergegenständlichte Wesen des Verstandes. Das reine, vollkommene, mangellose, göttliche Wesen ist das Selbstbewußtsein des Verstandes, das Bewußtsein des Verstandes von seiner eigenen Vollkommenheit. Der Verstand weiß nichts von den Leiden des Herzens; er hat keine Begierden, keine Leidenschaften, keine Bedürfnisse und eben darum keine Mängel und Schwächen, wie das Herz. Reine Verstandesmenschen, Menschen, die uns das Wesen des Verstandes, wenn auch nur in einseitiger, aber eben deswegen charakteristischer Bestimmtheit versinnbildlichen und personifizieren, sind enthoben den Gemütsqualen, den Passionen, den Exzessen der Gefühlsmenschen; sie sind für keinen endlichen, d. i. bestimmten Gegenstand leidenschaftlich eingenommen; sie »verpfänden« sich nicht; sie sind frei. »Nichts bedürfen und durch diese Bedürfnislosigkeit den unsterblichen Göttern gleichen«; »nicht sich den Dingen, sondern die Dinge sich unterwerfen«; »Alles ist eitel« – diese und ähnliche Aussprüche sind Mottos abstrakter Verstandesmenschen. Der Verstand ist das neutrale, gleichgültige, unbestechliche, unverblendete Wesen in uns – das reine, affektlose Licht der Intelligenz. Er ist das kategorische, rücksichtslose Bewußtsein der Sache als Sache, weil er selbst objektiver Natur, – das Bewußtsein des Widerspruchslosen, weil er selbst die widerspruchslose Einheit, die Quelle der logischen Identität – das Bewußtsein des Gesetzes, der Notwendigkeit, der Regel, des Maßes, weil er selbst die Tätigkeit des Gesetzes, die Notwendigkeit der Natur der Dinge als Selbsttätigkeit, die Regel der Regeln, das absolute Maß, das Maß der Maße ist. Nur durch den Verstand kann der Mensch im Widerspruch mit seinen teuersten menschlichen, d. i. persönlichen Gefühlen urteilen und handeln, wenn es also der Verstandesgott, das Gesetz, die Notwendigkeit, das Recht gebietet. Der Vater, welcher seinen eigenen Sohn, weil er ihn für schuldig erkennt, als Richter zum Tode verurteilt, vermag dies nur als Verstandes-, nicht als Gefühlsmensch. Der Verstand zeigt uns die Fehler und Schwächen selbst unserer Geliebten, – selbst unsere eigenen. Er versetzt uns deswegen so oft in peinliche Kollision mit uns selbst, mit unserem Herzen. Wir wollen nicht dem Verstande recht lassen: wir wollen nicht aus Schonung, aus Nachsicht das wahre, aber harte, rücksichtslose Urteil des Verstandes vollstrecken. Der Verstand ist das eigentliche Gattungsvermögen; das Herz vertritt die besonderen Angelegenheiten, die Individuen, der Verstand die allgemeinen Angelegenheiten; er ist die übermenschliche, das heißt: die über- und unpersönliche Kraft oder Wesenheit im Menschen. Nur durch den Verstand und in dem Verstande hat der Mensch die Kraft, von sich selbst, d. h. von seinem subjektiven, persönlichen Wesen zu abstrahieren, sich zu erheben zu allgemeinen Begriffen und Verhältnissen, den Gegenstand zu unterscheiden von den Eindrücken, die er auf das Gemüt macht, ihn an und für sich selbst, ihn ohne Beziehung auf den Menschen zu betrachten.

Die Philosophie, die Mathematik, die Astronomie, die Physik, kurz die Wissenschaft überhaupt ist der tatsächliche Beweis, weil das Produkt, dieser in Wahrheit unendlichen und göttlichen Tätigkeit. Dem Verstande widersprechen daher auch die religiösen Anthropomorphismen; er spricht sie Gott ab, verneint sie. Aber dieser anthropomorphismenfreie, rücksichtslose, affektlose Gott ist eben nichts anderes, als das eigene gegenständliche Wesen des Verstandes.

Gott als Gott, d. h. als nicht endliches, nicht menschliches, nicht materiell bestimmtes, nicht sinnliches Wesen ist nur Gegenstand des Denkens. Er ist das unsinnliche, gestaltlose, unfaßbare, bildlose – das abstrakte, negative Wesen; er wird nur durch Abstraktion und Negation (*via negationis*) erkannt, d. i. Gegenstand. Warum? weil er nichts ist, als das gegenständliche Wesen der Denkkraft, überhaupt der Kraft oder Tätigkeit, man nenne sie nun, wie man wolle, wodurch sich der Mensch der Vernunft, des Geistes, der Intelligenz bewußt wird. Der Mensch kann keinen anderen Geist – denn der Begriff des Geistes ist lediglich der Begriff des Denkens, der Erkenntnis, des Verstandes, jeder andere Geist ein Gespenst der Phantasie –, keine andere Intelligenz glauben, ahnen, vorstellen, denken als die Intelligenz, die ihn erleuchtet, die sich in ihm betätigt. Er kann nichts weiter, als die Intelligenz absondern von den Schranken seiner Individualität. Der »unendliche Geist« im Unterschiede vom endlichen ist daher nichts anderes, als die von den Schranken der Individualität und Leiblichkeit – denn Individualität und Leiblichkeit sind untrennbar – abgesonderte Intelligenz, – die Intelligenz für sich selbst gesetzt oder gedacht. Gott, sagten die Scholastiker, die Kirchenväter und lange vor ihnen schon die heidnischen Philosophen, Gott ist immaterielles Wesen, Intelligenz, Geist, reiner Verstand. Von Gott als Gott kann man sich kein Bild machen; aber kannst Du Dir von dem Verstande, von der Intelligenz ein Bild machen? Hat sie eine Gestalt? Ist ihre Tätigkeit nicht die unfaßbarste, die undarstellbarste? Gott ist unbegreiflich; aber kennst Du das Wesen der Intelligenz? Hast Du die geheimnisvolle Operation des Denkens, das geheime Wesen des Selbstbewußtseins erforscht? Ist nicht das Selbstbewußtsein das Rätsel der Rätsel? Haben nicht schon die alten Mystiker, Scholastiker und Kirchenväter die Unfaßlichkeit und Undarstellbarkeit des göttlichen Wesens mit der Unfaßlichkeit und Undarstellbarkeit des menschlichen Geistes erläutert, verglichen? nicht also in Wahrheit das Wesen Gottes mit dem Wesen des Menschen identifiziert?\* Gott als Gott – als ein nur denkbares, nur der Vernunft gegenständliches Wesen –

---

\* In seiner Schrift *contra Academicos*, die Augustin gewissermaßen noch als Heide geschrieben, sagt er (*lib*. III. c. 12.), daß im Geist oder in der Vernunft das höchste Gut des Menschen bestehe. Dagegen in seinen *Libr. retractationum*, die Augustin als distinguierender christlicher Theologe geschrieben, rezensiert er (*lib*. I. c. 1) diese Äußerung also: »Richtiger hätte ich gesagt: in Gott; denn der Geist genießt, um selig zu sein, Gott als sein höchstes Gut.« Ist denn damit aber ein Unterschied gesetzt? Ist nicht da mein Wesen erst, wo mein höchstes Gut?

ist also nichts anderes, als die sich gegenständliche Vernunft. Was der Verstand oder die Vernunft ist? Das sagt Dir nur Gott. Alles muß sich aussprechen, offenbaren, vergegenständlichen, bejahen. Gott ist die als das höchste Wesen sich aussprechende, sich bejahende Vernunft. Für die Einbildung ist die Vernunft die oder eine Offenbarung Gottes; für die Vernunft aber ist Gott die Offenbarung der Vernunft, indem was die Vernunft ist, was sie vermag, erst in Gott Gegenstand ist. Gott, heißt es hier, ist ein Bedürfnis des Denkens, ein notwendiger Gedanke – der höchste Grad der Denkkraft. »Die Vernunft kann nicht bei den sinnlichen Dingen und Wesen stehenbleiben«; erst, wenn sie bis auf das höchste, erste, notwendige, nur der Vernunft gegenständliche Wesen zurückgeht, ist sie befriedigt. Warum? weil sie erst bei diesem Wesen bei sich selbst ist, weil erst im Gedanken des höchsten Wesens das höchste Wesen der Vernunft gesetzt, die höchste Stufe des Denk- und Abstraktionsvermögens erreicht ist, und wir überhaupt so lange eine Lücke, eine Leere, einen Mangel in uns fühlen, folglich unglücklich und unzufrieden sind, solange wir nicht an den letzten Grad eines Vermögens kommen, an das, *quo nihil majus cogitari potest*, nicht die uns angeborene Fähigkeit zu dieser oder jener Kunst, dieser oder jener Wissenschaft bis zur höchsten Fertigkeit bringen. Denn nur die höchste Fertigkeit der Kunst ist erst Kunst, nur der höchste Grad des Denkens erst Denken, Vernunft. Nur wo Du Gott denkst, denkst Du, rigoros gesprochen; denn erst Gott ist die verwirklichte, die erfüllte, die erschöpfte Denkkraft. Erst indem Du Gott denkst, denkst Du also die Vernunft, wie sie in Wahrheit ist, ob Du Dir gleich wieder dieses Wesen als ein von der Vernunft unterschiedenes vermittelst der Einbildungskraft vorstellst, weil Du als ein sinnliches Wesen gewohnt bist, stets den Gegenstand der Anschauung, den wirklichen Gegenstand von der Vorstellung desselben zu unterscheiden, und nun vermittelst der Einbildungskraft diese Gewohnheit auch auf das Vernunftwesen überträgst, und dadurch der Vernunftexistenz, dem Gedachtsein die sinnliche Existenz, von der Du doch abstrahiert hast, verkehrterweise wieder unterschiebst.

Gott als metaphysisches Wesen ist die in sich selbst befriedigte Intelligenz, oder vielmehr umgekehrt: die in sich selbst befriedigte, die sich als absolutes Wesen denkende Intelligenz ist Gott als metaphysisches Wesen. Alle metaphysischen Bestimmungen Gottes sind daher nur wirkliche Bestimmungen, wenn sie als Denkbestimmungen, als Bestimmungen der Intelligenz, des Verstandes erkannt werden.

Der Verstand ist das »originäre, primitive« Wesen. Der Verstand leitet alle Dinge von Gott, als der ersten Ursache ab, er findet ohne eine verständige Ursache die Welt dem sinn- und zwecklosen Zufall preisgegeben; d. h.: er findet nur in sich, nur in seinem Wesen den Grund und Zweck der Welt, ihr Dasein nur klar und begreiflich, wenn er aus der Quelle aller klaren und deutlichen Begriffe, d. h. aus sich selbst erklärt. Nur das mit Absicht, nach Zwecken, d. i. mit Verstand wirkende Wesen ist dem Verstande\* das unmittelbar durch sich selbst klare und gewisse, durch sich selbst begründete, wahre Wesen. Was daher selbst für sich keine Absichten hat, das muß den Grund seines Daseins in der Absicht eines anderen, und zwar verständigen Wesens haben. Und so setzt denn der Verstand sein Wesen als das ursächliche, erste, vorweltliche Wesen, – d. h. er macht sich als das dem Range nach erste, der Zeit nach aber letzte Wesen der Natur zu dem auch der Zeit nach ersten Wesen.

Der Verstand ist sich das Kriterium aller Realität, aller Wirklichkeit. Was verstandlos ist, was sich widerspricht, ist nichts; was der Vernunft widerspricht, widerspricht Gott. So widerspricht es z. B. der Vernunft, mit dem Begriffe der höchsten Realität die Schranken der Zeitlichkeit und Örtlichkeit zu verknüpfen, also verneint sie diese von Gott als widersprechend seinem Wesen. Die Vernunft kann nur an einen mit ihrem Wesen übereinstimmenden Gott glauben, an einen Gott, der nicht unter ihrer eigenen Würde ist, der vielmehr nur ihr eigenes Wesen darstellt, – d. h. die Vernunft glaubt nur an sich, an die Realität, die Wahrheit ihres eigenen Wesens. Die Vernunft macht nicht sich von Gott, sondern Gott von sich abhängig. Selbst im Zeitalter des wundergläubigen Autoritätsglaubens machte sich wenigstens formell der Verstand zum Kriterium der Gottheit.

---

\* D.h., wie sich von selbst versteht, dem Verstande, wie er hier betrachtet wird, dem von der Sinnlichkeit abgesonderten, der Natur entfremdeten, theistischen Verstande.

Gott ist alles und kann alles, so hieß es, vermöge seiner unendlichen Allmacht; aber gleichwohl ist er nichts und kann er nichts tun, was sich, d. h. der Vernunft widerspricht. Unvernünftiges kann auch die Allmacht nicht tun. Über der Macht der Allmacht steht also die höhere Macht der Vernunft; über dem Wesen Gottes das Wesen des Verstandes, als das Kriterium des von Gott zu Bejahenden und Verneinenden, des Positiven und Negativen. Kannst Du einen Gott glauben, der ein unvernünftiges und leidenschaftliches Wesen ist? Nimmermehr; aber warum nicht? Weil es Deinem Verstande widerspricht, leidenschaftliches und unvernünftiges Wesen als göttliches Wesen anzunehmen. Was bejahst Du, was vergegenständlichst Du also in Gott? Deinen eigenen Verstand. Gott ist Dein höchster Begriff und Verstand, Dein höchstes Denkvermögen. Gott ist der »Inbegriff aller Realitäten«, d. h. der Inbegriff aller Verstandeswahrheiten. Was ich im Verstande als wesenhaft erkenne, setze ich in Gott als seiend: Gott ist, was der Verstand als das Höchste denkt. Was ich aber als wesenhaft erkenne, darin offenbart sich das Wesen meines Verstandes, darin zeigt sich die Kraft meines Denkvermögens.

Der Verstand ist also das *Ens realissimum*, das allerrealste Wesen der alten Ontotheologie. »Im Grunde können wir uns«, sagt die Ontotheologie, »Gott nicht anders denken, als wenn wir alles Reale, was wir bei uns selbst antreffen, ohne alle Schranken ihm beilegen.« * Unsere positiven, wesenhaf-

---

\* Kant, Vorles. über d. philos. Religionsl. Leipzig 1817, p. 39.

ten Eigenschaften, unsere Realitäten sind also die Realitäten Gottes, aber in uns sind sie mit, in Gott ohne Schranken. Aber wer zieht denn von den Realitäten die Schranken ab, wer tut sie weg? der Verstand. Was ist demnach das ohne alle Schranken gedachte Wesen anders, als das Wesen des alle Schranken weglassenden, wegdenkenden Verstandes? Wie Du Gott denkst, so denkst Du selbst, – das Maß Deines Gottes ist das Maß Deines Verstandes. Denkst Du Gott beschränkt, so ist Dein Verstand beschränkt; denkst Du Gott unbeschränkt, so ist auch Dein Verstand nicht beschränkt. Denkst Du Dir z. B. Gott als ein körperliches Wesen, so ist die Körperlichkeit die Grenze, die Schranke Deines Verstandes, Du kannst Dir nichts denken ohne Körper; sprichst Du dagegen Gott die Körperlichkeit ab, so bekräftigst und betätigst Du damit die Freiheit Deines Verstandes von der Schranke der Körperlichkeit. In dem unbeschränkten Wesen versinnlichst Du nur Deinen unbeschränkten Verstand. Und indem Du daher dieses uneingeschränkte Wesen für das allerwesenhafteste, höchste Wesen erklärst, sagst Du in Wahrheit nichts weiter als: der Verstand ist das *Être suprême*, das höchste Wesen.

Der Verstand ist ferner das selbständige und unabhängige Wesen. Abhängig und unselbständig ist, was keinen Verstand hat. Ein Mensch ohne Verstand ist auch ein Mensch ohne Willen. Wer keinen Verstand hat, läßt sich verführen, verblenden, von anderen als Mittel gebrauchen. Wie sollte der im Willen eine Selbstzwecktätigkeit haben, der im Verstande ein Mittel anderer ist?

Nur wer denkt, ist frei und selbständig. Nur durch seinen Verstand setzt der Mensch die Wesen außer und unter sich zu bloßen Mitteln seiner Existenz herab. Selbständig und unabhängig ist überhaupt nur, was sich selbst Zweck, sich selbst Gegenstand ist. Was Zweck und Gegenstand seiner selbst ist, das ist eben damit – insofern als es sich selbst Gegenstand – nicht mehr ein Mittel und Gegenstand für ein anderes Wesen. Verstandeslosigkeit ist mit einem Worte Sein für anderes, Objekt, Verstand Sein für sich, Subjekt. Was aber nicht mehr für anderes, sondern für sich selbst ist, das verwirft alle Abhängigkeit von einem anderen Wesen. Wir hängen allerdings von den Wesen außer uns selbst im Momente des Denkens ab; aber insofern als wir denken, in der Verstandestätigkeit als solcher hängen wir von keinem anderen Wesen ab.\* Die Denktätigkeit ist Selbsttätigkeit. »Wenn ich denke«, sagt Kant in der eben angeführten Schrift, »so bin ich mir bewußt, daß mein Ich in mir denkt und nicht etwa ein anderes Ding. Ich schließe also, daß dieses Denken in mir nicht einem anderen Dinge außer mir inhäriert, sondern mir selbst, folglich auch, daß ich Substanz bin, d. h. daß ich für mich selbst existiere, ohne Prädikat eines anderen Dinges zu sein.« Ob wir gleich immer der Luft bedürfen, so machen wir doch zugleich als Physiker die Luft aus einem Gegenstande des Bedürfnisses zu einem Gegenstand

---

\* Dies gilt selbst vom Denkakt als physiologischem Akt, denn die Hirntätigkeit ist, ob sie gleich den Respirationsakt und andere Prozesse voraussetzt, eine eigene, selbständige Tätigkeit.

der bedürfnislosen Tätigkeit des Denkens, d. h. zu einem bloßen Ding für uns. Im Atmen bin ich das Objekt der Luft, die Luft das Subjekt; indem ich aber die Luft zum Gegenstande des Denkens, der Untersuchung, der Analyse mache, kehre ich dieses Verhältnis um, mache ich mich zum Subjekt, die Luft zum Objekt von mir. Abhängig ist aber nur, was Gegenstand eines anderen Wesens ist. So ist die Pflanze abhängig von Luft und Licht, d. h. sie ist ein Gegenstand für Luft und Licht, nicht für sich. Freilich ist auch wieder Luft und Licht ein Gegenstand für die Pflanze. Das physische Leben ist überhaupt nichts anderes, als dieser ewige Wechsel von Subjekt und Objekt, Zweck und Mittel sein. Wir verzehren die Luft und werden von ihr verzehrt; wir genießen und werden genossen. Nur der Verstand ist das Wesen, welches alle Dinge genießt, ohne von ihnen genossen zu werden, – das nur sich selbst genießende, sich selbst genügende Wesen, – das absolute Subjekt, – das Wesen, welches nicht mehr zum Gegenstand eines anderen Wesens herabgesetzt werden kann, weil es alle Gegenstände zu Objekten, zu Prädikaten von sich selbst macht, welches alle Dinge in sich faßt, weil es selbst kein Ding, weil es frei von allen Dingen ist.

Die Einheit des Verstandes ist die Einheit Gottes. Dem Verstande ist das Bewußtsein seiner Einheit und Universalität wesentlich, er ist selbst nichts anderes, als das Bewußtsein seiner als der absoluten Einheit, d. h.: was dem Verstande für verstandesgemäß gilt, das ist ihm ein absolutes, allgemein gültiges Gesetz; es ist ihm unmöglich zu denken, daß das, was sich widerspricht, was falsch, unsinnig ist, irgendwo wahr, und umgekehrt das, was wahr, was vernünftig, irgendwo falsch und unvernünftig sei. »Es kann intelligente Wesen geben, die mir nicht gleichen, und doch bin ich gewiß, daß es keine intelligenten Wesen gibt, die andere Gesetze und Wahrheiten erkennen, als ich, denn jeder Geist sieht notwendig ein, daß zwei mal zwei vier macht und daß man seinen Freund seinem Hunde vorziehen muß.«* Von einem wesentlich anderen Verstand, als dem im Menschen sich betätigenden Verstand habe ich auch nicht die entfernteste Vorstellung, die entfernteste Ahnung. Vielmehr ist jeder vermeintlich andere Verstand, den ich setze, nur eine Bejahung meines eigenen Verstandes, d. h. eine Idee von mir, eine Vorstellung, die innerhalb meines Denkvermögens fällt, also meinen Verstand ausdrückt. Was ich denke, das tue ich selbst – natürlich nur bei rein intellektuellen Dingen –, was ich als verbunden denke, verbinde ich, was ich denke als getrennt, unterscheide ich, was ich denke als aufgehoben, als negiert, das negiere ich selbst. Denke ich mir also z. B. einen Verstand, in welchem die Anschauung oder Wirklichkeit des Gegenstandes unmittelbar mit dem Gedanken desselben ver-

---

* Malebranche. Ebenso sagt der Astronom Chr. Huygens in seinem schon vorhin angeführten Cosmotheoros: »Sollte woanders eine von der unserigen verschiedene Vernunft existieren? und auf dem Jupiter und Mars für ungerecht und verrucht gelten, was bei uns für gerecht und löblich gilt? Wahrlich, das ist nicht wahrscheinlich und auch gar nicht möglich.«

bunden ist, so verbinde ich sie wirklich; mein Verstand oder meine Einbildungskraft ist selbst das Verbindungsvermögen dieser Unterschiede oder Gegensätze. Wie wäre es denn möglich, daß Du sie Dir verbunden vorstelltest – sei diese Vorstellung nun deutlich oder konfus –, wenn Du sie nicht in Dir selbst verbändest! Wie aber auch nur immer der Verstand bestimmt werde, welchen ein bestimmtes menschliches Individuum im Unterschiede von dem seinigen annimmt – dieser andere Verstand ist nur der im Menschen überhaupt sich betätigende Verstand, der von den Schranken dieses bestimmten, zeitlichen Individuums abgesondert gedachte Verstand. Einheit liegt im Begriffe des Verstandes. Die Unmöglichkeit für den Verstand, sich zwei höchste Wesen, zwei unendliche Substanzen, zwei Götter zu denken, ist die Unmöglichkeit für den Verstand, sich selbst zu widersprechen, sein eigenes Wesen zu verleugnen, sich selbst verteilt und vervielfältigt zu denken.

Der Verstand ist das unendliche Wesen. Unendlichkeit ist unmittelbar mit der Einheit, Endlichkeit mit der Mehrheit gesetzt. Endlichkeit – im metaphysischen Sinne – beruht auf dem Unterschied der Existenz vom Wesen, der Individualität von der Gattung; Unendlichkeit auf der Einheit von Existenz und Wesen. Endlich ist darum, was mit anderen Individuen derselben Gattung verglichen werden kann: unendlich, was nur sich selbst gleich ist, nichts seinesgleichen hat, folglich nicht als Individuum unter einer Gattung steht, sondern ununterscheidbar in einem Gattung und Individuum, Wesen und Existenz ist. Aber so ist der Verstand; er hat seine Wesen in sich selbst, folglich nichts neben und außer sich, was ihm an die Seite gestellt werden könnte; er ist unvergleichbar, weil er selbst die Quelle aller Vergleichungen; unermeßlich, weil er das Maß aller Maße ist, wir alles nur durch den Verstand messen; er kann unter kein höheres Wesen, keine Gattung geordnet werden, weil er selbst das oberste Prinzip aller Unterordnungen ist, alle Dinge und Wesen sich selbst unterordnet. Die Definitionen der spekulativen Philosophen und Theologen von Gott als dem Wesen, bei welchem sich nicht Existenz und Wesen unterscheiden lassen, welches alle Eigenschaften, die es hat, selbst ist, so daß Prädikat und Subjekt in ihm identisch sind, alle diese Bestimmungen sind also auch nur vom Wesen des Verstandes abgezogene Begriffe.

Der Verstand oder die Vernunft ist endlich das notwendige Wesen. Die Vernunft ist, weil nur die Existenz der Vernunft Vernunft ist; weil, wenn keine Vernunft, kein Bewußtsein wäre, alles nichts, das Sein gleich Nichtsein wäre. Bewußtsein erst begründet den Unterschied von Sein und Nichtsein. Erst im Bewußtsein offenbart sich der Wert des Seins, der Wert der Natur. Warum ist überhaupt etwas, warum die Welt? aus dem einfachen Grunde, weil, wenn nicht etwas existierte, das Nichts existierte, wenn nicht die Vernunft, nur Unvernunft wäre – also darum ist die Welt, weil es ein Unsinn ist, daß die Welt nicht ist. In dem Unsinn ihres Nichtseins findest Du den wahren Sinn ihres Seins, in der Grundlosigkeit der Annahme, sie sei nicht, den Grund, warum sie ist. Nichts, Nichtsein ist zwecklos, sinnlos, verstandlos. Sein nur hat Zweck, hat Grund und Sinn; Sein ist, weil nur Sein Vernunft und Wahrheit ist; Sein ist das absolute Bedürfnis, die absolute Notwendigkeit. Was ist der Grund des sich fühlenden Seins, des Lebens? Das Bedürfnis des Lebens. Aber wem ist es Bedürfnis? Dem, was nicht lebt. Nicht ein sehendes Wesen hat das Auge gemacht; wenn es schon sieht, wozu macht es das Auge? Nein! nur das nicht sehende Wesen bedarf des Auges. Wir sind alle ohne Wissen und Willen in die Welt gekommen – aber nur dazu gekommen, daß Wissen und Willen sei. Woher ist also die Welt? Aus Not ist sie, aus Bedürfnis, aus Notwendigkeit, aber nicht aus einer Notwendigkeit, die in einem anderen, von ihr unterschiedenen Wesen liegt – was ein reiner Widerspruch ist –, sondern aus eigenster, innerster Notwendigkeit, aus Notwendigkeit der Notwendigkeit, weil ohne Welt keine Notwendigkeit, ohne Notwendigkeit keine Vernunft, kein Verstand ist. Das Nichts, aus dem die Welt gekommen, ist das Nichts ohne die Welt. Allerdings ist also die Negativität, wie die spekulativen Philosophen sich ausdrücken, das Nichts der Grund der Welt – aber ein sich selbst aufhebendes Nichts –, d. h. das Nichts, welches *per impossibile* existierte, wenn keine Welt wäre. Allerdings entspringt die Welt aus einem Mangel, aus *Penia*, aber es ist falsche Spekulation, diese *Penia* zu einem ontologischen Wesen zu machen, – dieser Mangel ist lediglich der Mangel, der im angenommenen Nichtsein der Welt liegt. Also ist die Welt nur aus sich selbst und durch sich selbst notwendig. Aber die Notwendigkeit der Welt ist die Notwendigkeit der Vernunft. Die Vernunft als der Inbegriff aller Realitäten – denn was sind alle Herrlichkeiten der Welt ohne das Licht, was ist aber das äußere Licht ohne das innere Licht? – die Vernunft ist das unentbehrlichste Wesen, das tiefste und wesentlichste Bedürfnis. Erst die Vernunft ist das Selbstbewußtsein des Seins, das selbstbewußte Sein; erst in der Vernunft offenbart sich der Zweck, der Sinn des Seins. Die Vernunft ist das sich als Selbstzweck gegenständliche Sein; – der Endzweck der Dinge. Was sich selbst Gegenstand, das ist das höchste, das letzte Wesen, was seiner selbst mächtig, das ist allmächtig.

## *Gott als moralisches Wesen oder Gesetz*

Gott als Gott – das unendliche, allgemeine, anthropomorphismenlose Wesen des Verstandes – hat für die Religion nicht mehr Bedeutung, als für eine besondere Wissenschaft ein allgemeiner Grundsatz, womit sie anfängt; es ist nur der oberste, letzte Anhalts- und Anknüpfungspunkt, gleichsam der mathematische Punkt der Religion. Das Bewußtsein der menschlichen Beschränktheit und Nichtigkeit, welches sich mit dem Bewußtsein dieses Wesens verbindet, ist keineswegs ein religiöses Bewußtsein; es bezeichnet vielmehr den Skeptiker, den Materialisten, den Naturalisten, den Pantheisten. Der Glaube an Gott – wenigstens den Gott der Religion – geht nur da verloren, wo, wie im Skeptizismus, Pantheismus, Materialismus, der Glaube an den Menschen, wenigstens den Menschen, wie er in der Religion gilt, verloren wird. So wenig es daher der Religion ernst ist und sein kann mit der Nichtigkeit des Menschen,* so wenig ist es ihr ernst mit jenem abstrakten Wesen, womit sich das Bewußtsein dieser Nichtigkeit verbindet. Ernst ist es der Religion nur mit den Bestimmungen, welche dem Menschen den Menschen vergegenständlichen. Den Menschen verneinen heißt: die Religion verneinen.

Es liegt wohl im Interesse der Religion, daß das ihr gegenständliche Wesen ein anderes sei als der Mensch; aber es liegt ebenso, ja noch mehr in ihrem Interesse, daß dieses andere Wesen zugleich ein menschliches sei. Daß es ein anderes sei, dies betrifft nur die Existenz, daß es aber ein menschliches sei, die innere Wesenheit desselben. Wenn es ein anderes dem Wesen nach wäre, was könnte auch dem Menschen an seinem Sein oder Nichtsein gelegen sein? Wie könnte er an der Existenz desselben so inniges Interesse nehmen, wenn nicht sein eigenes Wesen dabei beteiligt wäre? [...]

---

* Die Vorstellung oder der Ausdruck von der Nichtigkeit des Menschen vor Gott innerhalb der Religion ist der Zorn Gottes; denn wie die Liebe Gottes die Bejahung, so ist sein Zorn die Verneinung des Menschen. Aber eben mit diesem Zorne ist es nicht ernst. »Gott... nicht recht zornig ist. Es ist sein rechter Ernst nicht, wenn man gleich meynet, er zürne und strafe.« Luther, Sämtl. Schriften und Werke. Leipzig 1729. T. VIII. S. 208. Diese Ausgabe ist es, nach welcher immer nur mit Angabe des Teils zitiert wird.

Der Mensch will in der Religion sich befriedigen; die Religion ist sein höchstes Gut. Aber wie könnte er in Gott Trost und Frieden finden, wenn Gott ein wesentlich anderes Wesen wäre? Wie kann ich den Frieden eines Wesens teilen, wenn ich nicht seines Wesens bin? Wenn sein Wesen ein anderes, so ist auch sein Friede ein wesentlich anderer, kein Friede für mich. Wie kann ich also seines Friedens teilhaftig werden, wenn ich nicht seines Wesens teilhaftig werden kann, wie aber seines Wesens teilhaftig werden, wenn ich wirklich anderen Wesens bin? Friede empfindet alles, was lebt, nur in seinem eigenen Element, nur in seinem eigenen Wesen. Empfindet also der Mensch Frieden in Gott, so empfindet er ihn nur, weil Gott erst sein wahres Wesen, weil er hier erst bei sich selbst ist, weil alles, worin er bisher Frieden suchte und was er bisher für sein Wesen nahm, ein anderes, fremdes Wesen war. Und soll und will daher der Mensch in Gott sich befriedigen, so muß er sich in Gott finden. »Es wird Niemand die Gottheit schmecken, denn wie sie will geschmecket sein, nämlich, daß sie in der Menschheit Christi betrachtet werde, und wenn Du nicht also die Gottheit findest, so wirst Du nimmermehr Ruhe haben.«\* »Ein jeglich Ding ruhet in der Stätte, aus der es geboren ist. Die Stätte, aus der ich geboren bin, das ist die Gottheit. Die Gottheit ist mein Vaterland. Habe ich einen Vater in der Gottheit? Ja, ich habe nicht allein einen Vater da, sondern ich habe mich selber da; ehe daß ich an mir

---

\* Luther, T. III. p. 589.

selber ward, da war ich in der Gottheit geboren.«\*

Ein Gott, welcher nur das Wesen des Verstandes ausdrückt, befriedigt darum nicht die Religion, ist nicht der Gott der Religion. Der Verstand interessiert sich nicht nur für den Menschen, sondern auch für die Wesen außer dem Menschen, für die Natur. Der Verstandesmensch vergißt sogar über der Natur sich selbst. Die Christen verspotteten die heidnischen Philosophen, weil sie statt an sich, an ihr Heil, nur an die Dinge außer ihnen gedacht hätten. Der Christ denkt nur an sich. Der Verstand betrachtet mit demselben Enthusiasmus den Floh, die Laus, wie das Ebenbild Gottes, den Menschen. Der Verstand ist die »absolute Indifferenz und Identität« aller Dinge und Wesen. Nicht dem Christentum, nicht der Religionsbegeisterung – dem Verstandesenthusiasmus nur verdanken wir das Dasein einer Botanik, einer Mineralogie, einer Zoologie, einer Physik und Astronomie. Kurz, der Verstand ist ein universales pantheistisches Wesen, die Liebe zum Universum; aber die charakteristische Bestimmung der Religion, insbesondere der christlichen, ist, daß sie ein durchaus anthropotheistisches Wesen, die ausschließliche Liebe des Menschen zu sich selbst, die ausschließliche Selbstbejahung des menschlichen, und zwar subjektiv menschlichen Wesens ist; denn allerdings bejaht auch der Verstand das Wesen des Menschen, aber das objektive, das auf den Gegenstand um des Gegenstands wil-

---

\* Predigten etzlicher Lehrer vor und zu Tauleri Zeiten. Hamburg 1621, p. 81.

len sich beziehende Wesen, dessen Darstellung eben die Wissenschaft ist. Es muß daher noch etwas ganz anderes, als das Wesen des Verstandes, dem Menschen in der Religion Gegenstand werden, wenn er sich in ihr befriedigen will und soll, und dieses Etwas wird und muß den eigentlichen Kern der Religion enthalten.

Die in der Religion, zumal der christlichen, vor allen anderen hervortretende Verstandes- oder Vernunftsbestimmung Gottes ist die der moralischen Vollkommenheit. Gott als moralisch vollkommenes Wesen ist aber nichts anderes, als die realisierte Idee, das personifizierte Gesetz der Moralität,\* das als absolutes Wesen gesetzte moralische Wesen des Menschen – des Menschen eigenes Wesen; denn der moralische Gott stellt die Forderung an den Menschen, zu sein, wie Er selbst ist: »Heilig ist Gott, ihr sollt heilig sein, wie Gott«, – des Menschen eigenes Gewissen; denn wie könnte er sonst vor dem göttlichen Wesen erzittern, vor ihm sich anklagen, wie es zum Richter seiner innersten Gedanken und Gesinnungen machen?

Aber das Bewußtsein des moralisch vollkommenen Wesens als das Bewußtsein eines abstrakten, von allen Anthropopathismen abgesonderten Wesens läßt uns kalt und leer, weil wir den Abstand, die Lücke zwischen uns und diesem Wesen fühlen, – es ist ein herzloses Bewußtsein; denn es ist das

---

\* Selbst Kant sagt schon in seinen bereits mehrmals angeführten, noch unter Friedrich II. gehaltenen Vorlesungen über philosoph. Religionslehre S. 135: »Gott ist gleichsam das moralische Gesetz selbst, aber personifiziert gedacht.«

Bewußtsein unserer persönlichen Nichtigkeit, und zwar der allerempfindlichsten, der moralischen Nichtigkeit. Das Bewußtsein der göttlichen Allmacht und Ewigkeit im Gegensatze zu meiner Beschränktheit in Raum und Zeit tut mir nicht weh; denn die Allmacht gebietet mir nicht, selbst allmächtig, die Ewigkeit nicht, selbst ewig zu sein. Aber der moralischen Vollkommenheit kann ich mir nicht bewußt werden, ohne derselben zugleich als eines Gesetzes für mich bewußt zu werden. Die moralische Vollkommenheit hängt, wenigstens für das moralische Bewußtsein, nicht von der Natur, sondern allein vom Willen ab, sie ist eine Willensvollkommenheit, der vollkommene Wille. Den vollkommenen Willen, den Willen, der eins mit dem Gesetze, der selbst Gesetz ist, kann ich nicht denken, ohne ihn zugleich als Willensobjekt, d. h. als Sollen für mich zu denken. Kurz, die Vorstellung des moralisch vollkommenen Wesens ist keine nur theoretische, friedliche, sondern zugleich praktische, zur Handlung, zur Nachahmung auffordernde, mich in Spannung, in Zwiespalt mit mir selbst versetzende Vorstellung; denn indem sie mir zuruft, was ich sein soll, sagt sie mir zugleich ohne alle Schmeichelei ins Gesicht, was ich nicht bin.\* Und dieser Zwiespalt ist in der Religion um so qualvoller, um so schreck-

---

\* »Was nun unserem Eigendünkel in unserem eigenen Urteil Abbruch tut, das demütigt. Also demütigt das moralische Gesetz unvermeidlich jeden Menschen, indem dieser mit demselben den sinnlichen Hang seiner Natur vergleicht.« Kant, Kritik der praktischen Vernunft. 4. Aufl. p. 132.

licher, als sie des Menschen eigenes Wesen ihm als ein anderes Wesen entgegensetzt und noch dazu als ein persönliches Wesen, als ein Wesen, welches die Sünder von seiner Gnade, der Quelle allen Heils und Glücks, ausschließt, haßt, verflucht.

Wodurch erlöst sich nun aber der Mensch von diesem Zwiespalt zwischen sich und dem vollkommenen Wesen, von der Pein des Sündenbewußtseins, von der Qual des Nichtigkeitsgefühls? Wodurch stumpft er der Sünde ihren tödlichen Stachel ab? Nur dadurch, daß er sich des Herzens, der Liebe als der höchsten, als der absoluten Macht und Wahrheit bewußt wird, daß er das göttliche Wesen nicht nur als Gesetz, als moralisches Wesen, als Verstandeswesen, sondern vielmehr als ein liebendes, herzliches, selbst subjektiv menschliches Wesen anschaut.

Der Verstand urteilt nur nach der Strenge des Gesetzes; das Herz akkommodiert sich, ist billig, nachsichtig, rücksichtsvoll, menschlich. Dem Gesetze, das nur die moralische Vollkommenheit uns vorhält, genügt keiner; aber darum genügt auch das Gesetz nicht dem Menschen, dem Herzen. Das Gesetz verdammt; das Herz erbarmt sich auch des Sünders. Das Gesetz bejaht mich nur als abstraktes, das Herz als wirkliches Wesen. Das Herz gibt mir das Bewußtsein, daß ich Mensch; das Gesetz nur das Bewußtsein, daß ich Sünder, daß ich nichtig bin.* Das Gesetz unterwirft sich den Menschen, die Liebe macht ihn frei. [...]

---

* »Wir alle haben gesündigt... Mit dem Gesetz begannen die Vatermörder.« Seneca. »Das Gesetz bringet uns um.« Luther. (T. XVI. S. 320.)

## *Das Geheimnis der Inkarnation oder Gott als Herzenswesen*

Das Bewußtsein der Liebe ist es, wodurch sich der Mensch mit Gott oder vielmehr mit sich, mit seinem Wesen, welches er im Gesetz als ein anderes Wesen sich gegenüberstellt, versöhnt. Das Bewußtsein der göttlichen Liebe, oder, was eins ist, die Anschauung Gottes als eines selbst menschlichen Wesens ist das Geheimnis der Inkarnation, der Fleisch- oder Menschwerdung Gottes. Die Inkarnation ist nichts anderes, als die tatsächlichste, sinnliche Erscheinung von der menschlichen Natur Gottes. Seinetwegen ist Gott nicht Mensch geworden, die Not, das Bedürfnis des Menschen – ein Bedürfnis, das übrigens heute noch ein Bedürfnis des religiösen Gemüts – war der Grund der Inkarnation. Aus Barmherzigkeit wurde Gott Mensch – er war also schon in sich selbst ein menschlicher Gott, ehe er wirklicher Mensch ward; denn es ging ihm das menschliche Bedürfnis, das menschliche Elend zu Herzen. Die Inkarnation war eine Träne des göttlichen Mitleids, also nur eine Erscheinung eines menschlich fühlenden, darum wesentlich menschlichen Wesens.

Wenn man sich in der Inkarnation nur an den menschgewordenen Gott hält, so erscheint freilich die Menschwerdung als ein überraschendes, unerklärliches, wunderbares Ereignis. Allein der menschgewordene Gott ist nur die Erscheinung des gottgewordenen Menschen; denn der Herablassung Gottes zum Menschen geht notwendig die

Erhebung des Menschen zu Gott vorher.* Der Mensch war schon in Gott, war schon Gott selbst, ehe Gott Mensch wurde, d.h. sich als Mensch zeigte. Wie hätte sonst Gott Mensch werden können? Der alte Grundsatz: »aus nichts wird nichts« gilt auch hier. Ein König, der nicht auf dem Herzen das Wohl seiner Untertanen trägt, der nicht schon auf dem Throne mit seinem Geiste in den Wohnungen derselben weilt, nicht schon in seiner Gesinnung, wie das Volk spricht, ein »gemeiner Mann« ist, ein solcher König wird auch nicht körperlich von seinem Throne herabsteigen, um sein Volk zu beglücken mit seiner persönlichen Gegenwart. Ist also nicht schon der Untertan zum König emporgestiegen, ehe der König zum Untertan herabsteigt? Und wenn sich der Untertan durch die persönliche Gegenwart seines Königs geehrt und beglückt fühlt, bezieht sich dieses Gefühl nur auf diese sichtbare Erscheinung als solche, oder nicht vielmehr auf die Erscheinung der Gesinnung, des menschenfreundlichen Wesens, welches der Grund dieser Erscheinung ist? Aber was in der Wahrheit der Religion der Grund, das bestimmt sich im Bewußtsein der Religion zur Folge; so hier die Erhebung des Menschen zu Gott zu einer Folge der

---

* »Solche Beschreibungen, wo die Schrift von Gott redet als von einem Menschen und ihm zueigen alles was menschlich ist, seyn sehr lieblich und tröstlich, nemlich daß er freundlich mit uns rede und von solchen Dingen, davon Menschen pflegen miteinander zu reden, daß er sich freue, betrübe und leyde wie ein Mensch, um des Geheimnisses willen der zukünftigen Menschheit Christi.« Luther. (T. II. p. 334.)

Erniedrigung oder Herablassung Gottes zum Menschen. Gott, sagt die Religion, vermenschlichte sich, um den Menschen zu vergöttern.*

Das Tiefe und Unbegreifliche, d. h. das Widersprechende, welches man in dem Satze: »Gott ist oder wird Mensch« findet, kommt nur daher, daß man den Begriff oder die Bestimmungen des allgemeinen, uneingeschränkten, metaphysischen Wesens mit dem Begriffe oder den Bestimmungen des religiösen Gottes, d. h. die Bestimmungen des Verstandes mit den Bestimmungen des Herzens vermischt oder verwechselt, – eine Verwechslung, die das größte Hindernis der richtigen Erkenntnis der Religion ist. Aber es handelt sich ja in der Tat nur um die menschliche Gestalt eines Gottes, der schon im Wesen, im tiefsten Grunde seiner Seele ein barmherziger, d. i. menschlicher Gott ist.

In der kirchlichen Lehre wird dies so ausgedrückt, daß sich nicht die erste Person der Gottheit inkarniert, sondern die zweite, welche den Menschen in und vor Gott vertritt, – die zweite Person, die aber in Wahrheit, wie sich zeigen wird, die wahre, ganze, erste Person der Religion ist. Und nur ohne diesen Mittelbegriff, welcher der Ausgangspunkt der Inkarnation, erscheint dieselbe mysteriös, un-

---

* »Gott wurde Mensch, damit der Mensch Gott würde.« Augustinus. (*Serm. ad pop.*) Bei Luther und mehreren Kirchenvätern finden sich jedoch Stellen, die das wahre Verhältnis andeuten. Damit, sagt Luther z. B. (T. I. S. 334), daß Moses »Gottes Bild, Gott gleich« den Menschen nennt, habe er dunkel andeuten wollen, daß »Gott sollte Mensch werden«. Hier ist also die Menschwerdung Gottes als eine Folge von der Gottheit des Menschen ziemlich deutlich ausgesprochen.

begreiflich, »spekulativ«, während sie im Zusammenhang mit demselben betrachtet eine notwendige, ja eine sich von selbst verstehende Folge ist. Die Behauptung daher, daß die Inkarnation eine rein empirische oder historische Tatsache sei, von der man nur aus einer theologischen Offenbarung Kunde erhalte, ist eine Äußerung des stupidesten religiösen Materialismus; denn die Inkarnation ist ein Schlußsatz, der auf einer sehr begreiflichen Prämisse beruht. Aber ebenso verkehrt ist es, wenn man aus puren spekulativen, d. i. metaphysischen, abstrakten Gründen die Inkarnation deduzieren will, denn die Metaphysik gehört nur der ersten Person an, die sich nicht inkarniert, keine dramatische Person ist. Eine solche Deduktion ließe sich höchstens nur dann rechtfertigen, wenn man mit Bewußtsein aus der Metaphysik die Negation der Metaphysik deduzieren würde.

Aus diesem Exempel erhellt, wie sich die Anthropologie von der spekulativen Philosophie unterscheidet. Die Anthropologie betrachtet nicht die Menschwerdung als ein besonderes, stupendes Mysterium, wie die vom mystischen Scheine verblendete Spekulation; sie zerstört vielmehr die Illusion, als stecke ein besonderes übernatürliches Geheimnis dahinter; sie kritisiert das Dogma und reduziert es auf seine natürlichen, dem Menschen eingeborenen Elemente, auf seinen inneren Ursprung und Mittelpunkt – auf die Liebe.

Das Dogma stellt uns zweierlei dar: Gott und die Liebe. Gott ist die Liebe; was heißt aber das? Ist Gott noch etwas außer der Liebe? ein von der Liebe unterschiedenes Wesen? Ist es so viel, als wie ich auch von einer menschlichen Person im Affekt ausrufe: sie ist die Liebe selbst? Allerdings, sonst müßte ich den Namen: Gott, der ein besonderes, persönliches Wesen, ein Subjekt im Unterschiede vom Prädikat ausdrückt, aufgeben. Also wird die Liebe zu etwas Besonderem gemacht: Gott hat aus Liebe seinen eingeborenen Sohn gesandt. Die Liebe wird so zurück- und herabgesetzt durch den dunklen Hintergrund: Gott. Sie wird zu einer persönlichen, wenn auch wesenbestimmenden Eigenschaft; sie behält daher im Geiste und Gemüte, objektiv und subjektiv, den Rang nur eines Prädikats, nicht des Subjekts, nicht des Wesens; sie verschiebt sich mir als eine Nebensache, ein Akzidens aus den Augen; bald tritt sie als etwas Wesentliches vor mich hin; bald verschwindet sie mir wieder. Gott erscheint mir auch noch in anderer Gestalt, als in der Liebe; auch in der Gestalt der Allmacht, einer finsteren, nicht durch die Liebe gebundenen Macht, einer Macht, an der auch, wenngleich in geringerem Maße, die Dämonen, die Teufel teilhaben.

Solange die Liebe nicht zur Substanz, zum Wesen selbst erhoben wird, so lange lauert im Hintergrunde der Liebe ein Subjekt, das auch ohne Liebe noch etwas für sich ist, ein liebloses Ungeheuer, ein dämonisches Wesen, dessen von der Liebe unterscheidbare und wirklich unterschiedene Persönlichkeit an dem Blute der Ketzer und Ungläubigen sich ergötzt – das Phantom des religiösen Fanatismus! Aber gleichwohl ist das Wesentliche in der Inkarnation, obwohl noch gebunden an die Nacht des religiösen Bewußtseins, die Liebe. Die

Liebe bestimmte Gott zur Entäußerung seiner Gottheit.* Nicht aus seiner Gottheit als solcher, nach welcher er das Subjekt in dem Satze: Gott ist die Liebe, sondern aus der Liebe, dem Prädikat kam die Verleugnung seiner Gottheit; also ist die Liebe eine höhere Macht und Wahrheit, als die Gottheit. Die Liebe überwindet Gott. Die Liebe war es, der Gott seine göttliche Majestät aufopferte. Und was war das für eine Liebe? eine andere als die unsrige? als die, der wir Gut und Blut opfern? War es die Liebe zu sich? zu sich als Gott? Nein! die Liebe zum Menschen. Aber ist die Liebe zum Menschen nicht menschliche Liebe? Kann ich den Menschen lieben, ohne ihn menschlich zu lieben, ohne ihn so zu lieben, wie er selbst liebt, wenn er in Wahrheit liebt? Wäre sonst nicht die Liebe vielleicht teuflische Liebe? Der Teufel liebt ja auch den Menschen, aber nicht um des Menschen, sondern um seinetwillen, also aus Egoismus,

---

* So, in diesem Sinne feiert der alte unbedingte, begeisterungsvolle Glaube die Inkarnation. Die Liebe siegt über Gott, *Amor triumphat de Deo*, sagt z.B. der hl. Bernhard. Und nur in der Bedeutung einer wirklichen Selbstentäußerung, Selbstverleugnung der Gottheit liegt die Realität, die Kraft und Bedeutung der Inkarnation, wenngleich diese Selbstnegation an sich nur eine Phantasievorstellung ist, denn bei Lichte betrachtet negiert sich nicht Gott in der Inkarnation, sondern er zeigt sich nur als das, was er ist, als ein menschliches Wesen. Was die Lüge der späteren rationalistisch-orthodoxen und biblisch-pietistisch-rationalistischen Theologie gegen die wonnetrunkenen Vorstellungen und Ausdrücke des alten Glaubens in betreff der Inkarnation vorgebracht, verdient keine Erwähnung, geschweige Widerlegung.

um sich zu vergrößern, seine Macht auszubreiten. Aber Gott liebt, indem er den Menschen liebt, den Menschen um des Menschen willen, d. h. um ihn gut, glücklich, selig zu machen. Liebt er also nicht so den Menschen, wie der wahre Mensch den Menschen liebt? Hat die Liebe überhaupt einen Plural? Ist sie nicht überall sich selbst gleich? Was ist also der wahre, unverfälschte Text der Inkarnation, als der Text der Liebe schlechtweg, ohne Beisatz, ohne Unterschied göttlicher und menschlicher Liebe? Denn wenn es auch eine eigennützige Liebe unter den Menschen gibt, so ist doch die wahre menschliche Liebe, die allein dieses Namens würdige, diejenige, welche dem anderen zuliebe das Eigene aufopfert. Wer ist also unser Erlöser und Versöhner? Gott oder die Liebe? Die Liebe: denn Gott als Gott hat uns nicht erlöst, sondern die Liebe, welche über den Unterschied von göttlicher und menschlicher Persönlichkeit erhaben ist. Wie Gott sich selbst aufgegeben aus Liebe, so sollen wir auch aus Liebe Gott aufgeben; denn opfern wir nicht Gott der Liebe auf, so opfern wir die Liebe Gott auf, und wir haben trotz des Prädikats der Liebe den Gott, das böse Wesen des religiösen Fanatismus.

Indem wir nun aber diesen Text aus der Inkarnation gewonnen, so haben wir zugleich das Dogma in seiner Unwahrheit dargestellt, das scheinbar übernatürliche und übervernünftige Mysterium auf eine einfache, dem Menschen an sich natürliche Wahrheit zurückgeführt – eine Wahrheit, die nicht der christlichen Religion allein, sondern, unentwickelt wenigstens, jeder Religion als Religion mehr oder minder angehört. Jede Religion, die auf diesen Namen Anspruch hat, setzt nämlich voraus, daß Gott nicht gleichgültig ist gegen die Wesen, die ihn verehren, daß also Menschliches ihm nicht fremd, daß er als ein Gegenstand menschlicher Verehrung selbst ein menschlicher Gott ist. Jedes Gebet enthüllt das Geheimnis der Inkarnation, jedes Gebet ist in der Tat eine Inkarnation Gottes. Im Gebete ziehe ich Gott in das menschliche Elend hinein, ich lasse ihn teilnehmen an meinen Leiden und Bedürfnissen. Gott ist nicht taub gegen meine Klagen; er erbarmt sich meiner; er verleugnet also seine göttliche Majestät, seine Erhabenheit über alles Endliche und Menschliche; er wird Mensch mit dem Menschen, denn erhört er mich, erbarmt er sich meiner, so wird er affiziert von meinen Leiden. Gott liebt den Menschen – d. h.: Gott leidet vom Menschen. Liebe ist nicht ohne Mitgefühl, nicht ohne Mitleiden denkbar. Habe ich Teilnahme für ein empfindungsloses Wesen? Nein! nur für Empfindendes empfinde ich – nur für das, was ich meines Wesens fühle, worin ich mich selbst fühle, dessen Leiden ich selbst mitleide. Mitleiden setzt gleiches Wesen voraus. Ausdruck dieser Wesensununterschiedenheit Gottes vom Menschen ist die Inkarnation, ist die Vorsehung, ist das Gebet.\* [...]

---

\* »Wir wissen, daß Gott vom Mitleid mit uns ergriffen wird und nicht nur unsere Tränen sieht, sondern auch unsere ›Tränchen‹ zählt, wie im Psalm 56 geschrieben steht.« – »Der Sohn Gottes wird wahrhaft ergriffen vom Gefühle unserer Leiden.« Melanchthonis *et aliorum Declamat.* Argentor. T. III. p. 286. 450. »Kein Thrän-

Gegen die hier entwickelte Bedeutung der Inkarnation kann man einwenden, daß es mit der christlichen Inkarnation doch eine ganz besondere, wenigstens andere Bewandtnis habe – was allerdings auch in anderer Beziehung wahr ist, wie sich später selbst zeigen wird – als mit den Menschwerdungen der heidnischen, etwa griechischen oder indischen Götter. Diese seien bloße Menschenprodukte oder vergötterte Menschen; aber im Christentum sei die Idee des wahren Gottes gegeben; hier werde die Vereinigung des göttlichen Wesens mit dem menschlichen erst bedeutungsvoll und »spekulativ«. Jupiter verwandle sich auch in einen Stier; die heidnischen Menschwerdungen der Götter seien bloße Phantasien. Im Heidentum sei nicht mehr in dem Wesen Gottes, als in der Erscheinung; im Christentum dagegen sei es Gott, ein anderes, übermenschliches Wesen, welches als Mensch erscheine. Aber dieser Einwurf widerlegt sich durch die bereits gemachte Bemerkung, daß auch die Prämisse der christlichen Inkarnation schon das menschliche Wesen enthält. Gott liebt den Menschen; Gott hat überdem einen Sohn in sich; Gott ist Vater; die Verhältnisse der Menschlichkeit sind von Gott nicht ausgeschlossen; Menschliches ist Gott nicht fern, nicht unbekannt. Es ist daher auch hier nicht mehr

---

chen«, sagt Luther über den eben zitierten 9. Vers des 56. Psalms, »muß umsonst geschehen, es wird angezeichnet mit großen mächtigen Buchstaben im Himmel.« Aber ein Wesen, das selbst die Tränchen des Menschen zählt und »sammelt«, das ist doch gewiß ein höchst sentimentales Wesen.

im Wesen Gottes, als in der Erscheinung Gottes. In der Inkarnation gesteht die Religion nur ein, was sie in der Reflexion über sich selbst, als Theologie nicht Wort haben will, daß Gott ein durchaus menschliches Wesen ist. Die Inkarnation, das Geheimnis des »Gottmenschen« ist daher keine mysteriöse Komposition von Gegenständen, kein synthetisches Faktum, wofür es der spekulativen Religionsphilosophie gilt, weil sie eine besondere Freude am Widerspruch hat; es ist ein analytisches Faktum – ein menschliches Wort mit menschlichem Sinne. Wäre ein Widerspruch hier vorhanden, so läge dieser schon vor und außer der Inkarnation; schon in der Verbindung der Vorsehung, der Liebe mit der Gottheit; denn ist die Liebe eine wirkliche, so ist sie keine von unserer Liebe wesentlich unterschiedene – es sind nur die Schranken zu beseitigen – und so ist die Inkarnation nur der kräftigste, innigste, sinnlichste, offenherzigste Ausdruck dieser Vorsehung, dieser Liebe. Die Liebe weiß ihren Gegenstand nicht mehr zu beglücken, als daß sie ihn mit ihrer persönlichen Gegenwart erfreut, daß sie sich sehen läßt. Den unsichtbaren Wohltäter von Angesicht zu Angesicht zu schauen, ist das heißeste Verlangen der Liebe. Sehen ist ein göttlicher Akt. Seligkeit liegt im bloßen Anblick des Geliebten. Der Blick ist die Gewißheit der Liebe. Und die Inkarnation soll nichts sein, nichts bedeuten, nichts wirken als die zweifellose Gewißheit der Liebe Gottes zum Menschen. Die Liebe bleibt, aber die Inkarnation auf der Erde geht vorüber; die Erscheinung war eine zeitlich und räumlich beschränkte, wenigen zugängliche; aber das Wesen der Erscheinung ist ewig und allgemein. Wir sollen noch glauben an die Erscheinung, aber nicht um der Erscheinung, sondern um des Wesens willen: denn uns ist nur geblieben die Anschauung der Liebe.

Der klarste, unwidersprechlichste Beweis, daß der Mensch in der Religion sich als göttlichen Gegenstand, als göttlichen Zweck anschaut, daß er also in der Religion nur zu seinem eigenen Wesen, nur zu sich selbst sich verhält – der klarste, unwidersprechlichste Beweis ist die Liebe Gottes zum Menschen, der Grund und Mittelpunkt der Religion. Gott entäußert sich um des Menschen willen seiner Gottheit. Hierin liegt der erhebende Eindruck der Inkarnation: das höchste, das bedürfnislose Wesen demütigt, erniedrigt sich um des Menschen willen. In Gott kommt daher mein eigenes Wesen mir zur Anschauung; ich habe für Gott Wert; die göttliche Bedeutung meines Wesens wird mir offenbar. Wie kann denn der Wert des Menschen höher ausgedrückt werden, als wenn Gott um des Menschen willen Mensch wird, der Mensch der Endzweck, der Gegenstand der göttlichen Liebe ist? Die Liebe Gottes zum Menschen ist eine wesentliche Bestimmung des göttlichen Wesens: Gott ist ein mich, den Menschen überhaupt liebender Gott. Darauf ruht der Akzent, darin liegt der Grundaffekt der Religion. Gottes Liebe macht mich liebend; die Liebe Gottes zum Menschen ist der Grund der Liebe des Menschen zu Gott: die göttliche Liebe verursacht, erweckt die menschliche Liebe. »Lasset uns ihn lieben, denn Er hat uns zuerst geliebt.«* Was liebe ich also in und an Gott? Die Liebe, und zwar die Liebe zum Menschen. Wenn ich aber die Liebe liebe und anbete, mit welcher Gott den Menschen liebt, liebe ich nicht den Menschen, ist meine Gottesliebe nicht, wenn auch indirekte, Menschenliebe? Ist denn nicht der Mensch der Inhalt Gottes, wenn Gott den Menschen liebt? Ist nicht das mein Innigstes, was ich liebe? Habe ich ein Herz, wenn ich nicht liebe? Nein! Die Liebe nur ist das Herz des Menschen. Aber was ist die Liebe ohne das, was ich liebe? Was ich also liebe, das ist mein Herz, das ist mein Inhalt, das ist mein Wesen. Warum trauert der Mensch, warum verliert er die Lust zum Leben, wenn er den geliebten Gegenstand verloren? Warum? weil er mit dem geliebten Gegenstande sein Herz, das Prinzip des Lebens, verloren. Liebt also Gott den Menschen, so ist der Mensch das Herz Gottes – des Menschen Wohl seine innigste Angelegenheit. Ist also nicht, wenn der Mensch der Gegenstand Gottes ist, der Mensch sich selbst in Gott Gegenstand? nicht der Inhalt des göttlichen Wesens das menschliche Wesen, wenn Gott die Liebe, der wesentliche Inhalt dieser Liebe aber der Mensch ist? nicht die Liebe Gottes zum Menschen, der Grund und Mittelpunkt der Religion, die Liebe des Menschen zu sich selbst, vergegenständlicht, angeschaut als die höchste Wahrheit, als das höchste Wesen des Menschen? Ist denn nicht der Satz: »Gott liebt den Menschen« ein Orientalismus – die Religion ist

---

* 1. Johannis 4, 19.

wesentlich orientalisch – welcher auf deutsch heißt: das Höchste ist die Liebe des Menschen?
[...]

## Das Geheimnis des leidenden Gottes

Eine Wesensbestimmung des menschgewordenen, oder, was eins ist, des menschlichen Gottes, also Christi, ist die Passion. Die Liebe bewährt sich durch Leiden. Alle Gedanken und Empfindungen, die sich zunächst an Christus anschließen, konzentrieren sich in dem Begriffe des Leidens. Gott als Gott ist der Inbegriff aller menschlichen Vollkommenheit, Gott als Christus der Inbegriff allen menschlichen Elends. Die heidnischen Philosophen feierten die Tätigkeit, insbesondere die Selbsttätigkeit der Intelligenz als die höchste, die göttliche Tätigkeit; die Christen heiligten das Leiden, setzten das Leiden selbst in Gott. Wenn Gott als *Actus purus*, als reine Tätigkeit, der Gott der abstrakten Philosophie, so ist dagegen Christus, der Gott der Christen, die *Passio pura*, das reine Leiden – der höchste metaphysische Gedanke, das *être suprême* des Herzens. Denn was macht mehr Eindruck auf das Herz als Leiden? und zwar das Leiden des an sich Leidlosen, des über alles Leiden Erhabenen, das Leiden des Unschuldigen, des Sündenreinen, das Leiden lediglich zum Besten anderer, das Leiden der Liebe, der Selbstaufopferung? Aber ebendeswegen, weil die Leidensgeschichte der Liebe die ergreifendste Geschichte für das menschliche Herz oder überhaupt für das Herz ist – denn es wäre ein lächerlicher Wahn des Menschen, sich ein anderes

Herz, als das menschliche vorstellen zu wollen –, so folgt daraus aufs unwidersprechlichste, daß in ihr nichts ausgedrückt, nichts vergegenständlicht ist, als das Wesen des Herzens, daß sie zwar nicht eine Erfindung des menschlichen Verstandes oder Dichtungsvermögens, aber doch des menschlichen Herzens ist. Aber das Herz erfindet nicht, wie die freie Phantasie oder Intelligenz; es verhält sich leidend, empfangend; alles, was aus ihm kommt, erscheint ihm als gegeben, tritt gewaltsam auf, wirkt mit der Kraft der dringenden Notwendigkeit. Das Herz bewältigt, bemeistert den Menschen; wer einmal von ihm ergriffen, ist von ihm als seinem Dämon, seinem Gotte ergriffen. Das Herz kennt keinen anderen Gott, kein trefflicheres Wesen, als sich, als einen Gott, dessen Name zwar ein besonderer, ein anderer sein mag, dessen Wesen, dessen Substanz aber das eigene Wesen des Herzens ist. Und eben aus dem Herzen, aus dem inneren Drange, Gutes zu tun, für die Menschen zu leben und zu sterben, aus dem göttlichen Triebe der Wohltätigkeit, die alle beglücken will, die keinen, auch nicht den Verworfensten, den Niedrigsten von sich ausschließt, aus der sittlichen Pflicht der Wohltätigkeit im höchsten Sinne, wie sie zu einer inneren Notwendigkeit, d. i. zum Herzen geworden, aus dem menschlichen Wesen also, wie es sich als Herz und durch das Herz offenbart, ist das bessere, das wahre, d. h. das von seinen theologischen Elementen und Widersprüchen gereinigte Wesen des Christentums entsprungen.

Was nämlich in der Religion Prädikat ist, das dürfen wir nur immer dem früher schon Entwickelten zufolge zum Subjekt, was in ihr Subjekt, zum Prädikat machen, also die Orakelsprüche der Religion umkehren, gleichsam als *contre-vérités* auffassen – so haben wir das Wahre. Gott leidet – Leiden ist Prädikat – aber für die Menschen, für andere, nicht für sich. Was heißt das auf deutsch? nichts anderes als: Leiden für andere ist göttlich; wer für andere leidet, seine Seele läßt, handelt göttlich, ist den Menschen Gott.\*

Das Leiden Christi repräsentiert jedoch nicht nur das sittliche, selbsttätige Leiden, das Leiden der Liebe, der Kraft, sich selbst zum Wohle anderer aufzuopfern; es repräsentiert auch das Leiden als solches, das Leiden, insofern es ein Ausdruck der Leidensfähigkeit überhaupt ist. Die christliche Religion ist so wenig eine übermenschliche, daß sie selbst die menschliche Schwachheit heiligt. Wenn der heidnische Philosoph selbst bei der Nachricht von dem Tode des eigenen Kindes die Worte ausruft: Ich wußte, daß ich einen Sterblichen gezeugt; so vergießt dagegen Christus – wenigstens der biblische, aber von dem vor- und unbiblischen Christus wissen wir nichts – Tränen

---

\* Die Religion spricht durch Exempel. Das Exempel ist das Gesetz der Religion. Was Christus getan, ist Gesetz. Christus hat gelitten für andere, also sollen wir dasselbe tun. »Nur darum mußte sich der Herr so entleeren, so erniedrigen, so verkleinern, damit Ihr es ebenso machtet.« Bernardus. (*in die nat. Domini.*) »Sollten wir das Exempel Christi fleißig ansehen... Solches würde uns bewegen und treiben, daß wir von Herzen auch würden andern Leuten gern helfen und dienen, ob es auch gleich sauer würde und wir auch drüber leiden müßten.« Luther. (T. XV. p. 40.)

über den Tod des Lazarus – einen Tod, der doch in Wahrheit nur ein Scheintod war. Wenn Sokrates mit unbewegter Seele den Giftbecher leert, so ruft dagegen Christus aus: »Wenn es möglich, so gehe dieser Kelch vorüber.«* Christus ist in dieser Beziehung das Selbstbekenntnis der menschlichen Empfindlichkeit. Der Christ hat, im Gegensatz gegen das heidnische, namentlich stoische Prinzip mit seiner rigorosen Willensenergie und Selbständigkeit das Bewußtsein der eigenen Reizbarkeit und Empfindlichkeit in das Bewußtsein Gottes aufgenommen; in Gott findet er sie, wenn sie nur keine sündliche Schwachheit, nicht verneint, nicht verdammt.

Leiden ist das höchste Gebot des Christentums – die Geschichte des Christentums selbst die Leidensgeschichte der Menschheit. Wenn bei den Heiden das Jauchzen der sinnlichen Lust sich in

---

* »Die meisten«, sagt der hl. Ambrosius, »stoßen sich an dieser Stelle. Ich aber bewundere nirgends mehr Christi Demut und Majestät, denn er hätte mir weit weniger genützt, wenn er nicht meinen Affekt angenommen hätte.« (*Expos. in Lucae Ev. lib.* X. c. 22.) »Wie könnten wir es denn wagen, uns Gott zu nahen, wenn er leidensunfähig (*in sua impassibilitate*) bliebe.« Bernardus. (*Tract. de XII grad. humil. et superb.*) »Ob es gleich«, sagt der christliche Arzt J. Milichius, der Freund Melanchthons, »den Stoikern lächerlich erscheint, Gott Gefühle oder Gemütsbewegungen (*affectus*) zuzuschreiben, so sollen doch die Eltern, sooft sie die Wunden ihrer Liebe und Schmerzen über ein Unglück ihrer Kinder fühlen, denken, daß in Gott eine ähnliche Liebe zu seinem Sohne und uns stattfindet... Wahre, nicht kalte, nicht verstellte Liebe hat Gott.« (*Declam.* Melanchth. T. II. p. 147.)

den Kultus der Götter mischte, so gehören bei den Christen, natürlich den alten Christen, die Tränen und Seufzer des Herzens, des Gemüts zum Gottesdienst. Wie aber ein sinnlicher Gott, ein Gott des Lebens da verehrt wird, wo sinnliches Freudengeschrei zu seinem Kultus gehört, ja wie dieses Freudengeschrei nur eine sinnliche Definition ist von dem Wesen der Götter, denen dieser Jubel gilt: so sind auch die Herzensseufzer der Christen Töne, die aus der innersten Seele, dem innersten Wesen ihres Gottes kommen. Der Gott des Gottesdienstes, bei den Christen des inneren Gottesdienstes, nicht der Gott der sophistischen Theologie, ist der wahre Gott des Menschen. Aber mit Tränen, den Tränen der Reue und Sehnsucht, glaubten die Christen, natürlich die alten Christen, ihrem Gotte die höchste Ehre anzutun. Die Tränen sind also die sinnlichen Glanzpunkte des christlich-religiösen Gemüts, in denen sich das Wesen ihres Gottes abspiegelt. Aber ein Gott, der an Tränen Gefallen hat, drückt nichts anderes aus, als das Wesen des Herzens, insbesondere des Gemüts. Zwar heißt es in der christlichen Religion: Christus hat alles für uns getan, hat uns erlöst, versöhnt mit Gott; und es läßt sich daher hieraus der Schluß ziehen: Lasset uns fröhlichen Sinnes sein; was brauchen wir uns darüber zu kümmern, wie wir uns mit Gott versöhnen sollen; wir sind es ja schon. Aber das Imperfektum des Leidens macht einen stärkeren, anhaltenderen Eindruck, als das Perfektum der Erlösung. Die Erlösung ist nur das Resultat des Leidens; das Leiden der Grund der Erlösung. Das Leiden befestigt sich daher tiefer im Gemüte; das Leiden macht sich zu einem Gegenstande der Nachahmung; die Erlösung nicht. Wenn Gott selber litt um meinetwillen, wie soll ich fröhlich sein, wie mir eine Freude gönnen, wenigstens auf dieser verdorbenen Erde, welche der Schauplatz seiner Leiden war?* Soll ich besser sein als Gott? soll ich also sein Leiden mir nicht aneignen? Ist, was Gott, mein Herr tut, nicht mein Vorbild? Oder soll ich nur den Gewinn, nicht auch die Kosten tragen? Aber weiß ich denn nur, daß er mich erlöst hat? Ist mir seine Leidensgeschichte nicht auch Gegenstand? Soll sie mir nur ein Gegenstand kalter Erinnerung sein oder gar ein Gegenstand der Freude, weil dieses Leiden mir die Seligkeit erkauft? Aber wer kann so denken, wer sich ausschließen wollen von den Leiden seines Gottes?

Die christliche Religion ist die Religion des Leidens.** Die Bilder des Gekreuzigten, die uns heute noch in allen Kirchen begegnen, stellen uns keinen Erlöser, sondern nur den Gekreuzigten, den Leidenden dar. Selbst die Selbstkreuzigungen unter den Christen sind psychologisch tiefbegründete Folgen ihrer religiösen Anschauung. Wie sollte dem nicht die Lust kommen, sich selbst

---

* »Mein Gott hängt am Kreuze und ich soll der Wollust frönen?« (*Form. hon. vitae.* Unter den unechten Schriften des hl. Bernhard.) »Der Gedanke an den Gekreuzigten kreuzige in Dir Dein Fleisch.« Joh. Gerhard. (*Medit. sacrae, Med.* 37.)

** »Übles leiden weit besser ist, als Gutes thun.« Luther. (T. IV. S. 15.)

oder andere zu kreuzigen, der stets das Bild eines Gekreuzigten im Sinne hat? Wenigstens sind wir zu diesem Schlusse ebenso berechtigt, wie Augustin und andere Kirchenväter zu dem Vorwurf gegen die heidnische Religion, daß die unzüchtigen religiösen Bilder der Heiden sie zur Unzucht aufforderten und bevollmächtigten.

Gott leidet, heißt aber in Wahrheit nichts anderes als: Gott ist ein Herz. Das Herz ist die Quelle, der Inbegriff aller Leiden. Ein Wesen ohne Leiden ist ein Wesen ohne Herz. Das Geheimnis des leidenden Gottes ist daher das Geheimnis der Empfindung; ein leidender Gott ist ein empfindender, empfindsamer Gott.* Aber der Satz: Gott ist ein empfindendes Wesen, ist nur der religiöse Ausdruck des Satzes: die Empfindung ist göttlichen Wesens.

Der Mensch hat nicht nur das Bewußtsein einer Tätigkeitsquelle, sondern auch Leidensquelle in sich. Ich empfinde; und empfinde die Empfindung, nicht bloß das Wollen, das Denken, welches nur zu oft im Gegensatz mit mir und meinen Empfindungen steht, als zu meinem Wesen gehörig, und, obwohl als die Quelle aller Leiden, Schwächen und Schmerzen, doch zugleich als eine herrliche, göttliche Macht und Vollkommenheit. Was wäre der Mensch ohne Empfindung? Sie ist die musikalische Macht im Menschen. Aber was

---

* »Leiden wollte er, um mitleiden zu lernen, erbärmlich werden, um Erbarmen zu lernen.« Bernhard. (*de grad.*) »Erbarme Dich unsrer, weil Du des Fleisches Schwachheit durch eigenes Leiden erfahren hast.« Clemens Alex. (*Paedag. lib.* I. c. 8.)

wäre der Mensch ohne Ton? So gut daher der Mensch einen musikalischen Trieb, eine innere Nötigung in sich fühlt, im Tone, im Liede seine Empfindungen auszuhauchen, so notwendig strömt er in religiösen Seufzern und Tränen das Wesen der Empfindung als gegenständliches, göttliches Wesen aus.

Die Religion ist die Reflexion, die Spiegelung des menschlichen Wesens in sich selbst. Was ist, hat notwendig einen Gefallen, eine Freude an sich selbst, liebt sich und liebt sich mit Recht; tadelst Du, daß es sich liebt, so machst Du ihm einen Vorwurf darüber, daß es ist. Sein heißt sich behaupten, sich bejahen, sich lieben; wer des Lebens überdrüssig, nimmt sich das Leben. Wo daher die Empfindung nicht zurückgesetzt und unterdrückt wird, wie bei den Stoikern, wo ihr Sein gegönnt wird, da ist ihr auch schon religiöse Macht und Bedeutung eingeräumt, da ist sie auch schon auf die Stufe erhoben, auf welcher sie sich in sich spiegeln und reflektieren, in Gott in ihren eigenen Spiegel blicken kann. Gott ist der Spiegel des Menschen.

Was für den Menschen wesentlichen Wert hat, was ihm für das Vollkommene, das Treffliche gilt, woran er wahres Wohlgefallen hat, das allein ist ihm Gott. Ist Dir die Empfindung eine herrliche, so ist sie Dir eben damit eine göttliche Eigenschaft. Darum glaubt der empfindende, gefühlvolle Mensch nur an einen empfindenden, gefühlvollen Gott, d. h. er glaubt nur an die Wahrheit seines eigenen Seins und Wesens, denn er kann nichts anderes glauben, als was er selbst in seinem Wesen ist. Sein Glaube ist das Bewußtsein dessen, was ihm heilig ist; aber heilig ist dem Menschen nur, was sein Innerstes, sein Eigenstes, der letzte Grund, das Wesen seiner Individualität ist. Dem empfindungsvollen Menschen ist ein empfindungsloser Gott ein leerer, abstrakter, negativer Gott, d. h. nichts, weil ihm das fehlt, was dem Menschen wert und heilig ist. Gott ist für den Menschen das Kollektaneenbuch seiner höchsten Empfindungen und Gedanken, das Stammbuch, worein er die Namen der ihm teuersten, heiligsten Wesen einträgt.

Es ist ein Zeichen einer haushälterischen Gemütlichkeit, ein weiblicher Trieb, zu sammeln und das Gesammelte zusammenzuhalten, nicht den Wogen der Vergeßlichkeit, dem Zufall der Erinnerung, überhaupt nicht sich selbst zu überlassen und anzuvertrauen, was man Wertes hat kennengelernt. Der Freigeist ist der Gefahr eines verschwenderischen, zerstreuten, dissoluten Lebens ausgesetzt; der Religiöse, der alles in eins zusammenbindet, verliert sich nicht im sinnlichen Leben; aber dafür ist er der Gefahr der Illiberalität, der geistlichen Selbst- und Gewinnsucht ausgesetzt. Der Ir- oder wenigstens nicht Religiöse erscheint daher auch, wenigstens dem Religiösen, als ein subjektiver, eigenmächtiger, hochmütiger, frivoler Mensch, aber nicht deswegen, weil diesem nicht auch an sich heilig wäre, was jenem heilig ist, sondern nur deswegen, weil das, was der nicht Religiöse nur in seinem Kopfe behält, der Religiöse außer sich als Gegenstand und zugleich über sich setzt, daher das Verhältnis einer förmlichen

Subordination in sich aufnimmt. Kurz der Religiöse hat, weil ein Kollektaneenbuch, einen Sammelpunkt, einen Zweck, und weil einen Zweck, einen festen Grund und Boden. Nicht der Wille als solcher, nicht das vage Wissen – nur die Zwecktätigkeit, welche die Einheit der theoretischen und praktischen Tätigkeit ist, gibt dem Menschen einen sittlichen Grund und Halt, d. h. Charakter. Jeder Mensch muß sich daher einen Gott, d. h. einen Endzweck setzen. Der Endzweck ist der bewußte und gewollte wesentliche Lebenstrieb, der Genieblick, der Lichtpunkt der Selbsterkenntnis – die Einheit von Natur und Geist im Menschen. Wer einen Endzweck, hat ein Gesetz über sich; er leitet sich nicht selbst nur; er wird geleitet. Wer keinen Endzweck, hat keine Heimat, kein Heiligtum. Größtes Unglück ist Zwecklosigkeit. Selbst wer sich gemeine Zwecke setzt, kommt besser durch, auch wenn er nicht besser ist, als wer keinen Zweck sich setzt. Der Zweck beschränkt; aber die Schranke ist der Tugend Meisterin. Wer einen Zweck hat, einen Zweck, der an sich wahr und wesenhaft ist, der hat eben damit Religion, wenn auch nicht in dem beschränkten Sinne des theologischen Pöbels, aber doch – und nur darauf kommt es an – im Sinne der Vernunft, im Sinne der Wahrheit.

### *Das Mysterium der Dreieinigkeit und Mutter Gottes*

Sowenig ein Gott ohne Empfindung, ohne Leidensvermögen dem Menschen als einem empfindenden, leidenden Wesen genügt, so wenig genügt ihm auch weder ein Wesen nur mit Empfindung, ein Wesen ohne Verstand und Willen. Nur ein Wesen, welches den ganzen Menschen in sich trägt, kann auch den ganzen Menschen befriedigen. Das Bewußtsein des Menschen von sich in seiner Totalität ist das Bewußtsein der Trinität. Die Trinität faßt die Bestimmungen oder Kräfte, die bisher getrennt betrachtet wurden, zur Einheit zusammen, und setzt dadurch das allgemeine Wesen des Verstandes, d. h. Gott als Gott zu einem besonderen Wesen, einer besonderen Fakultät herab.

Was als Abdruck, Bild, Gleichnis der Trinität von der Theologie bezeichnet wird, dürfen wir nur als die Sache selbst, das Wesen, das Urbild, das Original erfassen, so haben wir das Rätsel gelöst. Die angeblichen Bilder, durch die man die Trinität zu veranschaulichen, begreiflich zu machen suchte, waren vornehmlich: Geist, Verstand, Gedächtnis, Wille, Liebe.*

Gott denkt, Gott liebt, und zwar denkt er, liebt er sich, das Gedachte, Erkannte, Geliebte ist Gott selbst. Die Vergegenständlichung des Selbstbewußtseins ist das erste, was uns in der Trinität begegnet. Das Selbstbewußtsein drängt sich notwendig, unwillkürlich dem Menschen als etwas Absolutes auf. Sein ist für ihn eins mit Selbstbewußtsein; Sein mit Bewußtsein ist für ihn Sein schlechtweg. Ob ich gar nicht bin oder bin, ohne daß ich weiß, daß ich bin, ist gleich. Selbstbewußt-

---

* *Mens, intellectus, memoria, voluntas, amor* oder *caritas.*

sein hat für den Menschen, hat in der Tat an sich selbst absolute Bedeutung. Ein Gott, der sich nicht weiß, ein Gott ohne Bewußtsein ist kein Gott. Wie der Mensch sich nicht denken kann ohne Bewußtsein, so auch nicht Gott. Das göttliche Selbstbewußtsein ist nichts anderes, als das Bewußtsein des Bewußtseins als absoluter oder göttlicher Wesenheit.

Übrigens ist damit keineswegs die Trinität erschöpft. Wir würden vielmehr ganz willkürlich verfahren, wenn wir darauf allein das Geheimnis der Trinität zurückführen und einschränken wollten. Bewußtsein, Verstand, Wille, Liebe in der Bedeutung abstrakter Wesen oder Bestimmungen gehören nur der abstrakten Philosophie an. Die Religion aber ist das Bewußtsein des Menschen von sich in seiner lebendigen Totalität, in welcher die Einheit des Selbstbewußtseins nur als die beziehungsreiche, erfüllte Einheit von Ich und Du existiert.

Die Religion, wenigstens die christliche, abstrahiert von der Welt; Innerlichkeit gehört zu ihrem Wesen. Der religiöse Mensch führt ein von der Welt abgezogenes, in Gott verborgenes, stilles, weltfreudenleeres Leben. Er sondert sich aber nur von der Welt ab, weil Gott selbst ein von der Welt abgesondertes, ein außer- und überweltliches Wesen – streng, abstrakt philosophisch ausgedrückt – das Nichtsein der Welt ist. Gott als außerweltliches Wesen ist aber nichts anderes, als das von der Welt in sich zurückgezogene, aus allen Banden und Verwicklungen mit derselben befreite, über die Welt sich hinwegsetzende Wesen des

Menschen, verwirklicht, angeschaut als gegenständliches Wesen; oder nichts anderes als das Bewußtsein der Kraft, von allem anderen außer sich abstrahieren und für sich allein mit sich sein zu können, wie sie innerhalb der Religion, d. h. als ein vom Menschen unterschiedenes, besonderes Wesen dem Menschen Gegenstand wird.* Gott als Gott, als einfaches Wesen ist das schlechtweg allein seiende, einsame Wesen – die absolute Einsamkeit und Selbständigkeit; denn einsam kann nur sein, was selbständig ist. Einsam sein können, ist ein Zeichen von Charakter und Denkkraft; Einsamkeit ist das Bedürfnis des Denkers, Gemeinschaft das Bedürfnis des Herzens. Denken kann man allein, lieben nur selbander. Abhängig sind wir in der Liebe, denn sie ist das Bedürfnis eines anderen Wesens; selbständig sind wir nur im einsamen Denkakt. Einsamkeit ist Autarkie, Selbstgenügsamkeit.

Aber von einem einsamen Gott ist das wesentliche Bedürfnis der Zweiheit, der Liebe, der Gemein-

---

* »Gottes Wesen ist außer allen Kreaturen, gleichwie Gott von Ewigkeit in sich selbst war; von allen Kreaturen ziehe daher Deine Liebe ab.« Joh. Gerhard. (*Medit. sacrae. Med.* 31.) »Wilt Du haben den Schöpffer der Creaturen, so must Du entperen der Creaturen... Als viel minder Creaturen als viel mehr Gottes. Darumb treibe und schlahe auss alle Creaturen, mit allem ihrem Trost.« J. Tauler. (*Postilla.* Hamburg 1621, p. 312.) »Wenn der Mensch nicht in seinem Herzen mit Wahrheit sagen kann: Gott und ich sind allein in der Welt, sonst nichts, so hat er noch keine Ruhe in sich.« G. Arnold. (Von Verschmähung der Welt. Wahre Abbild. der ersten Christen. L. 4. c. 2. § 7.)

schaft, des wirklichen, erfüllten Selbstbewußtseins, des anderen Ichs ausgeschlossen. Dieses Bedürfnis wird daher dadurch von der Religion befriedigt, daß in die stille Einsamkeit des göttlichen Wesens ein anderes, zweites, von Gott der Persönlichkeit nach unterschiedenes, dem Wesen nach aber mit ihm einiges Wesen gesetzt wird – Gott der Sohn, im Unterschiede von Gott, dem Vater. Gott der Vater ist Ich, Gott der Sohn Du. Ich ist Verstand, Du Liebe; Liebe aber mit Verstand und Verstand mit Liebe ist erst Geist, ist erst der ganze Mensch.

Gemeinschaftliches Leben nur ist wahres, in sich befriedigtes, göttliches Leben – dieser einfache Gedanke, diese dem Menschen natürliche, eingeborene Wahrheit ist das Geheimnis des übernatürlichen Mysteriums der Trinität. Aber die Religion spricht auch diese, wie jede andere Wahrheit nur indirekt, d. h. verkehrt aus, indem sie auch hier eine allgemeine Wahrheit zu einer besonderen und das wahre Subjekt nur zum Prädikat macht, indem sie sagt: Gott ist ein gemeinschaftliches Leben, ein Leben und Wesen der Liebe und Freundschaft. Die dritte Person in der Trinität drückt ja nichts weiter aus, als die Liebe der beiden göttlichen Personen zueinander, ist die Einheit des Sohnes und Vaters, der Begriff der Gemeinschaft, widersinnig genug selbst wieder als ein besonderes, persönliches Wesen gesetzt. [...]

Ganz in der Ordnung war es daher auch, daß, um die göttliche Familie, den Liebesbund zwischen Vater und Sohn zu ergänzen, noch eine dritte, und zwar weibliche Person in den Himmel aufgenommen wurde; denn die Persönlichkeit des Heiligen Geistes ist eine zu vage und prekäre, eine zu sichtlich bloß poetische Personifikation der gegenseitigen Liebe des Vaters und Sohnes, als daß sie dieses dritte ergänzende Wesen hätte sein können. Die Maria wurde zwar nicht so zwischen den Vater und Sohn hingestellt, als hätte der Vater den Sohn vermittelst derselben erzeugt, weil die Vermischung des Mannes und Weibes den Christen etwas Unheiliges, Sündhaftes war; aber es ist genug, daß das mütterliche Wesen neben Vater und Sohn hingestellt wurde. [...]

Der Protestantismus hat die Mutter Gottes auf die Seite gesetzt;* aber das zurückgesetzte Weib hat sich dafür schwer an ihm gerächt. Die Waffen, die er gegen die Mutter Gottes gebraucht, haben sich gegen ihn selbst, gegen den Sohn Gottes, gegen die gesamte Dreieinigkeit gekehrt. Wer einmal die Mutter Gottes dem Verstande aufopfert, der hat nicht mehr weit hin, auch das Mysterium des Sohnes Gottes als einen Anthropomorphismus aufzuopfern. Der Anthropomorphismus wird allerdings versteckt, wenn das weibliche Wesen ausgeschlossen wird, aber nur versteckt, nicht aufgehoben. Freilich hatte der Protestantismus auch kein Bedürfnis nach einem himmlischen Weibe, weil er das irdische Weib mit

---

* Im Concordienbuch Erklär. Art. 8 und in der Apol. der Augsb. Conf. heißt jedoch noch Maria die »hochgelobte Jungfrau, die wahrhaftig Gottes Mutter und gleichwohl eine Jungfrau blieben ist«, »alles höchsten Lobes wert.«

offenen Armen in sein Herz aufnahm. Aber ebendeswegen hätte er auch so konsequent und mutig sein sollen, mit der Mutter auch den Sohn und Vater dahinzugeben. Nur wer keine irdischen Eltern hat, braucht himmlische Eltern. Der dreieinige Gott ist der Gott des Katholizismus; er hat eine innige, inbrünstige, notwendige, wahrhaft religiöse Bedeutung nur im Gegensatze zur Verneinung aller wesenhaften Bande, im Gegensatze zum Anachoreten-, Mönchs- und Nonnenwesen.\*
Der dreieinige Gott ist ein inhaltsvoller Gott, deswegen da ein Bedürfnis, wo von dem Inhalt des wirklichen Lebens abstrahiert wird. Je leerer das Leben, desto voller, desto konkreter ist Gott. Die Entleerung der wirklichen Welt und die Erfüllung der Gottheit ist ein Akt. Nur der arme Mensch hat einen reichen Gott. Gott entspringt aus dem Gefühl eines Mangels; was der Mensch vermißt – sei dieses nun ein bestimmtes, darum bewußtes oder unbewußtes Vermissen – das ist Gott. So bedarf das trostlose Gefühl der Leere und Einsamkeit einen Gott, in dem Gesellschaft, ein Verein sich innigst liebender Wesen ist.

Hierin haben wir den wahren Erklärungsgrund, warum die Trinität in der neueren Zeit zuerst ihre praktische und endlich auch ihre theoretische Bedeutung verlor.

---

\* »Der Mönch sei wie Melchisedech ohne Vater, ohne Mutter, ohne Genealogie, und nenne niemand auf Erden seinen Vater. Vielmehr denke er so von sich, als wäre nur er allein und Gott.« *Specul. Monach.* (Pseudo-Bernhard.) »Melchisedechs Beispiel zufolge soll der Priester gleichsam ohne Vater und Mutter sein.« Ambrosius (irgendwo).

*Die Allmacht des Gemüts
oder das Geheimnis des Gebets*

[...] Gott ist die Liebe, die unsere Wünsche, unsere Gemütsbedürfnisse befriedigt. – Er ist selbst der verwirklichte Wunsch des Herzens, der zur Gewißheit seiner Erfüllung, seiner Gültigkeit, zur zweifellosen Gewißheit, vor der kein Widerspruch des Verstandes, kein Einwand der Erfahrung, der Außenwelt besteht, gesteigerte Wunsch. Gewißheit ist für den Menschen die höchste Macht; was ihm gewiß, das ist ihm das Seiende, das Göttliche. Gott ist die Liebe – dieser Ausspruch, der höchste des Christentums – ist nur der Ausdruck von der Selbstgewißheit des menschlichen Gemütes, von der Gewißheit seiner als der allein berechtigten, d. i. göttlichen Macht – der Ausdruck von der Gewißheit, daß des Menschen innere Herzenswünsche unbedingte Gültigkeit und Wahrheit haben, daß es keine Schranke, keinen Gegensatz des menschlichen Gemüts gibt, daß die ganze Welt mit aller ihrer Herrlichkeit und Pracht nichts ist gegen das menschliche Gemüt.\* Gott ist

---

\* »Es gibt nichts, was nicht der gute und rechtschaffene Mensch von der göttlichen Güte erwarten könnte; alle Güter, deren nur das menschliche Wesen fähig ist, Dinge, die kein Auge sah und kein Ohr vernahm und kein menschlicher Verstand begriff, kann der sich versprechen, der einen Gott glaubt; denn notwendig haben die unendliche Hoffnungen, welche glauben, daß ein Wesen von unendlicher Güte und Macht die Angelegenheiten der Menschen besorgt und daß unsere Seelen unsterblich sind. Und schlechterdings nichts kann diese Hoffnungen zunichte oder auch nur wankend machen,

die Liebe – d. h. das Gemüt ist der Gott des Menschen, ja Gott schlechtweg, das absolute Wesen. Gott ist das sich gegenständliche Wesen des Gemüts, das schrankenfreie, reine Gemüt – Gott ist der in das *Tempus finitum*, in das gewisse selige Ist verwandelte Optativ des menschlichen Herzens, die rücksichtslose Allmacht des Gefühls, das sich selbst erhörende Gebet, das sich selbst vernehmende Gemüt, das Echo unserer Schmerzenslaute. Äußern muß sich der Schmerz; unwillkürlich greift der Künstler nach der Laute, um in ihren Tönen seinen eigenen Schmerz auszuhauchen. Er befriedigt seinen Schmerz, indem er ihn vernimmt, indem er ihn vergegenständlicht; er erleichtert die Last, die auf seinem Herzen ruht, indem er sie der Luft mitteilt, seinen Schmerz zu einem allgemeinen Wesen macht. Aber die Natur erhört nicht die Klagen des Menschen – sie ist gefühllos gegen seine Leiden. Der Mensch wendet sich daher weg von der Natur, weg von den sichtbaren Gegenständen überhaupt – er kehrt sich nach innen, um hier, verborgen und geborgen vor den gefühllosen Mächten, Gehör für seine Leiden zu finden. Hier spricht er seine drückenden Geheimnisse aus, hier macht er seinem gepreßten Herzen Luft. Diese freie Luft des Herzens, dieses ausgesprochene Geheimnis, dieser entäußerte Seelenschmerz ist Gott. Gott ist eine Träne der Liebe, in tiefster Verborgenheit vergossen über das menschliche Elend. »Gott ist ein unausprech-

---

wenn man nur nicht dem Laster huldigt und ein gottloses Leben führt.« Cudworth. (*Syst. Intellect. cap.* 5. *sect.* 5. § 27.)

licher Seufzer, im Grund der Seelen gelegen« – dieser Ausspruch* ist der merkwürdigste, tiefste, wahrste Ausspruch der christlichen Mystik.

Das tiefste Wesen der Religion offenbart der einfachste Akt der Religion – das Gebet – ein Akt, der unendlich mehr oder wenigstens ebensoviel sagt, wie das Dogma der Inkarnation, obgleich die religiöse Spekulation dasselbe als das größte Mysterium anstiert. Aber freilich nicht das Gebet vor und nach der Mahlzeit, das Mastgebet des Egoismus, sondern das schmerzensreiche Gebet, das Gebet der trostlosen Liebe, das Gebet, welches die den Menschen zu Boden schmetternde Macht seines Herzens ausdrückt.

Im Gebet redet der Mensch Gott mit Du an; er erklärt also laut und vernehmlich Gott für sein anderes Ich; er beichtet Gott, als dem ihm nächsten, innigsten Wesen seine geheimsten Gedanken, seine innigsten Wünsche, die er außerdem sich scheut, laut werden zu lassen. Aber er äußert diese Wünsche, in der Zuversicht, in der Gewißheit, daß sie erfüllt werden. Wie könnte er sich an ein Wesen wenden, das kein Ohr für seine Klagen hätte? Was anders ist also das Gebet, als der mit der Zuversicht in seine Erfüllung geäußerte Wunsch des Herzens?** was anders das Wesen,

---

* Sebastian Frank von Wörd in Zinkgrefs Apophthegmata deutscher Nation.
** Es wäre ein schwachsinniger Einwand, zu sagen, Gott erfülle nur die Wünsche, die Bitten, welche in seinem Namen oder im Interesse der Kirche Christi geschehen, kurz nur die Wünsche, welche mit seinem Willen übereinstimmen; denn der Wille Gottes ist eben der Wille

das diese Wünsche erfüllt, als das sich selbst Gehör gebende, sich selbst genehmigende, sich ohne Ein- und Widerrede bejahende menschliche Gemüt? Der Mensch, der sich nicht die Vorstellung der Welt aus dem Kopf schlägt, die Vorstellung, daß alles hier nur vermittelt ist, jede Wirkung ihre natürliche Ursache hat, jeder Wunsch nur erreicht wird, wenn er zum Zweck gemacht und die entsprechenden Mittel ergriffen werden, ein solcher Mensch betet nicht; er arbeitet nur; er verwandelt die erreichbaren Wünsche in Zwecke weltlicher Tätigkeit, die übrigen Wünsche, die er als subjektive erkennt, unterdrückt er oder betrachtet sie eben nur als subjektive, fromme Wünsche. Kurz, er beschränkt, bedingt sein Wesen durch die Welt, als deren Mitglied er sich denkt, seine Wünsche durch die Vorstellung der Notwendigkeit. Im Gebete dagegen schließt der Mensch die Welt und mit ihr alle Gedanken der Vermittlung, der Abhängigkeit, der traurigen Notwendigkeit von sich aus; er macht seine Wünsche, seine Herzensangelegenheiten zu Gegenständen des unabhängigen, allvermögenden, des absoluten Wesens, d. h. er bejaht sie unbeschränkt.

---

des Menschen, oder vielmehr Gott hat die Macht, der Mensch den Willen: Gott macht den Menschen selig, aber der Mensch will selig sein. Ein einzelner, dieser oder jener Wunsch kann allerdings nicht erhört werden; aber darauf kommt es nicht an, wenn nur die Gattung, die wesentliche Tendenz genehmigt ist. Der Fromme, dem eine Bitte fehlschlägt, tröstet sich daher damit, daß die Erfüllung derselben ihm nicht heilsam gewesen wäre. So z. B. *Oratio de precatione*, in *Declamat.* Melanchthonis. T. III.

Gott ist das Jawort des menschlichen Gemüts – das Gebet die unbedingte Zuversicht des menschlichen Gemütes zur absoluten Identität des Subjektiven und Objektiven, die Gewißheit, daß die Macht des Herzens größer, als die Macht der Natur, daß das Herzensbedürfnis die allgebietende Notwendigkeit, das Schicksal der Welt ist. Das Gebet verändert den Naturlauf – es bestimmt Gott zur Hervorbringung einer Wirkung, die mit den Gesetzen der Natur im Widerspruch steht. Das Gebet ist das Verhalten des menschlichen Herzens zu sich selbst, zu seinem eigenen Wesen – im Gebete vergißt der Mensch, daß eine Schranke seiner Wünsche existiert, und ist selig in diesem Vergessen.

Das Gebet ist die Selbstteilung des Menschen in zwei Wesen – ein Gespräch des Menschen mit sich selbst, mit seinem Herzen. Es gehört mit zur Wirkung des Gebets, daß es laut, deutlich, nachdrucksvoll ausgesprochen wird. Unwillkürlich quillt das Gebet über die Lippen heraus – der Druck des Herzens zersprengt das Schloß des Mundes. Aber das laute Gebet ist nur das sein Wesen offenbarende Gebet: das Gebet ist wesentlich, wenn auch nicht äußerlich ausgesprochene, Rede – das lateinische Wort *oratio* bedeutet beides – im Gebete spricht sich der Mensch unverhohlen aus über das, was ihn drückt, was ihm überhaupt nahegeht; er vergegenständlicht sein Herz – daher die moralische Kraft des Gebets. Sammlung, sagt man, ist die Bedingung des Gebets. Aber sie ist mehr als Bedingung: das Gebet ist selbst Sammlung – Beseitigung aller zerstreuenden Vorstellungen, aller störenden Einflüsse von außen, Einkehr in sich selbst, um sich nur zu seinem eigenen Wesen zu verhalten. Nur ein zuversichtliches, aufrichtiges, herzliches, inniges Gebet, sagt man, hilft, aber diese Hilfe liegt im Gebete selbst. Wie überall in der Religion das Subjektive, Menschliche, Untergeordnete in Wahrheit das Erste, die *prima causa*, die Sache selbst ist – so sind auch hier diese subjektiven Eigenschaften das objektive Wesen des Gebets selbst.* [...]

*Der christliche Himmel oder die persönliche Unsterblichkeit*

[...] Das himmlische Leben oder – was wir hier nicht unterscheiden – die persönliche Unsterblichkeit ist eine charakteristische Lehre des Christentums. Allerdings findet sie sich zum Teil auch schon bei den heidnischen Philosophen, aber hier hat sie nur die Bedeutung einer Phantasie, weil sie nicht mit ihrer Grundanschauung zusammenhing. Wie widersprechend äußern sich nicht z. B.

---

\* Aus subjektiven Gründen vermag auch mehr das gemeinschaftliche als einzelne Gebet. Gemeinsamkeit erhöht die Gemütskraft, steigert das Selbstgefühl. Was man allein nicht vermag, vermag man mit anderen. Alleingefühl ist Beschränktheitsgefühl; Gemeingefühl Freiheitsgefühl. Darum drängen sich die Menschen, von Naturgewalten bedroht, zusammen. »Es ist unmöglich, wie Ambrosius sagt, daß die Gebete vieler nichts erlangen... Der Einzelheit wird abgeschlagen, was der Liebe gewährt wird.« P. Paul. Mezger. (*Sacra Hist. de gentis hebr. ortu. Aug.* V. 1700. p. 668–69.)

die Stoiker über diesen Gegenstand! Erst bei den Christen fand die persönliche Unsterblichkeit das Prinzip, woraus sie sich mit Notwendigkeit als eine sich von selbst verstehende Wahrheit ergibt. Den Alten kam die Anschauung der Welt, der Natur, der Gattung stets in die Quere, sie unterschieden zwischen dem Lebensprinzip und dem lebenden Subjekt, zwischen der Seele, dem Geiste und sich selbst; während der Christ den Unterschied zwischen Seele und Person, Gattung und Individuum aufhob, daher unmittelbar in sich selbst setzte, was nur der Totalität der Gattung angehört. Aber die unmittelbare Einheit der Gattung und Individualität ist eben das höchste Prinzip, der Gott des Christentums – das Individuum hat in ihm die Bedeutung des absoluten Wesens – und die notwendige Folge dieses Prinzips eben die persönliche Unsterblichkeit.

Oder vielmehr: der Glaube an die persönliche Unsterblichkeit ist ganz identisch mit dem Glauben an den persönlichen Gott – d. h. dasselbe, was der Glaube an das himmlische, unsterbliche Leben der Person ausdrückt, dasselbe drückt Gott aus, wie er den Christen Gegenstand ist – das Wesen der absoluten, uneingeschränkten Persönlichkeit. Die uneingeschränkte Persönlichkeit ist Gott, aber die himmlische, unsterbliche Persönlichkeit ist selbst nichts anderes als die uneingeschränkte, die von allen irdischen Beschwerden und Schranken erledigte Persönlichkeit – der Unterschied nur der, daß Gott der geistige Himmel, der Himmel der sinnliche Gott ist, daß in Gott gedacht wird, was im Himmel als ein Objekt der

Phantasie gesetzt wird. Gott ist nur der unentwickelte Himmel, der wirkliche Himmel der entwickelte Gott. Gegenwärtig ist Gott das Himmelreich, in Zukunft der Himmel Gott. Gott ist die Bürgschaft, die, aber noch abstrakte, Gegenwart und Existenz der Zukunft – der antizipierte, kompendiöse Himmel. Unser eigenes zukünftiges, aber von uns, wie wir gegenwärtig in dieser Welt, in diesem Leibe existieren, unterschiedenes, nur ideal gegenständliches Wesen ist Gott – Gott ist der Gattungsbegriff, der sich dort erst verwirklichen, individualisieren wird. Gott ist die himmlische, reine, freie Wesenheit, die dort als himmlische, reine Wesen existieren wird, die Seligkeit, die dort in einer Fülle seliger Individuen sich entfaltet. Gott ist also nichts anderes als der Begriff oder das Wesen des absoluten, des seligen, himmlischen Lebens, das aber hier selbst noch zusammengefaßt wird in eine ideale Persönlichkeit. Deutlich genug ist dies ausgesprochen in dem Glauben, daß das selige Leben die Einheit mit Gott ist. Hier sind wir unterschieden und getrennt von Gott, dort fällt die Scheidewand; hier sind wir Menschen, dort Götter; hier ist die Gottheit ein Monopol, dort ein Gemeingut; hier eine abstrakte Einheit, dort eine konkrete Vielheit.*

---

* »Schön sagt die Schrift (1. Johann. 3, 2), daß wir dann Gott sehen werden, wie er ist, wenn wir ihm gleich sein, d. h. das sein werden, was er selbst ist; denn welchen die Macht gegeben ist, Gottes Söhne zu werden, denen ist auch die Macht gegeben, daß sie zwar nicht Gott sind, aber doch sind, was Gott ist.« *De Vita solit.* (Pseudo-Bernhard.) »Der Zweck des guten Willens

Was die Erkenntnis dieses Gegenstandes erschwert, ist nur die Phantasie, welche einerseits durch die Vorstellung der Persönlichkeit und Selbständigkeit Gottes, andererseits durch die Vorstellung der vielen Persönlichkeiten, welche sie zugleich gewöhnlich in ein mit sinnlichen Farben ausgemaltes Reich verlegt, die Einheit des Begriffs auseinandertrennt. Aber in Wahrheit ist kein Unterschied zwischen dem absoluten Leben, welches als Gott, und dem absoluten Leben, welches als der Himmel gedacht wird; nur daß im Himmel in die Länge und Breite ausgedehnt wird, was in Gott in einen Punkt zurückgedrängt ist. Der Glaube an die Unsterblichkeit des Menschen ist der Glaube an die Göttlichkeit des Menschen, und umgekehrt der Glaube an Gott der Glaube an die reine, von allen Schranken erlöste und folglich eben damit unsterbliche Persönlichkeit. Die Unterschiede, die man setzt zwischen der unsterblichen Seele und Gott, sind entweder nur sophistische, oder phantastische, wie wenn man z. B. die Seligkeit der Himmelsbewohner wieder in Schranken einschließt, in Grade einteilt, um einen Unterschied zwischen Gott und den himmlischen Wesen zu etablieren.

---

ist die Seligkeit: das ewige Leben aber Gott selbst.« Augustinus (bei Petrus Lom. *Lib.* II. *dist.* 38. c. 1.) »Die Seligkeit ist die Gottheit selbst, jeder Selige also ein Gott.« Boethius. (*De consol. Phil. Lib.* III. *Prosa* 10.) »Seligkeit und Gott sind dasselbe.« Thomas Aq. (*Summa cont. Gentiles. L.* 1. c. 101.) »Der andere Mensch wird erneuert werden in das geistliche Leben, er wird Gott gleich sein, im Leben, in Gerechtigkeit, Herrlichkeit, Weisheit.« Luther. (T. I. p. 324.)

Die Einheit der göttlichen und himmlischen Persönlichkeit erscheint selbst in den populären Beweisen der Unsterblichkeit. Wenn kein anderes besseres Leben ist, so ist Gott nicht gerecht und gut. Die Gerechtigkeit und Güte Gottes wird so abhängig gemacht von der Fortdauer der Individuen; aber ohne Gerechtigkeit und Güte ist Gott nicht Gott – die Gottheit, die Existenz Gottes wird daher abhängig gemacht von der Existenz der Individuen. Wenn ich nicht unsterblich bin, so glaube ich keinen Gott; wer die Unsterblichkeit leugnet, leugnet Gott. Aber das kann ich unmöglich glauben: so gewiß Gott ist, so gewiß ist meine Seligkeit. Gott ist mir eben die Gewißheit meiner Seligkeit. Das Interesse, daß Gott ist, ist eins mit dem Interesse, daß ich bin, ewig bin. Gott ist meine geborgene, meine gewisse Existenz: er ist die Subjektivität der Subjekte, die Persönlichkeit der Personen. Wie sollte daher den Personen nicht zukommen, was der Persönlichkeit zukommt? In Gott mache ich eben mein Futurum zu einem Präsens oder vielmehr ein Zeitwort zu einem Substantiv; wie sollte sich eins vom anderen trennen lassen; Gott ist die meinen Wünschen und Gefühlen entsprechende Existenz: er ist der Gerechte, der Gütige, der meine Wünsche erfüllt. Die Natur, diese Welt ist eine meinen Wünschen, meinen Gefühlen widersprechende Existenz. Hier ist es nicht so, wie es sein soll – diese Welt vergeht – Gott aber ist das Sein, welches so ist, wie es sein soll. Gott erfüllt meine Wünsche – dies ist nur populäre Personifikation des Satzes: Gott ist der Erfüller, d. i. die Wirklichkeit, das Erfülltsein meiner Wünsche.* Aber der Himmel ist eben das meinen Wünschen, meiner Sehnsucht entsprechende Sein** – also kein Unterschied zwischen Gott und Himmel. Gott ist die Kraft, durch die der Mensch seine ewige Glückseligkeit verwirklicht – Gott die absolute Persönlichkeit, in der alle einzelnen Personen die Gewißheit ihrer Seligkeit und Unsterblichkeit haben – Gott die höchste letzte Gewißheit des Menschen von der absoluten Wahrheit seines Wesens.

Die Unsterblichkeitslehre ist die Schlußlehre der Religion – ihr Testament, worin sie ihren letzten Willen äußert. Hier spricht sie darum unverhohlen aus, was sie sonst verschweigt. Wenn es sich sonst um die Existenz eines anderen Wesens handelt, so handelt es sich hier offenbar nur um die eigene Existenz; wenn außerdem der Mensch in der Religion sein Sein vom Sein Gottes abhängig macht, so macht er hier die Existenz Gottes von seiner eigenen abhängig; was ihm sonst die primäre, unmittelbare Wahrheit, das ist ihm daher hier eine ab-

---

* »Wenn ein unverwüstlicher Körper ein Gut für uns ist, warum wollen wir daran zweifeln, daß Gott einen solchen uns machen werde?« Augustinus. (*Opp.* Antverp. 1700. T. V. p. 698.)
** »Der himmlische Körper heißt ein geistiger Leib, weil er dem Willen des Geistes sich fügen wird. Nichts wird Dir aus Dir selbst widersprechen, nichts sich in Dir gegen Dich empören. Wo Du sein willst, wirst Du in demselben Moment sein.« Augustinus. (L. c. p. 705. 703.) »Nichts Garstiges wird dort sein, nichts Feindseliges, nichts Uneiniges, nichts Mißgestaltetes, nichts den Anblick Beleidigendes.« Ders. (L. c. p. 707.) »Nur der Selige lebt, wie er will.« Ders. (*De Civit. Dei lib.* 10. c. 25.)

geleitete, sekundäre Wahrheit: wenn ich nicht ewig bin, so ist Gott nicht Gott, wenn keine Unsterblichkeit, so ist kein Gott. Und diesen Schluß hat schon der Apostel gemacht. Wenn wir nicht auferstehen, so ist Christus nicht auferstanden und alles ist nichts. Lasset uns essen und trinken. Allerdings kann man das scheinbar und wirklich Anstößige, was in den populären Beweisen liegt, beseitigen, indem man die Schlußform vermeidet, aber nur dadurch, daß man die Unsterblichkeit zu einer analytischen Wahrheit macht, so daß eben der Begriff Gottes, als der absoluten Persönlichkeit oder Subjektivität, von selbst schon der Begriff der Unsterblichkeit ist. Gott ist die Bürgschaft meiner zukünftigen Existenz, weil er schon die Gewißheit und Wahrheit meiner gegenwärtigen Existenz, mein Heil, mein Trost, mein Schirm vor den Gewalten der Außenwelt ist; ich brauche also die Unsterblichkeit gar nicht ausdrücklich zu folgern, nicht als eine aparte Wahrheit herauszustellen; habe ich Gott, so habe ich Unsterblichkeit. So war es bei den tieferen christlichen Mystikern, ihnen ging der Begriff der Unsterblichkeit in dem Begriffe Gottes auf: Gott war ihnen ihr unsterbliches Wesen – Gott selbst die subjektive Seligkeit, also das für sie, für ihr Bewußtsein, was er an sich selbst, d. i. im Wesen der Religion ist.

Somit ist bewiesen, daß Gott der Himmel ist, daß beide dasselbe sind. Leichter wäre der umgekehrte Beweis gewesen, nämlich, daß der Himmel der eigentliche Gott der Menschen ist. Wie der Mensch seinen Himmel denkt, so denkt er seinen Gott; die Inhaltsbestimmtheit seines Himmels ist die

Inhaltsbestimmtheit seines Gottes, nur daß im Himmel sinnlich ausgemalt, ausgeführt wird, was in Gott nur Entwurf, Konzept ist. Der Himmel ist daher der Schlüssel zu den innersten Geheimnissen der Religion. Wie der Himmel objektiv das aufgeschlossene Wesen der Gottheit, so ist er auch subjektiv die offenherzigste Aussprache der innersten Gedanken und Gesinnungen der Religion. Daher sind die Religionen so verschieden wie die Himmelreiche, und so viel unterschiedene Himmelreiche wie wesentliche Menschenunterschiede sind. Auch die Christen selbst denken sich sehr verschiedenartig den Himmel.\* [...]

Wie Gott nichts anderes ist als das Wesen des Menschen, gereinigt von dem, was dem menschlichen Individuum, sei es nun im Gefühl oder Denken, als Schranke, als Übel erscheint: so ist das Jenseits nichts anderes als das Diesseits, befreit von dem, was als Schranke, als Übel erscheint. So bestimmt und deutlich die Schranke als Schranke, das Übel als Übel von dem Individuum gewußt wird, ebenso bestimmt und deutlich wird von ihm das Jenseits, wo diese Schranken wegfallen, gewußt. Das Jenseits ist das Gefühl, die Vorstellung der Freiheit von den Schranken, die hier das

---

\* Und ebenso verschiedenartig ihren Gott. So haben die frommen christlichen Deutschtümler einen »deutschen Gott«, notwendig also auch die frommen Spanier einen spanischen Gott, die Franzosen einen französischen Gott. Die Franzosen sagen wirklich sprichwörtlich: *Le bon Dieu est Français*. In der Tat existiert auch so lange Vielgötterei, solange es viele Völker gibt. Der wirkliche Gott eines Volks ist das *Point d'honneur* seiner Nationalität.

Selbstgefühl, die Existenz des Individuums beeinträchtigen. Der Gang der Religion unterscheidet sich nur dadurch von dem Gang des natürlichen oder vernünftigen Menschen, daß sie den Weg, welchen dieser in der geraden als der kürzesten Linie macht, in einer krummen, und zwar der Kreislinie beschreibt. Der natürliche Mensch bleibt in seiner Heimat, weil es ihm hier wohlgefällt, weil er vollkommen befriedigt ist; die Religion, die in einer Unzufriedenheit, einer Zwietracht anhebt, verläßt die Heimat, geht in die Ferne, aber nur um in der Entfernung das Glück der Heimat um so lebhafter zu empfinden. Der Mensch trennt sich in der Religion von sich selbst, aber nur, um immer wieder auf denselben Punkt zurückzukommen, von dem er ausgelaufen. Der Mensch verneint sich, aber nur um sich wieder zu setzen, und zwar jetzt in verherrlichter Gestalt. So verwirft er auch das Diesseits, aber nur um am Ende es als Jenseits wieder zu setzen.\* Das verlorene, aber wiedergefundene und in der Freude des Wiedersehens um so heller strahlende Diesseits ist das Jenseits. Der religiöse Mensch gibt die Freuden dieser Welt auf; aber nur um dafür die himmlischen Freuden zu gewinnen, oder vielmehr er gibt sie deswegen auf, weil er schon in

---

\* Dort wird daher alles wiederhergestellt; selbst »kein Zahn oder Nagel« wird verlorengehen. Siehe Aurelius Prudent. (*Apotheos. de resurr. carnis hum.*) Und dieser in euren Augen rohe, fleischliche und deswegen von euch desavouierte Glaube ist der allein konsequente, der allein redliche, der allein wahre Glaube. Zur Identität der Person gehört die Identität des Leibes.

dem wenigstens geistigen Besitze der himmlischen Freuden ist. Und die himmlischen Freuden sind dieselben, wie hier, nur befreit von den Schranken und Widerwärtigkeiten dieses Lebens. Die Religion kommt so, aber auf einem Umweg, zu dem Ziele, dem Ziele der Freude, worauf der natürliche Mensch in gerader Linie zueilt. Das Wesen im Bilde ist das Wesen der Religion. Die Religion opfert die Sache dem Bilde auf. Das Jenseits ist das Diesseits im Spiegel der Phantasie – das bezaubernde Bild, im Sinne der Religion das Urbild des Diesseits: dieses wirkliche Leben nur ein Schein, ein Schimmer jenes geistigen, bildlichen Lebens. Das Jenseits ist das im Bilde angeschaute, von aller groben Materie gereinigte – verschönerte Diesseits.

Die Verschönerung, die Verbesserung setzt einen Tadel, ein Mißfallen voraus. Aber das Mißfallen ist nur ein oberflächliches. Ich spreche der Sache nicht Wert ab; nur so, wie sie ist, gefällt sie mir nicht; ich verwerfe nur die Beschaffenheiten, nicht das Wesen, sonst würde ich auf Vertilgung dringen. Ein Haus, das mir durchaus mißfällt, lasse ich abtragen, aber nicht verschönern. Der Glaube an das Jenseits gibt die Welt auf, aber nicht ihr Wesen; nur so, wie sie ist, gefällt sie nicht. Die Freude gefällt dem Jenseitsgläubigen – wer sollte die Freude nicht als etwas Wahres, Wesentliches empfinden? – aber es mißfällt ihm, daß hier auf die Freude entgegengesetzte Empfindungen folgen, daß sie vergänglich ist. Er setzt daher die Freude auch ins Jenseits, aber als ewige, ununterbrochene, göttliche Freude – das Jenseits heißt darum das Freudenreich – wie er hier schon die Freude in Gott setzt; denn Gott ist nichts als die ewige, ununterbrochene Freude als Wesen. Die Individualität gefällt ihm, aber nur nicht die mit objektiven Trieben belastete; er nimmt daher die Individualität auch mit, aber die reine, die absolut subjektive. Das Licht gefällt, aber nicht die Schwere, weil sie als eine Schranke dem Individuum erscheint, nicht die Nacht, weil in ihr der Mensch der Natur gehorcht, dort ist Licht, aber keine Schwere, keine Nacht – reines, ungestörtes Licht.\*

Wie der Mensch in der Entfernung von sich, in Gott immer wieder nur auf sich selbst zurückkommt, immer nur sich um sich selbst dreht; so kommt der Mensch auch in der Entfernung vom Diesseits immer wieder zuletzt nur auf dasselbe zurück. Je außer- und übermenschlicher Gott im Anfang erscheint, desto menschlicher zeigt er sich im Verlaufe oder Schlusse. Ebenso: je übernatürlicher im Anfang oder in der Ferne beschaut das himmlische Leben aussieht, desto mehr stellt sich am Ende oder in der Nähe betrachtet die Einheit des himmlischen Lebens mit dem natürlichen heraus – eine Einheit, die sich zuletzt bis auf das Fleisch, bis auf den Leib erstreckt. Zunächst handelt es sich um die Scheidung der Seele vom Leibe, wie in der Anschauung Gottes um die Scheidung des Wesens von dem Individuum – das Individuum stirbt einen geistigen Tod, der tote Leib,

---

\* »Nach der Auferstehung wird die Zeit nicht mehr nach Tagen und Nächten gemessen. Es wird vielmehr ein Tag ohne Abend sein.« Joa. Damascen. (*Orth. fidei Lib.* II. c. 1.)

der zurückbleibt, ist das menschliche Individuum, die Seele, die sich davon geschieden, Gott. Aber die Scheidung der Seele vom Leibe, des Wesens vom Individuum, Gottes vom Menschen muß wieder aufgehoben werden. Jede Trennung zusammengehörender Wesen ist schmerzlich. Die Seele sehnt sich wieder nach ihrem verlorenen Teile, nach ihrem Leibe, wie Gott, die abgeschiedene Seele, sich wieder nach dem wirklichen Menschen sehnt. Wie Gott daher wieder Mensch wird, so kehrt die Seele wieder in ihren Leib zurück – und die vollkommene Einheit des Dies- und Jenseits ist jetzt wiederhergestellt. Zwar ist dieser neue Leib ein lichtvoller, verklärter, wunderbarer Leib, aber – und das ist die Hauptsache – es ist ein anderer und doch derselbe Leib.\* So ist auch Gott ein anderes und doch dasselbe Wesen wie der Mensch. Wir kommen hier wieder auf den Begriff des Wunders, welches Widersprechendes vereinigt. Der übernatürliche Körper ist ein Körper der Phantasie, aber eben deswegen ein dem Gemüte des Menschen entsprechender, weil ihn nicht belästigender – ein rein subjektiver Körper. Der Glaube an das Jenseits ist nichts anderes als der Glaube an die Wahrheit der Phantasie, wie der Glaube an Gott der Glaube an die Wahrheit und Unendlichkeit des menschlichen Gemütes. Oder: wie der Glaube an Gott nur der Glaube an das abstrakte Wesen des Menschen ist, so der Glaube an

---

\* »*Ipsum (corpus) erit et non ipsum erit:* »Er wird derselbe und doch nicht derselbe sein.« Augustinus. (v. J. Ch. Doederlein. *Inst. Theol. Christ.* Altdorf. 1781. § 280.)

das Jenseits nur der Glaube an das abstrakte Diesseits.
Aber der Inhalt des Jenseits ist die Seligkeit, die ewige Seligkeit der Persönlichkeit, die hier durch die Natur beschränkt und beeinträchtigt existiert. Der Glaube an das Jenseits ist daher der Glaube an die Freiheit der Subjektivität von den Schranken der Natur – also der Glaube an die Ewigkeit und Unendlichkeit der Persönlichkeit, und zwar nicht in ihrem Gattungsbegriffe, der sich in immer neuen Individuen entfaltet, sondern dieser bereits existierenden Individuen – folglich der Glaube des Menschen an sich selbst. Aber der Glaube an das Himmelreich ist eins mit dem Glauben an Gott – es ist derselbe Inhalt in beiden – Gott ist die reine, absolute, aller Naturschranken ledige Persönlichkeit: er ist schlechtweg, was die menschlichen Individuen nur sein sollen, sein werden – der Glaube an Gott daher der Glaube des Menschen an die Unendlichkeit und Wahrheit seines eigenen Wesens – das göttliche Wesen das menschliche und zwar subjektiv menschliche Wesen in seiner absoluten Freiheit und Unbeschränktheit.
Unsere wesentlichste Aufgabe ist hiermit erfüllt. Wir haben das außerweltliche, übernatürliche und übermenschliche Wesen Gottes reduziert auf die Bestandteile des menschlichen Wesens als seine Grundbestandteile. Wir sind im Schlusse wieder auf den Anfang zurückgekommen. Der Mensch ist der Anfang der Religion, der Mensch der Mittelpunkt der Religion, der Mensch das Ende der Religion.

## Der Widerspruch von Glaube und Liebe

[...] Das geheime Wesen der Religion ist die Einheit des göttlichen Wesens mit dem menschlichen – die Form der Religion aber oder das offenbare, bewußte Wesen derselben der Unterschied. Gott ist das menschliche Wesen, er wird aber gewußt als ein anderes Wesen. Die Liebe ist es nun, welche das verborgene Wesen der Religion offenbart, der Glaube aber, der die bewußte Form ausmacht. Die Liebe identifiziert den Menschen mit Gott, Gott mit dem Menschen, darum den Menschen mit dem Menschen; der Glaube trennt Gott vom Menschen, darum den Menschen von dem Menschen; denn Gott ist nichts anderes als der mystische Gattungsbegriff der Menschheit, die Trennung Gottes vom Menschen daher die Trennung des Menschen vom Menschen, die Auflösung des gemeinschaftlichen Bandes. Durch den Glauben setzt sich die Religion mit der Sittlichkeit, der Vernunft, dem einfachen Wahrheitssinn des Menschen in Widerspruch; durch die Liebe aber setzt sie sich wieder diesem Widerspruch entgegen. Der Glaube vereinzelt Gott, er macht ihn zu einem besonderen, anderen Wesen; die Liebe verallgemeinert; sie macht Gott zu einem gemeinen Wesen, dessen Liebe eins ist mit der Liebe zum Menschen. Der Glaube entzweit den Menschen im Inneren, mit sich selbst, folglich auch im Äußeren; die Liebe aber ist es, welche die Wunden heilt, die der Glaube in das Herz des Menschen schlägt. Der Glaube macht den Glauben an seinen Gott zu einem Gesetz; die Liebe ist Freiheit, sie verdammt selbst den Atheisten nicht, weil sie selbst atheistisch ist, selbst, wenn auch nicht immer theoretisch, doch praktisch die Existenz eines besonderen, dem Menschen entgegengesetzten Gottes leugnet.

Der Glaube scheidet: das ist wahr, das falsch. Und sich nur eignet er die Wahrheit zu. Der Glaube hat eine bestimmte, besondere Wahrheit, die daher notwendig mit Verneinung verbunden ist, zu seinem Inhalte. Der Glaube ist seiner Natur nach ausschließend. Eines nur ist Wahrheit, einer nur ist Gott, einer nur, dem das Monopol des Gottessohnes angehört; alles andere ist nichts, Irrtum, Wahn. Jehovah allein ist der wahre Gott; alle anderen Götter sind nichtige Götzen. [...]

Der Glaube gibt dem Menschen ein besonderes Ehr- und Selbstgefühl. Der Gläubige findet sich ausgezeichnet vor anderen Menschen, erhoben über den natürlichen Menschen; er weiß sich als eine Person von Distinktion, im Besitze besonderer Rechte; die Gläubigen sind Aristokraten, die Ungläubigen Plebejer. Gott ist dieser personifizierte Unterschied und Vorzug des Gläubigen vor dem Ungläubigen.* Aber weil der Glaube das eigene Wesen als ein anderes Wesen vorstellt, so verlegt der Gläubige seine Ehre nicht unmittelbar in sich, sondern in diese andere Person. Das Bewußtsein seines Vorzugs ist das Bewußtsein dieser Person, das Gefühl seiner selbst hat er in dieser

---

* Celsus macht den Christen den Vorwurf, daß sie sich rühmten, nach Gott die ersten zu sein. *Est Deus et post illum nos.* (Origenes *adv. Cels.* ed. Hoeschelius. Aug. Vind. 1605. p. 182.)

anderen Persönlichkeit.\* Wie der Bediente in der Würde seines Herrn sich selbst fühlt, ja sich mehr zu sein dünkt, als ein freier, selbständiger Mann von niedrigem Stande als sein Herr, so auch der Gläubige.\*\* Er spricht sich alle Verdienste ab, um bloß seinem Herrn die Ehre des Verdienstes zu lassen, aber nur weil dieses Verdienst ihm selbst zugute kommt, weil er in der Ehre des Herrn sein eigenes Ehrgefühl befriedigt. Der Glaube ist hochmütig, aber er unterscheidet sich von dem natürlichen Hochmut dadurch, daß er das Gefühl seines Vorzugs, seinen Stolz in eine andere Person überträgt, die ihn bevorzugt, eine andere Person, die aber sein eigenes geborgenes Selbst, sein personifizierter und befriedigter Glückseligkeitstrieb ist; denn diese Persönlichkeit hat keine anderen Bestimmungen, als die, daß sie der Wohltäter, der Erlöser, der Heiland ist, also Bestimmungen, in denen der Gläubige sich nur auf sich, auf sein eigenes ewiges Heil bezieht. Kurz, wir haben hier das charakteristische Prinzip der Religion, daß sie das natürliche Aktiv in ein Passiv verwandelt. Der Heide erhebt sich, der Christ fühlt sich erhoben. Der Christ verwandelt in eine Sache des Gefühls, der Empfänglichkeit, was dem Heiden eine Sache der Selbsttätigkeit ist. Die Demut des Gläubigen

---

\* »Ich bin stolz und hoffärtig von wegen meiner Seeligkeit und Vergebung der Sünde, aber wodurch? Durch eine fremde Ehre und Hoffart, nämlich des Herrn Christi.« Luther. (T. II. p. 344.) »Wer sich rühmet, rühme sich des Herrn.« (1. Cor. 1, 31.)
\*\* Ein ehemaliger Adjutant des russischen Generals Münnich sagte: »Da ich sein Adjutant war, fühlte ich mich größer als nun, wo ich kommandiere.«

ist ein umgekehrter Hochmut – ein Hochmut, der aber nicht den Schein, die äußeren Kennzeichen des Hochmuts hat. Er fühlt sich ausgezeichnet; aber diese Auszeichnung ist nicht Resultat seiner Tätigkeit, sondern Sache der Gnade; er ist ausgezeichnet worden; er kann nichts dafür. Er macht sich überhaupt nicht zum Zweck seiner eigenen Tätigkeit, sondern zum Zweck, zum Gegenstand Gottes. [...]

Die Kirche hat mit vollem Rechte Anders- oder überhaupt Ungläubige* verdammt, denn dieses Verdammen liegt im Wesen des Glaubens. Der Glaube erscheint zunächst nur als unbefangene Absonderung der Gläubigen von den Ungläubigen; aber diese Sonderung ist eine höchst kritische Scheidung. Der Gläubige hat Gott für sich, der Ungläubige gegen sich – nur als möglicher Gläubiger hat er Gott nicht gegen sich, aber als wirklicher Ungläubiger – darin liegt eben der Grund der Forderung, den Stand des Unglaubens zu verlassen. Was aber Gott gegen sich hat, ist nichtig, verstoßen, verdammt; denn was Gott gegen sich hat, ist selbst wider Gott. Glauben ist gleichbedeutend mit Gutsein, nicht glauben mit Bösesein. Der Glaube, beschränkt und befangen, schiebt alles in die Gesinnung. Der Ungläubige ist ihm aus Verstocktheit, aus Bosheit ungläubig,**

---

* Dem Glauben, wo er noch Feuer im Leibe, Charakter hat, ist immer der Andersgläubige gleich dem Ungläubigen, dem Atheisten.
** Schon im N. T. ist mit dem Unglauben der Begriff des Ungehorsams verknüpft. »Die Hauptbosheit ist der Unglaube.« Luther. (T. XIII. p. 647.)

ein Feind Christi. Der Glaube assimiliert sich daher nur die Gläubigen, aber die Ungläubigen verstößt er. Er ist gut gegen die Gläubigen, aber böse gegen die Ungläubigen. Im Glauben liegt ein böses Prinzip. [...]
Wende man nicht dagegen ein, daß es in der Bibel heißt: »richtet nicht, auf daß ihr nicht gerichtet werdet«, daß der Glaube also Gott wie das Gericht, so das Verdammungsurteil überlasse. Auch dieser und andere ähnliche Sprüche gelten nur im christlichen Privatrecht, aber nicht im christlichen Staatsrecht, gehören nur der Moral, nicht der Dogmatik an. Es ist schon Glaubensindifferenz, solche moralischen Aussprüche auf das Gebiet der Dogmatik zu ziehen. Die Unterscheidung zwischen dem Ungläubigen und Menschen ist eine Frucht moderner Humanität. Dem Glauben geht der Mensch im Glauben auf; der wesentliche Unterschied des Menschen vom Tiere beruht für ihn nur auf dem religiösen Glauben. Nur der Glaube begreift in sich alle Tugenden, die den Menschen gottwohlgefällig machen; Gott aber ist das Maß, sein Wohlgefallen die höchste Norm; der Gläubige also allein der legitime, normale Mensch, der Mensch, wie er sein soll, der Mensch, den Gott anerkennt. Wo die Unterscheidung zwischen dem Menschen und dem Gläubigen gemacht wird, da hat sich der Mensch schon vom Glauben abgetrennt; da gilt der Mensch schon für sich selbst, unabhängig vom Glauben. Der Glaube ist daher nur dort ein wahrer, ungeheuchelter, wo der Glaubensunterschied in aller Schärfe wirkt. Wird der Unterschied des Glaubens abgestumpft, so

wird natürlich auch der Glaube selbst indifferent, charakterlos. Nur in an sich indifferenten Dingen ist der Glaube liberal. Der Liberalismus des Apostels Paulus hat zur Voraussetzung die Annahme der Grundartikel des Glaubens. Wo alles auf die Grundartikel des Glaubens ankommt, entsteht der Unterschied zwischen Wesentlichem und Unwesentlichem. Im Gebiet des Unwesentlichen gibt es kein Gesetz, da seid ihr frei. Aber natürlich nur unter der Bedingung, daß ihr dem Glauben sein Recht ungeschmälert laßt, gewährt euch der Glaube Rechte, Freiheiten. [...]

Der Glaube ist also wesentlich parteiisch. Wer nicht für Christus ist, der ist wider Christus. Für mich oder wider mich. Der Glaube kennt nur Feinde oder Freunde, keine Unparteilichkeit; er ist nur für sich eingenommen. Der Glaube ist wesentlich intolerant – wesentlich, weil mit dem Glauben immer notwendig der Wahn verbunden ist, daß seine Sache die Sache Gottes sei, seine Ehre die Ehre Gottes. Der Gott des Glaubens ist an sich nichts anderes als das gegenständliche Wesen des Glaubens, der Glaube, der sich Gegenstand ist. Es identifiziert sich daher auch im religiösen Gemüte und Bewußtsein die Sache des Glaubens mit der Sache Gottes. Gott selbst ist beteiligt; das Interesse der Gläubigen ist das innerste Interesse Gottes selbst. »Wer Euch antastet«, heißt es beim Propheten Sacharja, »der tastet seinen (des Herrn) Augapfel an«.* Was den Glauben verletzt, ver-

---

* »Den zartesten Teil des menschlichen Körpers hat er genannt, damit wir aufs deutlichste einsähen, daß Gott ebenso durch die kleinste Beleidigung seiner Heiligen

letzt Gott, was den Glauben verneint, verneint Gott selbst. [...]

Der Glaube ist das Gegenteil der Liebe. Die Liebe erkennt auch in der Sünde noch die Tugend, im Irrtum die Wahrheit. Nur seit der Zeit, wo an die Stelle der Macht des Glaubens die Macht der naturwahren Einheit der Menschheit, die Macht der Vernunft, der Humanität getreten, erblickt man auch im Polytheismus, im Götzendienst überhaupt Wahrheit oder sucht man wenigstens durch menschliche, natürliche Gründe zu erklären, was der in sich selbst befangene Glaube nur aus dem Teufel ableitet. Darum ist die Liebe nur identisch mit der Vernunft, aber nicht mit dem Glauben; denn wie die Vernunft, so ist die Liebe freier, universeller, der Glaube aber engherziger, beschränkter Natur. Nur wo Vernunft, da herrscht allgemeine Liebe; die Vernunft ist selbst nichts anderes als die universale Liebe. Der Glaube hat die Hölle erfunden, nicht die Liebe, nicht die Vernunft. Der Liebe ist die Hölle ein Greuel, der Vernunft ein Unsinn. Es wäre erbärmlich, in der Hölle nur eine Verirrung des Glaubens, einen falschen Glauben erblicken zu wollen. Die Hölle steht auch schon in der Bibel. Der Glaube ist überhaupt überall sich selbst gleich, wenigstens der positiv religiöse Glaube, der Glaube in dem Sinne, in

---

verletzt wird, wie der Mensch durch die geringste Berührung seines Augapfels verletzt wird.« Salvianus. (L. VIII. *de gubern. Dei.*) »So sorgfältig bewacht der Herr die Wege der Heiligen, damit sie nicht einmal an einen Stein anstossen.« Calvin. (*Inst. Rel. chr. Lib.* I. *c.* 17. *sect.* 6.)

welchem er hier genommen wird und genommen werden muß, wenn man nicht die Elemente der Vernunft, der Bildung mit dem Glauben vermischen will – eine Vermischung, in welcher freilich der Charakter des Glaubens unkenntlich wird.

Wenn also der Glaube nicht dem Christentum widerspricht, so widersprechen ihm auch nicht die Gesinnungen, die aus dem Glauben, nicht die Handlungen, die aus diesen Gesinnungen sich ergeben. Der Glaube verdammt: alle Handlungen, alle Gesinnungen, welche der Liebe, der Humanität, der Vernunft widersprechen, entsprechen dem Glauben. Alle Greuel der christlichen Religionsgeschichte, von denen unsere Gläubigen sagen: daß sie nicht aus dem Christentum gekommen, sind, weil aus dem Glauben, aus dem Christentum entsprungen. [...]

Aber obgleich die der Liebe widersprechenden Handlungen der christlichen Religionsgeschichte dem Christentum entsprechen, und daher die Gegner des Christentums recht haben, wenn sie demselben die dogmatischen Greueltaten der Christen schuld geben; so widersprechen sie doch auch zugleich wieder dem Christentum, weil das Christentum nicht nur eine Religion des Glaubens, sondern auch der Liebe ist, nicht nur zum Glauben, sondern auch zur Liebe uns verpflichtet. Die Handlungen der Lieblosigkeit, des Ketzerhasses entsprechen und widersprechen zugleich dem Christentum? Wie ist das möglich? Allerdings. Das Christentum sanktioniert zugleich die Handlungen, die aus der Liebe, und die Handlungen, die aus dem Glauben ohne Liebe kommen. Hätte das

Christentum nur die Liebe zum Gesetze gemacht, so hätten die Anhänger desselben recht, man könnte ihm die Greueltaten der christlichen Religionsgeschichte nicht als Schuld anrechnen; hätte es nur den Glauben zum Gesetz gemacht, so wären die Vorwürfe der Ungläubigen unbedingt, ohne Einschränkung wahr. Das Christentum hat die Liebe nicht frei gegeben; sich nicht zu der Höhe erhoben, die Liebe absolut zu fassen. Und es hat diese Freiheit nicht gehabt, nicht haben können, weil es Religion ist – die Liebe daher der Herrschaft des Glaubens unterworfen. Die Liebe ist nur die exoterische, der Glaube die esoterische Lehre des Christentums – die Liebe nur die Moral, der Glaube aber die Religion der christlichen Religion. [...]

Die christliche Liebe ist schon dadurch eine besondere, daß sie christliche ist, sich christliche nennt. Aber Universalität liegt im Wesen der Liebe. Solange die christliche Liebe die Christlichkeit nicht aufgibt, nicht die Liebe schlechtweg zum obersten Gesetze macht, so lange ist sie eine Liebe, die den Wahrheitssinn beleidigt – denn die Liebe ist es eben, die den Unterschied zwischen Christentum und sogenanntem Heidentum aufhebt – eine Liebe, die durch ihre Besonderheit mit dem Wesen der Liebe in Widerspruch tritt, eine abnorme, lieblose Liebe, die daher längst auch mit Recht ein Gegenstand der Ironie geworden ist. Die wahre Liebe ist sich selbst genug; sie bedarf keiner besonderen Titel, keiner Autorität. Die Liebe ist das universale Gesetz der Intelligenz und Natur – sie ist nichts anderes als die Verwirklichung der Einheit der Gattung auf dem Wege der Gesinnung. Soll diese Liebe auf den Namen einer Person gegründet werden, so ist dies nur dadurch möglich, daß mit dieser Person abergläubische Vorstellungen verbunden werden, seien sie nun religiöser oder spekulativer Art. Aber mit dem Aberglauben ist immer Sektengeist, Partikularismus, mit dem Partikularismus Fanatismus verbunden. Die Liebe kann sich nur gründen auf die Einheit der Gattung, der Intelligenz, auf die Natur der Menschheit, nur dann ist sie eine gründliche, im Prinzip geschützte, verbürgte, freie Liebe, denn sie stützt sich auf den Ursprung der Liebe, aus dem selbst die Liebe Christi stammte. Die Liebe Christi war selbst eine abgeleitete Liebe. Er liebte uns nicht aus sich, kraft eigener Vollmacht, sondern kraft der Natur der Menschheit. Stützt sich die Liebe auf seine Person, so ist diese Liebe eine besondere, die nur so weit geht, wie die Anerkennung dieser Person, eine Liebe, die sich nicht auf den eigenen Grund und Boden der Liebe stützt. Sollen wir deswegen uns lieben, weil Christus uns geliebt? Solche Liebe wäre affektierte, nachgeäffte Liebe. Können wir nur wahrhaft lieben, wenn wir Christus lieben? Aber ist Christus die Ursache der Liebe? Oder ist er nicht vielmehr der Apostel der Liebe? nicht der Grund seiner Liebe die Einheit der Menschennatur? Soll ich Christus mehr lieben als die Menschheit? Aber solche Liebe, ist sie nicht eine chimärische Liebe? Kann ich über das Wesen der Gattung hinaus? Höheres lieben als die Menschheit? Was Christus adelte, war die Liebe; was er war, hat er von ihr nur zu Lehen bekommen; er war nicht Proprietär der Liebe, wie er dies in allen abergläubischen Vorstellungen ist. Der Begriff der Liebe ist ein selbständiger Begriff, den ich nicht erst aus dem Leben Christi abstrahiere; im Gegenteil, ich anerkenne dieses Leben nur, weil und wenn ich es übereinstimmend finde mit dem Gesetze, dem Begriffe der Liebe.

Historisch ist dies schon dadurch erwiesen, daß die Idee der Liebe keineswegs nur mit dem Christentum und durch dasselbe in das Bewußtsein der Menschheit erst kam, keineswegs eine nur christliche ist. Sinnvoll gehen der Erscheinung dieser Idee die Greuel des römischen Reichs zur Seite. Das Reich der Politik, das die Menschheit auf eine ihrem Begriffe widersprechende Weise vereinte, mußte in sich zerfallen. Die politische Einheit ist eine gewaltsame. Roms Despotismus mußte sich nach innen wenden, sich selbst zerstören. Aber eben durch dieses Elend der Politik zog sich der Mensch ganz aus der herzzerdrückenden Schlinge der Politik heraus. An die Stelle Roms trat der Begriff der Menschheit, damit an die Stelle des Begriffs der Herrschaft der Begriff der Liebe. Selbst die Juden hatten in dem Humanitätsprinzip der griechischen Bildung ihren gehässigen religiösen Sektengeist gemildert. Philo feiert die Liebe als die höchste Tugend. Es lag im Begriffe der Menschheit selbst, daß die nationalen Differenzen gelöst wurden. Der denkende Geist hatte schon früh die bürgerlichen und politischen Trennungen des Menschen überwunden. Aristoteles unterscheidet wohl den Menschen vom Sklaven und setzt den Sklaven als Menschen auf gleichen Fuß mit dem Herrn, indem er selbst Freundschaft zwischen beiden zuläßt. Sklaven waren selbst Philosophen. Epiktet, der Sklave, war Stoiker; Mark Aurel, der Kaiser, war es auch. So einte die Philosophie die Menschen. Die Stoiker\* lehrten, der Mensch sei nicht um seinetwillen, sondern um der anderen willen, d. h. zur Liebe geboren – ein Ausspruch, der unendlich mehr sagt, als das rühmlichst bekannte, die Feindesliebe gebietende Wort des Kaisers Mark Aurel. Das praktische Prinzip der Stoiker ist insofern das Prinzip der Liebe. Die Welt ist ihnen eine gemeinsame Stadt, die Menschen Mitbürger. Seneca namentlich feiert in den erhabensten Aussprüchen die Liebe, die Clementia, die Humanität besonders gegen die Sklaven. So war der politische Rigorismus, die patriotische Engherzigkeit und Borniertheit verschwunden.

Eine besondere Erscheinung dieser menschheitlichen Bestrebungen – die volkstümliche, populäre, darum religiöse, allerdings intensivste Erscheinung dieses neuen Prinzips war das Christentum. Was anderwärts auf dem Wege der Bildung sich geltend machte, das sprach sich hier als religiöses Gemüt, als Glaubenssache aus. Darum machte das Christentum selbst wieder eine allgemeine Einheit zu einer besonderen, die Liebe zur Sache des Glaubens, aber setzte sie eben dadurch in Wi-

---

\* Auch die Peripatetiker; aber sie gründeten die Liebe, auch die gegen alle Menschen, nicht auf ein besonderes, religiöses, sondern ein natürliches, d. h. allgemeines, vernünftiges Prinzip.

derspruch mit der allgemeinen Liebe. Die Einheit wurde nicht bis auf ihren Ursprung zurückgeführt. Die nationalen Differenzen verschwanden; dafür tritt aber jetzt die Glaubensdifferenz, der Gegensatz von Christlich und Unchristlich, heftiger als ein nationaler Gegensatz, häßlicher auch, in der Geschichte auf.

Alle auf eine besondere Erscheinung gegründete Liebe widerspricht, wie gesagt, dem Wesen der Liebe, als welche keine Schranken duldet, jede Besonderheit überwindet. Wir sollen den Menschen um des Menschen willen lieben. Der Mensch ist dadurch Gegenstand der Liebe, daß er Selbstzweck, daß er ein vernunft- und liebefähiges Wesen ist. Dies ist das Gesetz der Gattung, das Gesetz der Intelligenz. Die Liebe soll eine unmittelbare Liebe sein, ja sie ist nur, als unmittelbare, Liebe. Schiebe ich aber zwischen den anderen und mich, der ich eben in der Liebe die Gattung verwirkliche, die Vorstellung einer Individualität ein, in welcher die Gattung schon verwirklicht sein soll, so hebe ich das Wesen der Liebe auf, störe die Einheit durch die Vorstellung eines Dritten außer uns; denn der andere ist mir dann nur um der Ähnlichkeit oder Gemeinschaft willen, die er mit diesem Urbild hat, nicht um seinetwillen, d. h. um seines Wesens willen Gegenstand der Liebe. Es kommen hier alle Widersprüche wieder zum Vorschein, die wir in der Persönlichkeit Gottes haben, wo der Begriff der Persönlichkeit notwendig für sich selbst, ohne die Qualität, welche sie zu einer liebens- und verehrungswürdigen Persönlichkeit macht, im Bewußtsein und Gemüt sich befestigt.

Die Liebe ist die subjektive Existenz der Gattung, wie die Vernunft die objektive Existenz derselben. In der Liebe, in der Vernunft verschwindet das Bedürfnis einer Mittelsperson. Christus ist selbst nichts als ein Bild, unter welchem sich dem Volksbewußtsein die Einheit der Gattung aufdrängte und darstellte. Christus liebte die Menschen: er wollte sie alle ohne Unterschied des Geschlechtes, Alters, Standes, der Nationalität beglücken, vereinen. Christus ist die Liebe der Menschheit zu sich selbst als ein Bild – der entwickelten Natur der Religion zufolge – oder als eine Person – eine Person, die aber – versteht sich als religiöser Gegenstand – nur die Bedeutung eines Bildes hat, nur eine ideale ist. Darum wird als Kennzeichen der Jünger die Liebe ausgesprochen. Die Liebe ist aber, wie gesagt, nichts anderes, als die Betätigung, die Verwirklichung der Einheit der Gattung durch die Gesinnung. Die Gattung ist kein bloßer Gedanke; sie existiert im Gefühl, in der Gesinnung, in der Energie der Liebe. Die Gattung ist es, die mir Liebe einflößt. Ein liebevolles Herz ist das Herz der Gattung. Also ist Christus als das Bewußtsein der Liebe das Bewußtsein der Gattung. Alle sollen wir eins in Christus sein. Christus ist das Bewußtsein unserer Einheit. Wer also den Menschen um des Menschen willen liebt, wer sich zur Liebe der Gattung erhebt, zur universalen, dem Wesen der Gattung entsprechenden Liebe\*, der ist Christ,

---

\* Die handelnde Liebe ist und muß natürlich immer eine besondere, beschränkte, d. h. auf das Nächste gerichtete sein. Aber sie ist doch ihrer Natur nach eine universale, indem sie den Menschen um des Menschen

der ist Christus selbst. Er tut, was Christus tat, was Christus zu Christus machte. Wo also das Bewußtsein der Gattung als Gattung entsteht, da verschwindet Christus, ohne daß sein wahres Wesen vergeht; denn Er war ja der Stellvertreter, das Bild des Bewußtseins der Gattung.

### *Schlußanwendung*

In dem entwickelten Widerspruch zwischen Glaube und Liebe haben wir den praktischen, handgreiflichen Nötigungsgrund, über das Christentum, über das eigentümliche Wesen der Religion überhaupt uns zu erheben. Wir haben bewiesen, daß der Inhalt und Gegenstand der Religion ein durchaus menschlicher ist, bewiesen, daß das Geheimnis der Theologie die Anthropologie, des göttlichen Wesens das menschliche Wesen ist. Aber die Religion hat nicht das Bewußtsein von der Menschlichkeit ihres Inhalts; sie setzt sich vielmehr dem Menschlichen entgegen, oder wenigstens sie gesteht nicht ein, daß ihr Inhalt ein menschlicher ist. Der notwendige Wendepunkt der Geschichte ist daher dieses offene Bekenntnis und Eingeständnis, daß das Bewußtsein Gottes nichts anderes ist als das Bewußtsein der Gattung, daß der Mensch sich nur über die Schranken seiner Individualität oder Persönlichkeit erheben kann und soll, aber nicht über die Gesetze, die

---

willen, den Menschen im Namen der Gattung liebt. Die christliche Liebe dagegen ist als christliche ihrer Natur nach exklusiv.

Wesensbestimmungen seiner Gattung, daß der Mensch kein anderes Wesen als absolutes, als göttliches Wesen denken, ahnen, vorstellen, fühlen, glauben, wollen, lieben und verehren kann als das menschliche Wesen.*

Unser Verhältnis zur Religion ist daher kein nur verneinendes, sondern ein kritisches; wir scheiden nur das Wahre vom Falschen – obgleich allerdings die von der Falschheit ausgeschiedene Wahrheit immer eine neue, von der alten wesentlich unterschiedene Wahrheit ist. Die Religion ist das erste Selbstbewußtsein des Menschen. Heilig sind die Religionen, eben weil sie die Überlieferungen des ersten Bewußtseins sind. Aber was der Religion das Erste ist, Gott, das ist, wie bewiesen, an sich, der Wahrheit nach das Zweite, denn er ist nur das sich gegenständliche Wesen des Menschen, und was ihr das Zweite ist, der Mensch, das muß daher als das Erste gesetzt und ausgesprochen werden. Die Liebe zum Menschen darf keine abgeleitete sein; sie muß zur ursprünglichen werden. Dann allein wird die Liebe eine wahre, heilige, zuverlässige Macht. Ist das Wesen des Menschen das höchste Wesen des Menschen, so muß auch praktisch das höchste und erste Gesetz die Liebe

---

* Mit Einschluß der Natur, denn wie der Mensch zum Wesen der Natur – dies gilt gegen den gemeinen Materialismus –, so gehört auch die Natur zum Wesen des Menschen – dies gilt gegen den subjektiven Idealismus, der auch das Geheimnis unserer »absoluten« Philosophie, wenigstens in Beziehung auf die Natur ist. Nur durch die Verbindung des Menschen mit der Natur können wir den supranaturalistischen Egoismus des Christentums überwinden.

des Menschen zum Menschen sein. _Homo homini Deus est_ – dies ist der oberste praktische Grundsatz – dies der Wendepunkt der Weltgeschichte. Die Verhältnisse des Kindes zu den Eltern, des Gatten zum Gatten, des Bruders zum Bruder, des Freundes zum Freunde, überhaupt des Menschen zum Menschen, kurz, die moralischen Verhältnisse sind an und für sich selbst wahrhaft religiöse Verhältnisse. Das Leben ist überhaupt in seinen wesentlichen Verhältnissen durchaus göttlicher Natur. Seine religiöse Weihe empfängt es nicht erst durch den Segen des Priesters. Die Religion will durch ihre an sich äußerliche Zutat einen Gegenstand heiligen; sie spricht dadurch sich allein als die heilige Macht aus; sie kennt außer sich nur irdische, ungöttliche Verhältnisse; darum eben tritt sie hinzu, um sie erst zu heiligen, zu weihen.

Aber die Ehe – natürlich als freier Bund der Liebe\* – ist durch sich selbst, durch die Natur der Verbindung, die hier geschlossen wird, heilig. Nur die Ehe ist eine religiöse, die eine wahre ist, die dem Wesen der Ehe, der Liebe entspricht. Und so ist es mit allen sittlichen Verhältnissen. Sie sind nur da moralische, sie werden nur da mit sittlichem Sinne gepflogen, wo sie durch sich selbst als religiöse gelten. Wahrhafte Freundschaft ist nur

---

\* Ja nur als freier Bund der Liebe; denn eine Ehe, deren Band nur eine äußerliche Schranke, nicht die freiwillige, in sich befriedigte Selbstbeschränkung der Liebe ist, kurz eine nicht selbstbeschlossene, selbstgewollte, selbstgenuge Ehe ist keine wahre und folglich keine wahrhaft sittliche.

da, wo die Grenzen der Freundschaft mit religiöser Gewissenhaftigkeit bewahrt werden, mit derselben Gewissenhaftigkeit, mit welcher der Gläubige die Würde seines Gottes wahrt. Heilig ist und sei Dir die Freundschaft, heilig das Eigentum, heilig die Ehe, heilig das Wohl jedes Menschen, aber heilig an und für sich selbst.

Im Christentum werden die moralischen Gesetze als Gebote Gottes gefaßt; es wird die Moralität selbst zum Kriterium der Religiosität gemacht: aber die Moral hat dennoch untergeordnete Bedeutung, hat nicht für sich selbst die Bedeutung der Religion. Diese fällt nur in den Glauben. Über der Moral schwebt Gott als ein vom Menschen unterschiedenes Wesen, dem das Beste angehört, während dem Menschen nur der Abfall zukommt. Alle Gesinnungen, die dem Leben, dem Menschen zugewendet werden sollen, alle seine besten Kräfte vergeudet der Mensch an das bedürfnislose Wesen. Die wirkliche Ursache wird zum selbstlosen Mittel, eine nur vorgestellte, eingebildete Ursache zur wahren, wirklichen Ursache. Der Mensch dankt Gott für die Wohltaten, die ihm der andere selbst mit Opfern dargebracht. Der Dank, den er seinem Wohltäter ausspricht, ist nur ein scheinbarer, er gilt nicht ihm, sondern Gott. Er ist dankbar gegen Gott, aber undankbar gegen den Menschen.* So geht die sittliche Gesin-

---

* »Dieweil Gott wohltut durch Obrigkeit, Herrn und die Creaturen, so platzet das Volk zu, henget an den Creaturen und nicht an dem Schöpfer, sie gehen nicht durch sie zum Schöpfer. Daher ist es gekommen, daß die Heyden aus den Königen haben Götter gemacht...

nung in der Religion unter! So opfert der Mensch den Menschen Gott auf! Das blutige Menschenopfer ist in der Tat nur ein roh sinnlicher Ausdruck von dem innersten Geheimnis der Religion. Wo blutige Menschenopfer Gott dargebracht werden, da gelten diese Opfer für die höchsten, das sinnliche Leben für das höchste Gut. Deswegen opfert man das Leben Gott auf, und zwar in außerordentlichen Fällen, man glaubt damit ihm die größte Ehre zu erweisen. Wenn das Christentum nicht mehr, wenigstens in unserer Zeit, blutige Opfer seinem Gott darbringt, so kommt das, abgesehen von anderen Gründen, nur daher, daß das sinnliche Leben nicht mehr für das höchste Gut gilt. Man opfert dafür Gott die Seele, die Gesinnung, weil diese für höher gilt. Aber das Gemeinsame ist, daß der Mensch in der Religion eine Verbindlichkeit gegen den Menschen – wie die, das Leben des anderen zu achten, dankbar zu sein – einer religiösen Verbindlichkeit, das Verhältnis zum Menschen dem Verhältnis zu Gott aufopfert. Die Christen haben durch den Begriff der Bedürfnislosigkeit Gottes, die nur ein Gegenstand der reinen Anbetung sei, allerdings viele wüste Vorstellungen beseitigt. Aber diese Bedürfnislosigkeit ist nur ein abstrakter, metaphysischer Begriff, der keineswegs das eigentümliche Wesen der Religion begründet. Das Bedürfnis der Anbe-

---

Denn man kann und will es nicht merken, wie das Werk oder die Wohltat von Gott komme, und nicht schlecht von der Creatur, ob die wohl ein Mittel ist, dadurch Gott wirket, uns hilft und giebet.« Luther. (T. IV. p. 237.)

tung nur auf eine Seite, auf die subjektive verlegt, läßt, wie jede Einseitigkeit, das religiöse Gemüt kalt; es muß also, wenn auch nicht mit ausdrücklichen Worten, doch der Tat nach eine dem subjektiven Bedürfnis entsprechende Bestimmung in Gott gesetzt werden, um Gegenseitigkeit herzustellen. Alle wirklichen Bestimmungen der Religion beruhen auf Gegenseitigkeit.\* Der religiöse Mensch denkt an Gott, weil Gott an ihn denkt, er liebt Gott, weil Gott ihn zuerst geliebt hat usw. Gott ist eifersüchtig auf den Menschen – die Religion eifersüchtig auf die Moral;\*\* sie saugt ihr

---

\* »Wer mich ehrt, den will ich auch ehren, wer aber mich verachtet, der soll wieder verachtet werden.« 1. Samuel. 2, 30. »Schon hat, o guter Vater! der niedrigste und ewigen Hasses würdigste Wurm das Vertrauen, von Dir geliebt zu werden, weil er fühlt, daß er liebt, oder vielmehr, weil er vorausfühlt, daß er geliebt wird, scheut er sich nicht wiederzulieben. Niemand also, der bereits liebt, zweifle daran, geliebt zu werden.« Bernardus *ad Thomam.* (*Epist.* 107). Ein sehr schöner und wichtiger Ausspruch. Wenn ich nicht für Gott bin, ist Gott nicht für mich; wenn ich nicht liebe, bin ich nicht geliebt. Das Passivum ist das seiner selbst gewisse Aktivum, das Objekt das seiner selbst gewisse Subjekt. Lieben heißt Mensch sein, Geliebtwerden heißt Gott sein. Ich bin geliebt, sagt Gott, ich liebe, der Mensch. Erst später kehrt sich dies um und verwandelt sich das Passivum in das Aktivum und umgekehrt.

\*\* »Der Herr sprach zu Gideon: Des Volks ist zu viel, das mit dir ist, daß ich sollte Midian in ihre Hände geben; Israel möchte sich rühmen wider mich und sagen: Meine Hand hat mich erlöset«, d. h. »Israel soll sich nicht zuschreiben, was mir gebührt«. Richter 7, 2. »So spricht der Herr: Verflucht ist der Mann, der sich auf Menschen verläßt. Gesegnet aber ist der Mann, der sich auf den Herrn verläßt und der Herr seine Zuver-

die besten Kräfte aus; sie gibt dem Menschen, was des Menschen ist, aber Gott, was Gottes ist. Und Gottes ist die wahre, seelenvolle Gesinnung, das Herz.

Wenn wir in Zeiten, wo die Religion heilig war, die Ehe, das Eigentum, die Staatsgesetze respektiert finden, so hat dies nicht in der Religion seinen Grund, sondern in dem ursprünglich, natürlich sittlichen und rechtlichen Bewußtsein, dem die rechtlichen und sittlichen Verhältnisse als solche für heilig gelten. Wem das Recht nicht durch sich selbst heilig ist, dem wird es nun und nimmermehr durch die Religion heilig. Das Eigentum ist nicht dadurch heilig geworden, daß es als ein göttliches Institut vorgestellt wurde, sondern weil es durch sich selbst, für sich selbst für heilig galt, wurde es als ein göttliches Institut betrachtet. Die Liebe ist nicht dadurch heilig, daß sie ein Prädikat Gottes, sondern sie ist ein Prädikat Gottes, weil sie durch und für sich selbst göttlich ist. Die Heiden verehren nicht das Licht, nicht die Quelle, weil sie eine Gabe Gottes ist, sondern weil sie sich durch sich selbst dem Menschen als etwas Wohltätiges erweist, weil sie den Leidenden erquickt; ob dieser trefflichen Qualität erweisen sie ihr göttliche Ehre.

---

sicht ist.« Jeremia 17, 5. »Gott will nicht unser Geld, Leib und Gut haben, sondern hat dasselbe dem Kayser (d. h. dem Repräsentanten der Welt, des Staates) gegeben und uns durch den Kayser. Aber das Hertz, welches das größte und beste ist am Menschen, hat er ihm fürbehalten, dasselbe soll man Gott geben, daß wir an ihn gläuben.« Luther. (T. XVI. S. 505.)

Wo die Moral auf die Theologie, das Recht auf göttliche Einsetzung gegründet wird, da kann man die unmoralischsten, unrechtlichsten, schändlichsten Dinge rechtfertigen und begründen. Ich kann die Moral durch die Theologie nur begründen, wenn ich selbst schon durch die Moral das göttliche Wesen bestimme. Widrigenfalls habe ich kein Kriterium des Moralischen und Unmoralischen, sondern eine unmoralische, willkürliche Basis, woraus ich alles Mögliche ableiten kann. Ich muß also die Moral, wenn ich sie durch Gott begründen will, schon in Gott setzen, d. h. ich kann die Moral, das Recht, kurz alle wesentlichen Verhältnisse nur durch sich selbst begründen, und begründe sie nur wahrhaft, so wie es die Wahrheit gebietet, wenn ich sie durch sich selbst begründe. Etwas in Gott setzen oder aus Gott ableiten, das heißt nichts weiter als etwas der prüfenden Vernunft entziehen, als unbezweifelbar, unverletzlich, heilig hinstellen, ohne Rechenschaft darüber abzulegen. Selbstverblendung, wo nicht selbst böse, hinterlistige Absicht, liegt darum allen Begründungen der Moral, des Rechts durch die Theologie zugrunde. Wo es ernst mit dem Recht ist, bedürfen wir keiner Anfeuerung und Unterstützung von oben her. Wir brauchen kein christliches Staatsrecht: wir brauchen nur ein vernünftiges, ein rechtliches, ein menschliches Staatsrecht. Das Richtige, Wahre, Gute hat überall seinen Heiligungsgrund in sich selbst, in seiner Qualität. Wo es ernst mit der Moral ist, da gilt sie eben an und für sich selbst für eine göttliche Macht. Hat die Moral keinen Grund in sich selbst, so gibt es auch keine innere Notwendigkeit zur Moral; die Moral ist dann der bodenlosen Willkür der Religion preisgegeben.

Es handelt sich also im Verhältnis der selbstbewußten Vernunft zur Religion nur um die Vernichtung einer Illusion – einer Illusion aber, die keineswegs gleichgültig ist, sondern vielmehr grundverderblich auf die Menschheit wirkt, den Menschen, wie um die Kraft des wirklichen Lebens, so um den Wahrheits- und Tugendsinn bringt; denn selbst die Liebe, an sich die innerste, wahrste Gesinnung, wird durch die Religiosität zu einer nur scheinbaren, illusorischen, indem die religiöse Liebe den Menschen nur um Gottes willen, also nur scheinbar den Menschen, in Wahrheit nur Gott liebt.

Und wir dürfen, wie gezeigt, die religiösen Verhältnisse nur umkehren, das, was die Religion als Mittel setzt, immer als Zweck fassen, was ihr das Untergeordnete, die Nebensache, die Bedingung ist, zur Hauptsache, zur Ursache erheben, so haben wir die Illusion zerstört und das ungetrübte Licht der Wahrheit vor unseren Augen. Die Sakramente der Taufe und des Abendmahls, die wesentlichen, charakteristischen Symbole der christlichen Religion, mögen uns diese Wahrheit bestätigen und veranschaulichen.

Das Wasser der Taufe ist der Religion nur das Mittel, durch welches sich der Heilige Geist dem Menschen mitteilt. Durch diese Bestimmung setzt sie sich aber mit der Vernunft, mit der Wahrheit der Natur der Dinge in Widerspruch. Einerseits liegt etwas an der natürlichen Qualität des Wassers, andererseits wieder nichts, ist es ein bloßes willkürliches Mittel der göttlichen Gnade und Allmacht. Von diesen und anderen unerträglichen Widersprüchen befreien wir uns, eine wahre Bedeutung geben wir der Taufe nur dadurch, daß wir sie betrachten als ein Zeichen von der Bedeutung des Wassers selbst. Die Taufe soll uns darstellen die wunderbare, aber natürliche Wirkung des Wassers auf den Menschen. Das Wasser hat in der Tat nicht nur physische, sondern ebendeswegen auch moralische und intellektuelle Wirkungen auf den Menschen. Das Wasser reinigt den Menschen nicht nur vom Schmutze des Leibes, sondern im Wasser fallen ihm auch die Schuppen von den Augen: er sieht, er denkt klarer; er fühlt sich freier; das Wasser löscht die Glut der Begierde. Wie viele Heilige nahmen zu der natürlichen Qualität des Wassers ihre Zuflucht, um die Anfechtungen des Teufels zu überwinden! Was die Gnade versagte, gewährte die Natur. Das Wasser gehört nicht nur in die Diätetik, sondern auch in die Pädagogik. Sich zu reinigen, sich zu baden, das ist die erste, obwohl unterste Tugend.* Im Schauer des Wassers er-

---

* Offenbar ist auch die christliche Wassertaufe nur ein Überbleibsel der alten Naturreligionen, wo, wie in der parsischen, das Wasser ein religiöses Reinigungsmittel war. (S. Rhode: Die heilige Sage etc. p. 305, 426 u. f.) Hier hatte jedoch die Wassertaufe einen viel wahreren und folglich tieferen Sinn, als bei den Christen, weil sie sich auf die natürliche Kraft und Bedeutung des Wassers stützte. Aber freilich für diese einfachen Naturanschauungen der alten Religionen hat unser spekulativer, wie theologischer Supranaturalismus keinen Sinn

lischt die Brunst der Selbstsucht. Das Wasser ist das nächste und erste Mittel, sich mit der Natur zu befreunden. Das Wasserbad ist gleichsam ein chemischer Prozeß, in welchem sich unsere Ichheit in dem objektiven Wesen der Natur auflöst. Der aus dem Wasser emportauchende Mensch ist ein neuer, wiedergeborener Mensch. Die Lehre, daß die Moral nichts ohne Gnadenmittel vermöge, hat einen guten Sinn, wenn wir an die Stelle der eingebildeten übernatürlichen Gnadenmittel natürliche Mittel setzen. Die Moral vermag nichts ohne die Natur, sie muß sich an die einfachsten Naturmittel anknüpfen. Die tiefsten Geheimnisse liegen in dem Gemeinen, dem Alltäglichen, welches die supranaturalistische Religion und Spekulation ignorieren, die wirklichen Geheimnisse illusorischen Geheimnissen, so hier die wirkliche Wunderkraft des Wassers einer eingebildeten Wunderkraft aufopfernd. Das Wasser ist das einfachste Gnaden- oder Arzneimittel gegen die Krankheiten der Seele, wie des Leibes. Aber das Wasser wirkt nur, wenn es oft, wenn es regelmäßig gebraucht wird. Die Taufe als ein einmaliger Akt ist entweder ein ganz nutzloses und bedeutungsloses, oder, wenn mit ihr reale Wirkun-

---

und Verstand. – Wenn daher die Perser, die Inder, die Ägypter, die Hebräer körperliche Reinlichkeit zu einer religiösen Pflicht machten, so waren sie hierin weit vernünftiger als die christlichen Heiligen, welche in der körperlichen Unreinlichkeit das supranaturalistische Prinzip ihrer Religion veranschaulichten und bewährten. Die Übernatürlichkeit in der Theorie wird in der Praxis zur Widernatürlichkeit. Die Übernatürlichkeit ist nur ein Euphemismus für Widernatürlichkeit.

gen verknüpft werden, ein abergläubisches Institut. Ein vernünftiges, ehrwürdiges Institut ist sie dagegen, wenn in ihr die moralische und physische Heilkraft des Wassers, der Natur überhaupt versinnlicht und gefeiert wird.

Aber das Sakrament des Wassers bedarf einer Ergänzung. Das Wasser als ein universales Lebenselement erinnert uns an unseren Ursprung aus der Natur, welchen wir mit den Pflanzen und Tieren gemein haben. In der Wassertaufe beugen wir uns unter die Macht der reinen Naturkraft; das Wasser ist der Stoff der natürlichen Gleichheit und Freiheit, der Spiegel des goldenen Zeitalters. Aber wir Menschen unterscheiden uns auch von der Pflanzen- und Tierwelt, die wir nebst dem anorganischen Reiche unter den gemeinsamen Namen der Natur befassen – unterscheiden uns von der Natur. Wir müssen daher auch unsere Distinktion, unseren wesentlichen Unterschied feiern. Die Symbole dieses unseres Unterschieds sind Wein und Brot. Wein und Brot sind ihrer Materie nach Natur-, ihrer Form nach Menschenprodukte. Wenn wir im Wasser erklären: der Mensch vermag nichts ohne Natur; so erklären wir durch Wein und Brot: die Natur vermag nichts, wenigstens Geistiges, ohne den Menschen; die Natur bedarf des Menschen, wie der Mensch der Natur. Im Wasser geht die menschliche, geistige Tätigkeit zugrunde; im Wein und Brot kommt sie zum Selbstgenuß. Wein und Brot sind übernatürliche Produkte – im allein gültigen und wahren, der Vernunft und Natur nicht widersprechenden Sinne. Wenn wir im Wasser die reine

Naturkraft anbeten, so beten wir im Weine und Brote die übernatürliche Kraft des Geistes, des Bewußtseins, des Menschen an. Darum ist dieses Fest nur für den zum Bewußtsein gezeitigten Menschen; die Taufe wird auch schon den Kindern zuteil. Aber zugleich feiern wir hier das wahre Verhältnis des Geistes zur Natur: die Natur gibt den Stoff, der Geist die Form. Das Fest der Wassertaufe flößt uns Dankbarkeit gegen die Natur ein, das Fest des Brotes und Weines Dankbarkeit gegen den Menschen. Wein und Brot gehören zu den ältesten Erfindungen. Wein und Brot vergegenwärtigen, versinnlichen uns die Wahrheit, daß der Mensch des Menschen Gott und Heiland ist.
Essen und Trinken ist das Mysterium des Abendmahls – Essen und Trinken ist in der Tat an und für sich selbst ein religiöser Akt; soll es wenigstens sein.\* Denke daher bei jedem Bissen Brot, der Dich von der Qual des Hungers erlöst, bei jedem Schlucke Wein, der Dein Herz erfreut, an den Gott, der Dir diese wohltätigen Gaben gespendet – an den Menschen! Aber vergiß nicht

---

\* »Essen und Trinken ist das allerleichteste Werk, da die Menschen nichts liebers thun: Ja das allerfröhlichste Werk in der gantzen Welt ist Essen und Trinken, wie man pfleget zu sagen: Vor Essen wird kein Tantz. It. Auf einem vollen Bauch stehet ein fröhlich Haupt. Summa Essen und Trinken ist ein lieblich nötig Werk, das hat man bald gelernet und die Leute dahin geweiset. Dasselbe liebliche nöthige Werk nimmt unser lieber Herr Christus und spricht: Ich habe eine fröhliche süße und liebliche Mahlzeit zubereitet, euch will ich kein hart, schwehr Werk auflegen... ein Abendmahl setze ich ein« u.s.w. Luther. (T. XVI. S. 222.)

über der Dankbarkeit gegen den Menschen die Dankbarkeit gegen die Natur! Vergiß nicht, daß der Wein das Blut der Pflanze und das Mehl das Fleisch der Pflanze ist, welches dem Wohle Deiner Existenz geopfert wird! Vergiß nicht, daß die Pflanze Dir das Wesen der Natur versinnbildlicht, die sich selbstlos Dir zum Genusse hingibt! Vergiß also nicht den Dank, den Du der natürlichen Qualität des Brotes und Weines schuldest! Und willst Du darüber lächeln, daß ich das Essen und Trinken, weil sie gemeine, alltägliche Akte sind, deswegen von unzähligen ohne Geist, ohne Gesinnung ausgeübt werden, religiöse Akte nenne; nun so denke daran, daß auch das Abendmahl ein gesinnungsloser, geistloser Akt bei Unzähligen ist, weil er oft geschieht, und versetze Dich, um die religiöse Bedeutung des Genusses von Brot und Wein zu erfassen, in die Lage hinein, wo der sonst alltägliche Akt unnatürlich, gewaltsam unterbrochen wird. Hunger und Durst zerstören nicht nur die physische, sondern auch geistige und moralische Kraft des Menschen, sie berauben ihn der Menschheit, des Verstandes, des Bewußtseins. O wenn Du je solchen Mangel, solches Unglück erlebtest, wie würdest Du segnen und preisen die natürliche Qualität des Brotes und Weines, die Dir wieder Deine Menschheit, Deinen Verstand gegeben! So braucht man nur den gewöhnlichen gemeinen Lauf der Dinge zu unterbrechen, um dem Gemeinen ungemeine Bedeutung, dem Leben als solchem überhaupt religiöse Bedeutung abzugewinnen. Heilig sei uns darum das Brot, heilig der Wein, aber auch heilig das Wasser! Amen.

# DAS WESEN DER RELIGION*
(1845)

* Diese Arbeit ist die »Abhandlung«, auf die ich im Luther, S. 370 hier oben, hingewiesen habe, aber nicht in der Form einer Abhandlung, sondern freier, selbständiger Gedanken. Das Thema derselben oder wenigstens ihr Ausgangspunkt ist die Religion, inwiefern ihr Gegenstand die Natur ist, von welcher ich im Christentum und Luther abstrahierte und meinem Gegenstande gemäß abstrahieren mußte, denn der Kern des Christentums ist nicht der Gott in der Natur, sondern im Menschen.

## Natur als Urgrund der Religion

Das vom menschlichen Wesen oder Gott, dessen Darstellung »das Wesen des Christentums« ist, unterschiedene und unabhängige Wesen – das Wesen ohne menschliches Wesen, menschliche Eigenschaften, menschliche Individualität ist in Wahrheit nichts anderes, als die Natur.\*

Das Abhängigkeitsgefühl des Menschen ist der Grund der Religion; der Gegenstand dieses Abhängigkeitsgefühles, das, wovon der Mensch abhängig ist und abhängig sich fühlt, ist aber ursprünglich nichts anderes, als die Natur. Die Natur ist der erste, ursprüngliche Gegenstand der Religion, wie die Geschichte aller Religionen und Völker sattsam beweist.

Die Behauptung, daß die Religion dem Menschen eingeboren, natürlich sei, ist falsch, wenn man der Religion überhaupt die Vorstellungen des Theismus, d. h. des eigentlichen Gottesglaubens unterschiebt, vollkommen wahr aber, wenn man unter Religion nichts weiter versteht, als das Abhängigkeitsgefühl – das Gefühl oder Bewußtsein

---

\* Natur ist für mich, ebenso wie »Geist«, nichts weiter, als ein allgemeines Wort zur Bezeichnung der Wesen, Dinge, Gegenstände, welche der Mensch von sich und seinen Produkten unterscheidet und in den gemeinsamen Namen Natur zusammenfaßt, aber kein allgemeines, von den wirklichen Dingen abgezogenes und abgesondertes, personifiziertes und mystifiziertes Wesen.

des Menschen, daß er nicht ohne ein anderes, von ihm unterschiedenes Wesen existiert und existieren kann, daß er nicht sich selbst seine Existenz verdankt. Die Religion in diesem Sinne liegt dem Menschen so nahe wie das Licht dem Auge, die Luft der Lunge, die Speise dem Magen. Die Religion ist die Beherzigung und Bekennung dessen, was ich bin. Vor allem bin ich aber ein nicht ohne Licht, ohne Luft, ohne Wasser, ohne Erde, ohne Speise existierendes, ein von der Natur abhängiges Wesen. Diese Abhängigkeit ist im Tier und tierischen Menschen nur eine unbewußte, unüberlegte; sie zum Bewußtsein erheben, sie sich vorstellen, beherzigen, bekennen heißt sich zur Religion erheben. So ist alles Leben abhängig vom Wechsel der Jahreszeiten; aber nur der Mensch feiert diesen Wechsel in dramatischen Vorstellungen, in festlichen Akten. Solche Feste aber, die nichts weiter ausdrücken und darstellen, als den Wechsel der Jahreszeiten oder der Lichtgestalten des Mondes, sind die ältesten, ersten, eigentlichen Religionsbekenntnissse der Menschheit. [...]

Das göttliche Wesen, das sich in der Natur offenbart, ist nichts anderes, als die Natur selbst, die sich dem Menschen als ein göttliches Wesen offenbart, darstellt und aufdrängt. Die alten Mexikaner hatten unter ihren vielen Göttern auch einen Gott* des Salzes. Dieser Salzgott enträtsele uns auf fühlbare Weise das Wesen des Gottes der Natur überhaupt. Das Salz (Steinsalz) repräsentiert

---

* Oder vielmehr Göttin, aber es ist hier eins.

uns in seinen ökonomischen, medizinischen und technologischen Wirkungen die von den Theisten so sehr gepriesene Nützlichkeit und Wohltätigkeit der Natur, in seinen Wirkungen auf Auge und Gemüt, seinen Farben, seinem Glanze, seiner Durchsichtigkeit ihre Schönheit, in seiner kristallinischen Struktur und Gestalt ihre Harmonie und Regelmäßigkeit, in seiner Zusammensetzung aus entgegengesetzten Stoffen die Verbindung der entgegengesetzten Elemente der Natur zu einem Ganzen – eine Verbindung, welche die Theisten von jeher als einen unumstößlichen Beweis für die Existenz eines von der Natur unterschiedenen Regenten derselben ansahen, weil sie aus Unkenntnis der Natur nicht wußten, daß gerade die entgegengesetzten Stoffe und Wesen sich anziehen, sich durch sich selbst zu einem Ganzen verbinden. Was ist denn nun aber der Gott des Salzes? der Gott, dessen Gebiet, Dasein, Offenbarung, Wirkungen und Eigenschaften im Salze enthalten sind? Nichts anderes, als das Salz selbst, welches dem Menschen wegen seiner Eigenschaften und Wirkungen als ein göttliches, d. h. wohltätiges, herrliches, preis- und bewunderungswürdiges Wesen erscheint. Homer nennt ausdrücklich das Salz göttlich. Wie also der Gott des Salzes nur der Ein- und Ausdruck von der Gottheit oder Göttlichkeit des Salzes ist, so ist auch der Gott der Welt oder Natur überhaupt nur der Ein- und Ausdruck von der Gottheit der Natur. [...]

Alle Dinge kommen und hängen von Gott ab, sagen die Christen im Einklang mit ihrem gottseligen Glauben, aber, setzen sie sogleich hinzu im Einklang mit ihrem gottlosen Verstande, nur mittelbar: Gott ist nur die erste Ursache, aber dann kommt das unübersehbare Heer der subalternen Götter, das Regiment der Mittelursachen. Allein die sogenannten Mittelursachen sind die allein wirklichen und wirksamen, die allein gegenständlichen und fühlbaren Ursachen. Ein Gott, der nicht mehr mit den Pfeilen Apollos den Menschen zu Boden streckt, nicht mehr mit dem Blitz und Donner Jupiters das Gemüt erschüttert, nicht mehr mit Kometen und anderen feurigen Erscheinungen den verstockten Sündern die Hölle heiß macht, nicht mehr mit allerhöchster »selbsteigenster« Hand das Eisen an den Magnet heranzieht, Ebbe und Flut bewirkt und das feste Land gegen die übermütige, stets eine neue Sündflut drohende Macht der Gewässer schirmt, kurz ein aus dem Reiche der Mittelursachen vertriebener Gott ist nur eine Titularursache, ein unschädliches, höchst bescheidenes Gedankending – eine bloße Hypothese zur Lösung einer theoretischen Schwierigkeit, zur Erklärung des ersten Anfangs der Natur oder vielmehr des organischen Lebens. Denn die Annahme eines von der Natur unterschiedenen Wesens zur Erklärung ihres Daseins stützt sich, wenigstens in letzter Instanz, nur auf die – übrigens nur relative, subjektive – Unerklärlichkeit des organischen, insbesondere menschlichen Lebens aus der Natur, indem der Theist sein Unvermögen, das Leben sich aus der Natur zu erklären, zu einem Unvermögen der Natur, das Leben aus sich zu erzeugen, die Schranken seines Verstandes also zu Schranken der Natur macht.

Schöpfung und Erhaltung sind unzertrennlich. Ist daher ein von der Natur unterschiedenes Wesen, ein Gott unser Schöpfer, so ist er auch unser Erhalter, so ist es also nicht die Kraft der Luft, der Wärme, des Wassers, des Brotes, sondern die Kraft Gottes, die uns erhält. »In ihm leben, weben und sind wir.« »Nicht das Brodt«, sagt Luther, »sondern das Wort Gottes nähret auch den Leib natürlich, wie es alle Dinge schaffet und erhält; Ebr. 1.« »Weil es fürhanden ist, so nähret er (Gott) dadurch und drunter, daß man es nicht sehe und meyne, das Brodt thue es. Wo es aber nicht fürhanden ist, da nähret er ohne Brodt allein durchs Wort, wie er thut unter dem Brodt.« »Summa alle Creaturen sind Gottes Larven und Mummereyen, die er will lassen mit ihm würken und helfen allerley schaffen, das er doch sonst ohne ihr Mitwürken thun kann und auch thut.« Ist aber nicht die Natur, sondern Gott unser Erhalter, so ist die Natur ein bloßes Versteckspiel der Gottheit und folglich ein überflüssiges Scheinwesen, gleichwie umgekehrt Gott ein überflüssiges Scheinwesen ist, wenn uns die Natur erhält. Nun ist es aber offenbar und unleugbar, daß wir nur den eigentümlichen Wirkungen, Eigenschaften und Kräften der natürlichen Wesen unsere Erhaltung verdanken; wir sind daher zu dem Schlusse nicht nur berechtigt, sondern auch gezwungen, daß wir auch nur der Natur unsere Entstehung verdanken. Wir sind mitten in die Natur hineingestellt und doch sollte unser Anfang, unser Ursprung außer der Natur liegen? Wir leben in der Natur, mit der Natur, von der Natur, und gleichwohl sollten wir nicht aus ihr sein? Welch ein Widerspruch! [...]

### *Theologische Welterklärung*

Den Kindern gibt man auf die Frage, woher die Kindlein kommen, bei uns diese »Erklärung«, daß sie die Amme aus einem Brunnen holt, wo die Kindlein wie Fische herumschwimmen. Nicht anders ist die Erklärung, die uns die Theologie von dem Ursprung der organischen oder überhaupt natürlichen Wesen gibt. Gott ist der tiefe oder schöne Brunnen der Phantasie, in dem alle Realitäten, alle Vollkommenheiten, alle Kräfte enthalten sind, alle Dinge folglich schon fertig wie Fischlein herumschwimmen; die Theologie ist die Amme, die sie aus diesem Brunnen hervorholt, aber die Hauptperson, die Natur, die Mutter, die mit Schmerzen die Kindlein gebiert, die sie neun Monate lang unter ihrem Herzen trägt, bleibt bei dieser ursprünglich kindlichen, jetzt aber kindischen Erklärung ganz außer dem Spiele. Allerdings ist diese Erklärung schöner, gemütlicher, leichter, faßlicher und den Kindern Gottes einleuchtender, als die natürliche, die nur allmählich durch unzählige Hindernisse hindurch aus dem Dunkel zum Lichte empordringt. Aber auch die Erklärung unserer frommen Väter von Hagelschlag, Viehseuchen, Dürre und Gewittern durch

Wettermacher, Zauberer, Hexen ist weit »poetischer«, leichter und noch heute ungebildeten Menschen einleuchtender, als die Erklärung dieser Erscheinungen aus natürlichen Ursachen.

»Der Ursprung des Lebens ist unerklärlich und unbegreiflich«; es sei; aber diese Unbegreiflichkeit berechtigt Dich nicht zu den abergläubischen Konsequenzen, welche die Theologie aus den Lücken des menschlichen Wissens zieht, berechtigt Dich nicht, über das Gebiet der natürlichen Ursachen auszuschweifen, denn Du kannst nur sagen: ich kann nicht aus diesen mir bekannten natürlichen Erscheinungen und Ursachen oder aus ihnen, wie sie mir bis jetzt bekannt sind, das Leben erklären, aber nicht: es ist schlechterdings, überhaupt nicht aus der Natur erklärbar, ohne Dir anzumaßen, den Ozean der Natur bereits bis auf den letzten Tropfen erschöpft zu haben, berechtigt Dich nicht, durch die Annahme erdichteter Wesen das Unerklärliche zu erklären, berechtigt Dich nicht, durch eine nichts erklärende Erklärung Dich und andere zu täuschen und zu belügen, berechtigt Dich nicht, Dein Nichtwissen natürlicher, materieller Ursachen in ein Nichtsein solcher Ursachen zu verwandeln, Deine Ignoranz zu vergöttern, zu personifizieren, zu vergegenständlichen in einem Wesen, welches diese Ignoranz aufheben soll, und doch nichts anderes ausdrückt, als die Natur dieser Deiner Ignoranz, als den Mangel positiver, materieller Erklärungsgründe. Denn was ist das immaterielle, un- oder nicht körperliche, nicht natürliche, nicht weltliche Wesen, woraus Du Dir das Leben erklärst, anders als eben der präzise Ausdruck von der intellektuellen Abwesenheit materieller, körperlicher, natürlicher, kosmischer Ursachen? Aber statt so ehrlich und bescheiden zu sein, schlechtweg zu sagen: ich weiß keinen Grund, ich kann es nicht erklären, mir fehlen die Data, die Materialien, verwandelst Du diese Mängel, diese Negationen, diese Leerheiten Deines Kopfs vermittelst der Phantasie in positive Wesen, in Wesen, die immaterielle, d. h. keine materiellen, keine natürlichen Wesen sind, weil Du keine materiellen, keine natürlichen Ursachen weißt. Die Ignoranz begnügt sich übrigens mit immateriellen, unkörperlichen, nicht natürlichen Wesen, aber ihre unzertrennliche Gefährtin, die üppige Phantasie, die es immer nur mit höchsten und allerhöchsten und überhöchsten Wesen zu tun hat, erhebt sogleich diese armen Geschöpfe der Ignoranz in den Rang von übermateriellen, übernatürlichen Wesen.

Die Vorstellung, daß die Natur selbst, die Welt überhaupt, das Universum einen wirklichen Anfang habe, daß also einst keine Natur, keine Welt, kein Universum gewesen, ist eine kleinliche Vorstellung, die nur da dem Menschen einleuchtet, wo er eine kleinliche, beschränkte Vorstellung von der Welt hat, – ist eine sinn- und bodenlose Einbildung – die Einbildung, daß einst nichts Wirkliches gewesen ist, denn der Inbegriff aller Realität, Wirklichkeit ist eben die Welt oder Natur. Alle Eigenschaften oder Bestimmungen Gottes, die ihn zu einem gegenständlichen, wirklichen Wesen machen, sind selbst nur von der Natur abstrahierte, die Natur voraussetzende, die Natur ausdrückende Eigenschaften – Eigenschaften also, die wegfallen, wenn die Natur wegfällt. Allerdings bleibt Dir auch dann noch, wenn Du von der Natur abstrahierst, wenn Du in Gedanken oder in der Einbildung ihre Existenz aufhebst, d. h. Deine Augen zudrückst, alle bestimmten sinnlichen Bilder von den Naturgegenständen in Dir auslöschest, die Natur also nicht sinnlich (nicht in *concreto*, wie die Philosophen sagen) vorstellst, ein Wesen, ein Inbegriff von Eigenschaften, wie Unendlichkeit, Macht, Einheit, Notwendigkeit, Ewigkeit übrig; aber dieses nach Abzug aller sinnfälligen Eigenschaften und Erscheinungen übrigbleibende Wesen ist eben nichts anderes, als das abgezogene Wesen der Natur oder die Natur *in abstracto*, in Gedanken. Und Deine Ableitung der Natur oder Welt von Gott ist daher in dieser Beziehung nichts anderes, als die Ableitung des sinnlichen, wirklichen Wesens der Natur von ihrem abstrakten, gedachten, nur in der Vorstellung, nur im Gedanken existierenden Wesen – eine Ableitung, die Dir deswegen vernünftig erscheint, weil Du im Denken stets das Abstrakte, Allgemeine als das dem Denken Nähere, folglich dem Gedanken nach Höhere und Frühere dem Einzelnen, Wirklichen, Konkreten voraussetzest, obgleich es in der Wirklichkeit gerade umgekehrt, die Natur früher als Gott, d. h. das Konkrete früher als das Abstrakte, das Sinnliche früher als das Gedachte ist. In der Wirklichkeit, wo es nur natürlich zugeht, folgt die Kopie auf das Original, das Bild auf die Sache, der Gedanke auf den Gegenstand; aber auf dem übernatürlichen, wunderlichen Gebiet der Theologie folgt das Original auf die Kopie, die Sache auf das Bild. »Es ist wunderlich«, sagt der heilige Augustin, »aber doch wahr, daß diese Welt uns nicht bekannt sein könnte, wenn sie nicht wäre, aber nicht sein könnte, wenn sie Gott nicht bekannt wäre.« Das heißt eben: die Welt wird eher gewußt, gedacht, als sie wirklich ist; ja sie ist nur, weil sie gedacht wurde, das Sein ist eine Folge des Wissens oder Denkens, das Original eine Folge der Kopie, das Wesen eine Folge des Bildes. [...]


### *Naturreligion und Geistreligion*

Die Natur ist der erste und fundamentale Gegenstand der Religion, aber sie ist selbst da, wo sie unmittelbarer Gegenstand religiöser Verehrung ist, wie in den Naturreligionen, nicht Gegenstand als Natur, d. h. in der Weise, in dem Sinne, in welchem wir sie auf dem Standpunkt des Theismus oder der Philosophie und Naturwissenschaft anschauen. Die Natur ist vielmehr dem Menschen ursprünglich – da eben, wo sie mit religiösen Augen angeschaut wird – Gegenstand als das, was er selbst ist, als ein persönliches, lebendiges, empfindendes Wesen. Der Mensch unterscheidet sich ursprünglich nicht von der Natur, folglich auch nicht die Natur von sich; er macht daher die Empfindungen, die ein Gegenstand der Natur in ihm erregt, unmittelbar zu Beschaffenheiten des Gegenstandes selbst. Die wohltuenden, guten Empfindungen und Affekte verursacht das gute, wohltuende Wesen der Natur; die schlimmen, wehetuenden Empfindungen, Hitze, Kälte, Hunger, Schmerz, Krankheit ein böses Wesen, oder wenigstens die Natur im Zustande des Böseseins, des Übelwollens, des Zorns. So macht der Mensch unwillkürlich und unbewußt – d. i. notwendig, obwohl diese Notwendigkeit nur eine relative, historische ist – das Naturwesen zu einem Gemütswesen, einem subjektiven, d. i. menschlichen Wesen. Kein Wunder, daß er sie dann auch ausdrücklich, mit Wissen und Willen zu einem Gegenstande der Religion, des Gebets, d. h. zu einem durch das Gemüt des Menschen, seine Bitten, seine Dienstleistungen bestimmbaren Gegenstand macht. Der Mensch hat ja schon dadurch die Natur sich willfährig gemacht, sich unterworfen, daß er sie seinem Gemüt assimiliert, seinen Leidenschaften unterworfen hat. Der ungebildete Naturmensch legt übrigens der Natur nicht nur menschliche Beweggründe, Triebe und Leidenschaften unter; er erblickt sogar in den Naturkörpern wirkliche Menschen. So halten die Indianer am Orinoko die Sonne, Mond und Sterne für Menschen – »diese da oben«, sagen sie, »sind Menschen wie wir« – die Patagonier die Sterne für »ehemalige Indianer«, die Grönländer Sonne, Mond und Sterne für »ihre Vorfahren, die bei einer besonderen Gelegenheit in den Himmel versetzt wurden«. So glaubten auch die alten Mexikaner, daß Sonne und Mond, die sie als Götter verehrten, einst Menschen gewesen wären. Seht! so bestätigen den im Wesen des Christentums ausgesprochenen Satz, daß der Mensch in der Religion nur zu sich selbst sich verhält, sein Gott nur sein eigenes Wesen ist, selbst die rohesten, untersten Arten der Religion, wo der Mensch die dem Menschen fernsten, unähnlichsten Dinge, Sterne, Steine, Bäume, ja sogar Krebsscheren, Schneckenhäuser verehrt, denn er verehrt sie nur, weil er sich selbst in sie hineinlegt, sie als solche Wesen oder wenigstens von solchen Wesen erfüllt denkt, wie er selbst ist. Die Religion stellt daher den merkwürdigen, aber sehr begreiflichen, ja notwendigen Widerspruch dar, daß, während sie auf dem theistischen oder anthropologischen Standpunkt das menschliche Wesen deswegen als göttliches verehrt, weil es ihr als ein vom Menschen unterschiedenes, als ein nicht menschliches Wesen erscheint, sie umgekehrt auf dem naturalistischen Standpunkt das nicht menschliche Wesen deswegen als göttliches Wesen verehrt, weil es ihr als ein menschliches erscheint. [...]

Gegenstand der Religion ist, wenigstens da, wo sich der Mensch einmal über die unbeschränkte Wahlfreiheit, Ratlosigkeit und Zufälligkeit des eigentlichen Fetischismus erhoben hat, nur oder doch hauptsächlich das, was Gegenstand menschlicher Zwecke und Bedürfnisse ist. Die dem Menschen notwendigsten Naturwesen genossen eben darum auch die allgemeinste und vorzüglichste religiöse Verehrung. Was aber ein Gegenstand menschlicher Bedürfnisse und Zwecke, ist eben damit auch ein Gegenstand menschlicher Wünsche. Regen und Sonnenschein ist mir not, wenn meine Saat gedeihen soll. Bei anhaltender Trockenheit wünsche ich daher Regen, bei anhaltendem Regen Sonnenschein. Der Wunsch ist ein Verlangen, dessen Befriedigung – wenn auch nicht immer an und für sich selbst, doch in diesem Augenblick, in diesen Umständen, diesen Verhältnissen, wenn auch nicht absolut, doch so, wie es der Mensch auf dem Standpunkt der Religion wünscht – nicht in meiner Gewalt ist, ein Wille, aber ohne die Macht, sich durchzusetzen. Allein was mein Leib, meine Kraft überhaupt nicht vermag, das vermag eben der Wunsch selbst. Was ich verlange, wünsche, das bezaubere, begeistere ich durch meine Wünsche.\* Im Affekt – und nur im Affekt, im Gefühl wurzelt die Religion – setzt der Mensch sein Wesen außer sich, behandelt er das Leblose als Lebendiges, das Unwillkürliche als Willkürliches, beseelt er den Gegenstand mit seinen Seufzern, denn es ist ihm unmöglich, im Affekt an ein gefühlloses Wesen sich zu wenden. Das Gefühl bleibt nicht in den Geleisen, die ihm der Verstand anweist; es übersprudelt den Menschen; es ist ihm zu enge im Brustkasten; es muß sich der Außenwelt mitteilen, und dadurch das fühllose Wesen der Natur zu einem mitfühlenden Wesen machen. Die vom menschlichen Gefühl bezauberte, dem Gefühl entsprechende, assimilierte, also selbst gefühlvolle Natur ist die Natur, wie sie Gegenstand der Reli-

---

\* »Wünschen heißt in der alten (deutschen) Sprache zaubern.«

gion, göttliches Wesen ist. Der Wunsch ist der Ursprung, ist das Wesen selbst der Religion – das Wesen der Götter nichts anderes, als das Wesen des Wunsches\*. Die Götter sind übermenschliche und übernatürliche Wesen; aber sind nicht auch die Wünsche übermenschliche und übernatürliche Wesen? Bin ich z. B. in meinem Wunsche und meiner Phantasie noch ein Mensch, wenn ich ein unsterbliches, den Fesseln des irdischen Leibes entbundenes Wesen zu sein wünsche? Nein! wer keine Wünsche hat, der hat auch keine Götter. Warum betonten die Griechen so sehr die Unsterblichkeit und Seligkeit der Götter? weil sie selbst nicht sterblich und unselig sein wollten. Wo Du keine Klagelieder über die Sterblichkeit und das Elend des Menschen vernimmst, da hörst Du auch keine Lobgesänge auf die unsterblichen und seligen Götter. Das Tränenwasser des Herzens nur verdunstet im Himmel der Phantasie in das Wolkengebilde des göttlichen Wesens. Aus

---

\* Die Götter sind die Segen verleihenden Wesen. Der Segen ist der Erfolg, die Frucht, der Zweck einer Handlung, der von mir unabhängig ist, aber gewünscht wird. »Segnen«, sagt Luther, »heißt eigentlich etwas Gutes wünschen.« »Wenn wir segnen, so thun wir nichts mehr, denn daß wir Gutes wünschen, können aber das nicht geben, was wir wünschen, aber Gottes Segen klinget zur Mehrung und ist bald kräftig.« Das heißt: die Menschen sind die wünschenden, die Götter die wunscherfüllenden Wesen. So ist selbst im gemeinen Leben das unzählige Mal vorkommende Wort: Gott, nichts anderes als der Ausdruck eines Wunsches. Gott gebe dir Kinder, d. h. ich wünsche dir Kinder, nur ist hier der Wunsch subjektiv, nicht religiös, pelagianisch, dort objektiv, darum religiös, augustinisch ausgedrückt.

dem Weltstrom Okeanos leitet Homer die Götter ab; aber dieser götterreiche Strom ist in Wahrheit nur ein Erguß der menschlichen Gefühle. [...]

Die Religion hat – wenigstens ursprünglich und in Beziehung auf die Natur – keine andere Aufgabe und Tendenz, als das unpopuläre und unheimliche Wesen der Natur in ein bekanntes, heimliches Wesen zu verwandeln, die für sich selbst unbeugsame, eisenharte Natur in der Glut des Herzens zum Behufe menschlicher Zwecke zu erweichen – also denselben Zweck wie die Bildung oder Kultur, deren Tendenz eben auch keine andere ist, als die Natur theoretisch zu einem verständlichen, praktisch zu einem willfährigen, den menschlichen Bedürfnissen entsprechenden Wesen zu machen, nur mit dem Unterschiede, daß was die Kultur durch Mittel und zwar der Natur selbst abgelauschte Mittel, die Religion ohne Mittel oder, was eins ist, durch die übernatürlichen Mittel des Gebetes, des Glaubens, der Sakramente, der Zauberei bezweckt. Alles daher, was im Fortgang der Kultur des Menschengeschlechts Sache der Bildung, der Selbsttätigkeit, der Anthropologie wurde, war anfänglich Sache der Religion oder Theologie, wie z. B. die Jurisprudenz (Ordalien, Bahrrecht, Rechtsorakel der Germanen), die Politik (Orakel der Griechen), die Arzneikunde, die noch heute bei den unkultivierten Völkern eine Sache der Religion ist\*. Freilich bleibt die Kultur

---

\* In rohen Zeiten und rohen Völkern gegenüber ist daher die Religion wohl ein Bildungsmittel der Mensch-

stets hinter den Wünschen der Religion zurück; denn sie kann nicht die im Wesen begründeten Schranken des Menschen aufheben. So bringt es die Kultur z. B. wohl zur Makrobiotik, aber nimmer zur Unsterblichkeit. Diese verbleibt als ein schrankenloser, unrealisierbarer Wunsch der Religion. [...]

So wie der Mensch aus einem nur physischen Wesen ein politisches, überhaupt ein sich von der Natur unterscheidendes und auf sich selbst sich konzentrierendes Wesen wird, so wird auch sein Gott aus einem nur physischen Wesen ein politisches, von der Natur unterschiedenes Wesen. Zur Unterscheidung seines Wesens von der Natur und folglich zu einem von der Natur unterschiedenen Gott kommt daher der Mensch zunächst nur durch seine Vereinigung mit anderen Menschen zu einem Gemeinwesen, wo ihm von den Naturmächten unterschiedene, nur im Gedanken oder in der Vorstellung existierende Mächte, politische, moralische, abstrakte Mächte, die Macht des Gesetzes, der Meinung\*, der Ehre, der Tugend Gegenstand seines Bewußtseins und Abhängigkeitsgefühles, die physische Existenz des Menschen seiner menschlichen, bürgerlichen oder moralischen Existenz untergeordnet, die Naturmacht, die Macht über Tod und Leben zu einem Attribut

---

heit, aber in Zeiten der Bildung vertritt die Religion die Sache der Rohheit, der Altertümlichkeit, ist sie die Feindin der Bildung.

\* Bei Hesiod heißt es ausdrücklich: auch die Pheme (Ruf, Gerücht, öffentliche Meinung) ist eine Gottheit.

und Werkzeug der politischen oder moralischen Macht herabgesetzt wird. Zeus ist der Gott des Blitzes und Donners, aber er hat diese furchtbaren Waffen nur dazu in seinen Händen, um die Frevler an seinen Geboten, die Meineidigen, die Gewalttätigen niederzuschmettern. Zeus ist der Vater der Könige, »von Zeus sind die Könige«. Mit Blitz und Donner unterstützt also Zeus die Macht und Würde der Könige*. »Der König«, heißt es in Menus Gesetzbuch, »verbrennt gleichwie die Sonne Augen und Herzen, deswegen kann kein menschliches Geschöpf auf Erden ihn nur ansehen. Er ist Feuer und Luft, er ist Sonne und Mond, er ist der Gott der peinlichen Gesetze. Das Feuer verzehrt nur einen einzigen, der aus Sorglosigkeit ihm zu nahe gekommen ist, aber das Feuer eines Königs, wenn er zornig ist, verbrennt eine ganze Familie mit all ihren Vieh und Gütern ... In seinem Mute wohnt Eroberung und in seinem Zorne Tod.« Ebenso gebietet der Gott der

---

* Die ursprünglichen Könige sind übrigens wohl zu unterscheiden von den legitimen. Diese sind, ungewöhnliche Fälle abgerechnet, gewöhnliche, für sich selbst bedeutungslose, jene aber waren ungewöhnliche, ausgezeichnete, geschichtliche Individuen. Die Vergötterung ausgezeichneter Menschen, namentlich nach ihrem Tode, ist daher die natürlichste Übergangsstufe von den eigentlichen naturalistischen Religionen zu den mytho- und anthropologischen, obwohl sie auch gleichzeitig mit der Naturverehrung stattfinden kann. Die Verehrung ausgezeichneter Menschen als Götter fällt übrigens keineswegs nur in fabelhafte Zeiten. So vergötterten die Schweden noch zur Zeit des Christentums ihren König Erich und brachten ihm nach seinem Tode Opfer dar.

Israeliten mit Blitz und Donner seinen Auserwählten, zu wandeln in allen Wegen, die er ihnen geboten hat, »auf daß sie leben mögen und es ihnen wohl gehe und sie lange leben im Lande«. So verschwindet die Macht der Natur als solcher und das Gefühl der Abhängigkeit von ihr vor der politischen oder moralischen Macht! Während den Sklaven der Natur der Glanz der Sonne so verblendet, daß er wie der katschinische Tatar täglich zu ihr betet: »Schlag mich nicht tot«, verblendet dagegen den politischen Sklaven der Glanz der königlichen Würde so sehr, daß er vor ihr als einer göttlichen, weil über Tod und Leben gebietenden Macht niederfällt. Die Titel der römischen Kaiser selbst unter den Christen noch waren: »Eure Gottheit«, »Eure Ewigkeit.« Ja selbst heutigentags noch sind bei den Christen Heiligkeit und Majestät, die Titel und Eigenschaften der Gottheit, Titel und Eigenschaften der Könige. Die Christen entschuldigen zwar diesen politischen Götzendienst mit der Vorstellung, der König sei nur der Stellvertreter Gottes auf Erden, Gott sei der König der Könige. Allein diese Entschuldigung ist nur Selbsttäuschung. Abgesehen davon, daß die Macht des Königs eine höchst empfindliche, unmittelbare, sinnliche, sich selbst vertretende, die Macht des Königs der Könige nur eine mittelbare, vorgestellte ist – Gott wird nur da als Regent der Welt, als königliches oder überhaupt politisches Wesen bestimmt und betrachtet, wo das königliche Wesen so den Menschen einnimmt, bestimmt und beherrscht, daß es ihm für das höchste Wesen gilt. »Brahma«, sagt Menu, »bildete im

Anfang der Zeit zu seinem Gebrauche den Genius der Strafe mit einem Körper von reinem Lichte als seinen eigenen Sohn, ja als den Urheber der peinlichen Gerechtigkeit, als den Beschützer aller erschaffenen Dinge. Aus Furcht vor der Strafe ist dieses Weltall imstande sein Glück zu genießen.« So macht der Mensch selbst die Strafen seines peinlichen Rechts zu göttlichen, weltbeherrschenden Mächten, die peinliche Halsgerichtsordnung zur Ordnung des Weltalls, den Kriminalkodex zum Kodex der Natur. Kein Wunder, daß er die Natur den wärmsten Anteil an seinen politischen Leiden und Leidenschaften nehmen läßt, ja selbst den Bestand der Welt von dem Bestand eines königlichen Throns oder päpstlichen Stuhls abhängig macht. Was für ihn von Wichtigkeit ist, das ist natürlich auch von Wichtigkeit für alle anderen Wesen, was sein Auge trübt, das trübt auch den Glanz der Sonne, was sein Herz bewegt, das setzt auch Himmel und Erde in Bewegung – sein Wesen ist ihm das universale Wesen, das Wesen der Welt, das Wesen der Wesen.

Woher kommt es, daß der Orient keine solche lebendige, fortschreitende Geschichte hat, wie der Okzident? weil im Orient der Mensch nicht über dem Menschen die Natur, nicht über dem Glanz des menschlichen Auges den Glanz der Sterne und Edelsteine, nicht über dem rhetorischen »Blitz und Donner« den meteorologischen Blitz und Donner, nicht über dem Lauf der Tagesbegebenheiten den Lauf der Sonne und Gestirne, nicht über dem Wechsel der Mode den Wechsel der

Jahreszeiten vergißt. Wohl wirft sich der Orientale selbst in den Staub nieder vor dem Glanz der königlichen, politischen Macht und Würde, aber dieser Glanz ist doch selbst nur ein Abglanz der Sonne und des Mondes; der König ist ihm nicht als ein irdisches, menschliches, sondern als ein himmlisches, göttliches Wesen Gegenstand. Neben einem Gotte aber verschwindet der Mensch; erst wo die Erde sich entgöttert, die Götter in den Himmel emporsteigen, aus wirklichen Wesen zu nur vorgestellten Wesen werden, erst da haben die Menschen Platz und Raum für sich, erst da können sie ungeniert als Menschen sich zeigen und geltend machen. Der Orientale verhält sich zum Okzidentalen, wie der Landmann zum Städter. Jener ist abhängig von der Natur, dieser vom Menschen, jener richtet sich nach dem Stande des Barometers, dieser nach dem Stande der Papiere, jener nach den sich immer gleich bleibenden Zeichen des Tierkreises, dieser nach den immer wechselnden Zeichen der Ehre, Mode und Meinung. Nur die Städter machen darum Geschichte; nur die menschliche »Eitelkeit« ist das Prinzip der Geschichte. Nur wer die Macht der Natur der Macht der Meinung, sein Leben seinem Namen, seine Existenz im Leibe seiner Existenz im Munde und Sinne der Nachwelt aufzuopfern vermag, nur der ist fähig zu geschichtlichen Taten. [...]

## Gott als Wunschwesen

Wer für seinen Gott keinen anderen Stoff hat, als den ihm die Naturwissenschaft, die Weltweisheit oder überhaupt die natürliche Anschauung liefert, wer ihn also nur mit natürlichen Materialien ausfüllt, unter ihm nichts anderes denkt, als die Ursache oder das Prinzip von den Gesetzen der Astronomie, Physik, Geologie, Mineralogie, Physiologie, Zoologie und Anthropologie, der sei auch so ehrlich, sich des Namens Gottes zu enthalten, denn ein Naturprinzip ist immer ein Naturwesen, nicht das, was einen Gott konstituiert\*. Sowenig eine Kirche, die man zu einem Naturalienkabinett gemacht hat, noch ein Gotteshaus ist und heißt, so wenig ist ein Gott, dessen Wesen und Wirkungen nur in astronomischen, geologischen, zoologischen, anthropologischen Werken sich of-

---

\* Grenzenlos ist die Willkür im Gebrauch der Worte. Aber doch werden keine Worte so willkürlich gebraucht, keine in so widersprechenden Bedeutungen genommen, wie die Worte: Gott und Religion. Woher diese Willkür, diese Verwirrung? Weil man aus Furcht oder Scheu, durch ihr Alter geheiligten Meinungen zu widersprechen, die alten Namen – denn es ist nur der Name, nur der Schein, der die Welt, selbst auch die gottesgläubige Welt regiert – beibehält, aber ganz andere, erst im Laufe der Zeit gewonnene Begriffe damit verbindet. So war es mit den griechischen Göttern, welche im Laufe der Zeit die widersprechendsten Bedeutungen erhielten, so mit dem christlichen Gott. Der Atheismus, der sich Theismus nennt, ist die Religion, das Antichristentum, das sich Christentum nennt, das wahre Christentum der Gegenwart. *Mundus vult decipi.*

fenbaren, ein Gott; Gott ist ein religiöses Wort, ein religiöses Objekt und Wesen, kein physikalisches, astronomisches, kurz kein kosmisches Wesen. »*Deus et Cultus*«, sagt Luther in den Tischreden, »*sunt Relativa*, Gott und Gottesdienst gehören zusammen, eines kann ohn das andere nicht sein, denn Gott muß je eines Menschen oder Volkes Gott sein und ist allzeit in *Praedicamento Relationis*, referiert und ziehet sich auf einander. Gott will etliche haben, die ihn anrufen und ehren, denn einen Gott haben und ihn ehren, gehören zusammen, *sunt Relativa*, wie Mann und Weib im Ehestand, keines kann ohn das andere sein.« Gott setzt also Menschen voraus, die ihn verehren und anbeten; Gott ist ein Wesen, dessen Begriff oder Vorstellung nicht von der Natur, sondern von dem und zwar religiösen Menschen abhängt; ein Gegenstand der Anbetung ist nicht ohne ein anbetendes Wesen, d. h. Gott ist ein Objekt, dessen Dasein nur mit dem Dasein der Religion, dessen Wesen nur mit dem Wesen der Religion gegeben ist, das also nicht außer der Religion, nicht unterschieden, nicht unabhängig von ihr existiert, in dem objektiv nicht mehr enthalten ist, als was subjektiv in der Religion\*. Der Schall ist das gegenständliche Wesen, der Gott des Ohres, das Licht das gegenständliche Wesen, der Gott des Auges; der Schall existiert nur für das Ohr,

---

\* Ein Wesen also, das nur ein philosophisches Prinzip, nur ein Gegenstand der Philosophie, aber nicht der Religion, der Verehrung, des Gebetes, des Gemütes ist, ein Wesen, das keine Wünsche erfüllt, keine Gebete erhört, das ist auch nur ein Gott dem Namen, aber nicht dem Wesen nach.

das Licht nur für das Auge; im Ohre hast Du, was Du im Schalle hast, erzitternde, schwingende Körper, ausgespannte Häute, gallertartige Substanzen; im Auge dagegen hast Du Lichtorgane. Gott zu einem Gegenstande oder Wesen der Physik, Astronomie, Zoologie machen, ist daher geradesoviel, als wenn man den Ton zu einem Gegenstande des Auges machen wollte. Wie der Ton nur im Ohr und für das Ohr, so existiert Gott nur in der Religion und für sie, nur im Glauben und für den Glauben. Wie der Schall oder Ton als der Gegenstand des Gehörs nur das Wesen des Ohres, so drückt Gott als ein Gegenstand, der nur Gegenstand der Religion, des Glaubens ist, auch nur das Wesen der Religion, des Glaubens aus. Was macht aber einen Gegenstand zu einem religiösen Gegenstand? Wie wir gesehen haben: nur die menschliche Phantasie oder Einbildungskraft und das menschliche Herz. Ob Du den Jehovah oder den Apis, ob Du den Donner oder den Christus, ob Du Deinen Schatten, wie die Neger der Goldküste, oder Deine Seele, wie der alte Perser, ob Du den *flatus ventris* oder Deinen Genius, kurz ob Du ein sinnliches oder geistiges Wesen anbetest – es ist eins; Gegenstand der Religion ist nur etwas, inwiefern es ein Objekt der Phantasie und des Gefühls, ein Objekt des Glaubens ist; denn eben weil der Gegenstand der Religion, wie er ihr Gegenstand, nicht in der Wirklichkeit existiert, mit dieser vielmehr im Widerspruch steht, ist er nur ein Objekt des Glaubens. So ist z. B. die Unsterblichkeit des Menschen oder der Mensch als unsterbliches Wesen ein Gegenstand der Religion, aber ebendeswegen nur ein Gegenstand des Glaubens, denn die Wirklichkeit zeigt gerade das Gegenteil, die Sterblichkeit des Menschen. Glauben heißt sich einbilden, daß das ist, was nicht ist, heißt sich z. B. einbilden, daß dieses Bild lebendiges Wesen, dieses Brot Fleisch, dieser Wein Blut, d. h. ist, was es nicht ist. Es verrät daher die größte Unkenntnis der Religion, wenn Du Gott mit dem Teleskop am Himmel der Astronomie, oder mit der Lupe in einem botanischen Garten, oder mit dem mineralogischen Hammer in den Bergwerken der Geologie, oder mit dem anatomischen Messer und Mikroskop in den Eingeweiden der Tiere und Menschen zu finden hoffst – Du findest ihn nur im Glauben, nur in der Einbildungskraft, nur im Herzen des Menschen; denn er ist selbst nichts anderes als das Wesen der Phantasie oder Einbildungskraft, das Wesen des menschlichen Herzens.

»Wie Dein Herze, so Dein Gott.« Wie die Wünsche der Menschen, so sind ihre Götter. Die Griechen hatten beschränkte Götter – das heißt: sie hatten beschränkte Wünsche. Die Griechen wollten nicht ewig leben, sie wollten nur nicht altern und sterben, und sie wollten nicht absolut nicht sterben, sie wollten nur jetzt noch nicht – das Unangenehme kommt dem Menschen immer zu früh – nur nicht in der Blüte der Jahre, nur nicht eines gewaltsamen, schmerzhaften Todes sterben*; sie wollten nicht selig, sie wollten nur

---

* Während daher in dem Paradies der christlichen Phantastik der Mensch nicht sterben konnte und nicht gestorben wäre, wenn er nicht gesündigt hätte; so

glücklich sein, nur beschwerdelos, nur leichthin leben; sie seufzten noch nicht darüber, wie die Christen, daß sie der Notwendigkeit der Natur, den Bedürfnissen des Geschlechtstriebs, des Schlafs, des Essens und Trinkens unterworfen waren; sie fügten sich in ihren Wünschen noch in die Grenzen der menschlichen Natur; sie waren noch keine Schöpfer aus nichts, sie machten noch nicht aus Wasser Wein, sie reinigten, sie destillierten nur das Wasser der Natur und verwandelten es auf organischem Wege in den Saft der Götter; sie schöpften den Inhalt des göttlichen, glückseligen Lebens nicht aus der bloßen Einbildung, sondern aus den Stoffen der bestehenden Welt; sie bauten den Götterhimmel auf den Grund dieser Erde. Die Griechen machten nicht das göttliche, d. i. mögliche Wesen zum Urbild, Ziel und Maß des wirklichen, sondern das wirkliche Wesen zum Maß des möglichen. Selbst als sie vermittelst der Philosophie ihre Götter verfeinert, vergeistigt hatten, blieben ihre Wünsche

---

starb dagegen bei den Griechen selbst auch in dem glückseligen Zeitalter des Kronos der Mensch, aber so sanft, als schliefe er ein. In dieser Vorstellung ist der natürliche Wunsch des Menschen realisiert. Der Mensch wünscht sich kein unsterbliches Leben; er wünscht sich nur ein langes leiblich und geistig gesundes Leben und einen naturgemäßen, schmerzlosen Tod. Um daher den Glauben an die Unsterblichkeit aufzugeben, dazu gehört nichts weniger als eine unmenschliche stoische Resignation; es gehört nichts weiter dazu, als sich zu überzeugen, daß die christlichen Glaubensartikel nur auf supranaturalistische, phantastische Wünsche gegründet sind, und zur einfachen, wirklichen Natur des Menschen zurückzukehren.

auf dem Boden der Wirklichkeit, auf dem Boden der menschlichen Natur stehen. Die Götter sind realisierte Wünsche, aber der höchste Wunsch, das höchste Glück des Philosophen, des Denkers als solchen ist, ungestört zu denken. Die Götter des griechischen Philosophen – wenigstens des vornehmsten griechischen Philosophen, des philosophischen Zeus, des Aristoteles – sind daher ungestörte Denker; die Seligkeit, die Gottheit besteht in der ununterbrochenen Tätigkeit des Denkens. Aber diese Tätigkeit, diese Seligkeit ist ja selbst eine innerhalb dieser Welt, innerhalb der menschlichen Natur – wenngleich hier mit Unterbrechungen – wirkliche, eine bestimmte, besondere, im Sinne der Christen daher beschränkte, armselige, dem Wesen der Seligkeit widersprechende Seligkeit; denn die Christen haben keinen beschränkten, sondern unbeschränkten, über alle Naturnotwendigkeit erhabenen, übermenschlichen, außerweltlichen, transzendenten Gott, das heißt: sie haben unbeschränkte transzendente, über die Welt, über die Natur, über das menschliche Wesen hinausgehende, d.i. absolut phantastische Wünsche. Die Christen wollen unendlich mehr und glücklicher sein, als die Götter des Olymp; ihr Wunsch ist ein Himmel, in dem alle Schranken, alle Notwendigkeit der Natur aufgehoben, alle Wünsche erfüllt sind\*, ein Himmel, in

---

\* »Wo aber Gott ist (nämlich im Himmel), da müssen«, sagt z. B. Luther, »alle Güter mit sein, so man nur immer wünschen kann.« Ebenso heißt es von den Bewohnern des Paradieses im Koran nach Savarys Überdem keine Bedürfnisse, keine Leiden, keine Wunden, keine Kämpfe, keine Leidenschaften, keine Störungen, kein Wechsel von Tag und Nacht, Licht und Schatten, Lust und Schmerz, wie im Himmel der Griechen stattfindet. Kurz: der Gegenstand ihres Glaubens ist nicht mehr ein beschränkter, bestimmter Gott, ein Gott mit dem bestimmten Namen eines Zeus oder Poseidon oder Hephästos, sondern der Gott schlechtweg, der namenlose Gott, weil der Gegenstand ihrer Wünsche nicht ein namhaftes, endliches, irdisches Glück, ein bestimmter Genuß, der Liebesgenuß, oder der Genuß schöner Musik, oder der Genuß der moralischen Freiheit, oder der Genuß des Denkens, sondern ein alle Genüsse umfassender, aber ebendeswegen überschwenglicher, alle Vorstellungen, alle Begriffe übersteigender Genuß, der Genuß unendlicher, unbegrenzter, unaussprechlicher, unbeschreiblicher Seligkeit ist. Seligkeit und Gottheit ist eins. Die Seligkeit als Gegenstand des Glaubens, der Vorstellung, überhaupt als theoretisches Objekt ist die Gottheit, die Gottheit als Gegenstand des Herzens, des Willens\*, des Wunsches, als praktisches Objekt über-

---

setzung: *Tous leurs désirs seront comblés.* Nur sind ihre Wünsche anderer Art.

\* Der Wille namentlich im Sinne der Moralisten, gehört übrigens nicht zum spezifischen Wesen der Religion; denn was ich durch meinen Willen erreichen kann, dazu brauche ich keine Götter. Die Moral zur wesentlichen Sache der Religion machen, heißt den Namen der Religion behalten, aber das Wesen der Religion fallen lassen. Moralisch kann man ohne Gott

haupt ist die Seligkeit. Oder vielmehr: die Gottheit ist eine Vorstellung, deren Wahrheit und Wirklichkeit nur die Seligkeit ist. Soweit das Verlangen der Seligkeit geht, so weit – nicht weiter geht die Vorstellung der Gottheit. Wer keine übernatürlichen Wünsche mehr hat, der hat auch keine übernatürlichen Wesen mehr.

---

sein, aber selig – selig im supra-naturalistischen, christlichen Sinn – kann man nicht ohne Gott sein, denn die Seligkeit in diesem Sinne liegt außer den Grenzen, außer der Macht der Natur und Menschheit, sie setzt daher zu ihrer Verwirklichung ein supranaturalistisches Wesen voraus, ein Wesen, das ist und kann, was der Natur und Menschheit unmöglich ist. Wenn daher Kant die Moral zum Wesen der Religion machte, so stand er in demselben oder doch einem ähnlichen Verhältnis zur christlichen Religion, wie Aristoteles zur griechischen, wenn er die Theorie zum Wesen der Götter macht. Sowenig ein Gott, der nur ein spekulatives Wesen, nur Intelligenz ist, noch ein Gott ist, so wenig ist ein nur moralisches Wesen, oder »personifiziertes Moralgesetz« noch ein Gott. Allerdings ist auch schon Zeus ein Philosoph, wenn er lächelnd vom Olymp auf die Kämpfe der Götter herabschaut, aber er ist noch unendlich mehr; allerdings auch der christliche Gott ein moralisches Wesen, aber noch unendlich mehr; die Moral ist nur die Bedingung der Seligkeit. Der wahre Gedanke, welcher der christlichen Seligkeit namentlich im Gegensatz zum philosophischen Heidentum zugrunde liegt, ist übrigens kein anderer, als der, daß nur in der Befriedigung des ganzen Wesens des Menschen wahre Seligkeit zu finden, daher das Christentum auch den Leib, das Fleisch an der Gottheit, oder, was eins ist, Seligkeit teilnehmen läßt. Doch die Entwicklung dieses Gedankens gehört nicht hierher, gehört dem »Wesen des Christentums« an.

# BIBLIOGRAPHISCHE HINWEISE

Eine ausführliche Bibliographie der Schriften von Feuerbach und der deutschsprachigen Literatur über Feuerbach von 1833 bis 1961 enthält (auf S. 341–374) der von Hans-Martin Sass besorgte XI. Band (1. Ergänzungsband) der Ausgabe: Ludwig Feuerbach: *Sämtliche Werke*. Neu hrsg. von Wilhelm Bolin und Friedrich Jodl. 2., unveränderte Aufl., hrsg. von H.-M. Sass. Stuttgart-Bad Cannstatt 1959–1964.
Den zeitlichen Anschluß für die Jahre 1960–1972 gibt die Aufstellung in: *Atheismus in der Diskussion* [siehe unten], S. 264–280. – Vgl. auch: *Ludwig Feuerbach in Selbstzeugnissen und Bilddokumenten*, dargestellt von Hans-Martin Sass (rowohlts monographien, 269). Reinbek bei Hamburg 1978, S. 146 bis 153 (›Bibliographie der Schriften L. Feuerbachs‹ und Hinweise ›Schriften über Feuerbach‹, ›Fremdsprachige Studien über Ludwig Feuerbach‹, ›Die wichtigsten zeitgenössischen Interpretationspositionen‹).

Folgende – vorwiegend neuere – Arbeiten seien besonders genannt:

Simon Rawidowicz: *Ludwig Feuerbachs Philosophie*. Ursprung und Schicksal. Berlin 1931; Neudruck 1964.

Gregor Nüdling: *Ludwig Feuerbachs Religionsphilosophie*. Paderborn 1936; 2. Auflage 1961.

Karl Löwith: *Von Hegel zu Nietzsche*. Der revolutionäre Bruch im Denken des 19. Jahrhunderts. Stuttgart 1950; 8., unveränderte Aufl. Hamburg 1981.

Henri de Lubac: *Die Tragödie des Humanismus ohne Gott*. Nietzsche, Feuerbach, Comte und Dostojewskij als Prophet. Salzburg 1950.

Gerd Dicke: *Der Identitätsgedanke bei Feuerbach und Marx*. Köln / Opladen 1960.

Klaus Erich Bockmühl: *Leiblichkeit und Gesellschaft*. Studien zur Religionskritik und Anthropologie im Frühwerk von Ludwig Feuerbach und Karl Marx. Göttingen 1961.

Helmut Gollwitzer: *Die marxistische Religionskritik und der christliche Glaube*. In: Marxismusstudien. Vierte Folge. Hrsg. von Iring Fetscher. Tübingen 1962, S. 1–143; insbes.: *III. Die Religionskritik Ludwig Feuerbachs*, S. 37–66.

Werner Schuffenhauer: *Ludwig Feuerbach und der junge Marx*. Zur Entstehungsgeschichte der marxistischen Weltanschauung. Berlin 1965; 2., veränderte Aufl. Berlin 1972.

Carlo Ascheri: *Feuerbachs Bruch mit der Spekulation*. (Einleitung zur kritischen Ausgabe von Ludwig Feuerbach: Notwendigkeit einer Veränderung [1842].) Mit einem Vorwort von Karl Löwith. Frankfurt a. M./Wien 1969.

Michael von Gagern: *Ludwig Feuerbach*. Philosophie und Religionskritik. Die »Neue« Philosophie. München und Salzburg 1970.

Johannes Wallmann: *Ludwig Feuerbach und die theologische Tradition*. In: Zeitschrift für Theologie und Kirche, Jg. 67, 1970, S. 56–86.

Ivan Dubsky: *Ludwig Feuerbach in der Buberschen Sicht*. In: Studi in memoria di Carlo Ascheri. Urbino 1970, S. 79–96.

Hans-Jürg Braun: *Ludwig Feuerbachs Lehre vom Menschen*. Stuttgart-Bad Cannstatt 1971.

Hans-Jürg Braun: *Die Religionsphilosophie Ludwig Feuerbachs*. Kritik und Annahme des Religiösen. Stuttgart-Bad Cannstatt 1972.

Erich Schneider: *Die Theologie und Feuerbachs Religionskritik*. Die Reaktion der Theologie des 19. Jahrhunderts auf Ludwig Feuerbachs Religionskritik. Mit Ausblicken auf das 20. Jahrhundert und einem Anhang über Feuerbach. Göttingen 1972.

Marcel Xhaufflaire: *Feuerbach und die Theologie der Säkularisation*. München und Mainz 1972.

Uwe Schott: *Die Jugendentwicklung Ludwig Feuerbachs bis zum Fakultätswechsel 1825*. Ein Beitrag zur Genese der Feuerbachschen Religionskritik. Mit einem bibliographischen Anhang zur Feuerbach-Literatur [S. 234–252]. Göttingen 1973.

*Atheismus in der Diskussion*. Kontroversen um Ludwig Feuerbach. Hrsg. von Hermann Lübbe und Hans-Martin Sass. München und Mainz 1975 (Vorträge und Diskussionen eines Kolloquiums im Zentrum für interdisziplinäre Forschung in Bielefeld 1973).

*Ludwig Feuerbach*. Hrsg. von Erich Thies (Wege der Forschung, Bd. 438). Darmstadt 1976.

Walter Jaeschke: *Feuerbach redivivus*. Eine Auseinandersetzung mit der gegenwärtigen Forschung im Blick auf Hegel. In: Hegel-Studien, Bd. 13, 1978, S. 199–237.

J. Christine Janowski: *Der Mensch als Maß*. Untersuchungen zum Grundgedanken und zur Struktur von Ludwig Feuerbachs Werk. Zürich/Köln und Gütersloh 1980.

CIP- Kurztitelaufnahme der Deutschen Bibliothek

*Feuerbach, Ludwig:*

Das Wesen der Religion : ausgew. Texte
zur Religionsphilosophie / Ludwig Feuerbach.
Hrsg. u. eingel. von Albert Eßer. –
Orig.-Ausg., 3., durchges. Aufl. – Heidelberg:
Schneider, 1983.

(Lambert-Schneider-Taschenbücher)
Bis zur 2. Aufl. im Hegner-Verl., Köln
ISBN 3 - 7953 - 0606 - X

Das Bild Ludwig Feuerbachs, das auf dem Umschlag wiedergegeben ist, stellte Herr Peter Feuerbach (Lindau/Bodensee) zur Verfügung.

# MARTIN BUBER
# Das Problem des Menschen

## 5., verbesserte Auflage 1982. 173 S.

In Bubers Schrift *Das Problem des Menschen,* die auf eine Vorlesung an der hebräischen Universität Jerusalem zurückgeht, wird Bubers Erkenntnis des dialogischen Prinzips historisch eingeordnet und gegen Theorien anderer Denker kritisch abgehoben: Platon, Aristoteles, Augustinus, Thomas von Aquino, Dante, Carolus Bovillus, Cusanus, Pico della Mirandola, Giordano Bruno, Kepler, Kopernikus, Descartes, Malebranche, Pascal, Spinoza, Goethe, Kant, Hegel, Marx, Feuerbach, Schopenhauer, Nietzsche, Jacob Burckhardt, Sören Kierkegaard, Edmund Husserl, Martin Heidegger, Max Scheler. Ludwig Feuerbach hat in Bubers geistigem Werdegang einen besonderen Platz.

»Feuerbach meint [...] mit dem Menschen, den er als den höchsten Gegenstand der Philosophie ansieht, nicht den Menschen als Individuum; er meint den Menschen mit dem Menschen, die Verbindung von Ich und Du. ›Der einzelne Mensch für sich‹, heißt es in der Programmschrift, ›hat das Wesen des Menschen nicht in sich, weder in sich als moralischem, noch in sich als denkendem Wesen. Das Wesen des Menschen ist nur in der Gemeinschaft, in der Einheit des Menschen mit dem Menschen enthalten – eine Einheit, die sich aber nur auf die Realität des Unterschieds von Ich und Du stützt‹. Diesen Satz hat Feuerbach in seinen späteren Schriften nicht weiter ausgeführt. Marx hat in seinen Gesellschaftsbegriff das Element der realen Beziehung zwischen den real verschiedenen Ich und Du nicht aufgenommen und eben deshalb dem wirklichkeitsfremden Individualismus einen ebenso wirklichkeitsfremden Kollektivismus entgegengestellt. Aber über ihn hinaus hat Feuerbach mit seinem Satze jene Du-Entdeckung eingeleitet, die man ›die kopernikanische Tat‹ des modernen Denkens und ›ein elementares Ereignis‹ genannt hat, ›das genau so folgenschwer ist wie die Ich-Entdeckung des Idealismus‹ und ›zu einem zweiten Neuanfang des europäischen Denkens führen muß, der über den ersten Cartesianischen Einsatz der neueren Philosophie hinausweist‹.«

[Im Kapitel »Feuerbach und Nietzsche«, S. 61 f.]

## lambert schneider taschenbücher